2017 年 **第2辑** 总第4辑

FRONTIER EXPLORATION
OF JUDICIAL JUSTICE

公正司法前沿探索

黄　克◎主编

法律出版社
LAW PRESS · CHINA

编委会

目　录

Contents

专题策划 / ZHUANTI CEHUA

——行政审判实务与前沿

改革前沿 / GAIGE QIANYAN

调查研究 / DIAOCHA YANJIU

司法论坛 / SIFA LUNTAN

实务探讨 / SHIWU TANTAO

案例分析 / ANLI FENXI

特色司法 / TESE SIFA

法徽闪耀 / FAHUI SHANYAO

法院文化 / FAYUAN WENHUA

专题策划
——行政审判实务与前沿

论我国行政诉讼类型制度之重构*

张丽丽**　彭绍征***

《行政诉讼法》的颁行是中国民主法治进程中的标志性事件。20多年来,《行政诉讼法》的实践对"促进人权保障""建立有限政府""加强依法行政"等行政法治的建设起到了至关重要的推动作用。可以毫不夸张地说,《行政诉讼法》的颁布和实施已经成为当代中国开启民主宪政建设的一个里程碑。在现阶段,中国在国际国内政治形势和法治环境方面均面临着深刻的变化。一方面,我国已顺利成为世界贸易组织(World Trade Organization,WTO)的成员国并签署了相应的国际人权公约;另一方面,随着我国政治改革和经济改革的日益深入,民众的权利意识正在不断增强,整个社会对司法寄予更多的期望。在此背景下,《行政诉讼法》的不足逐渐显现出来,修改的呼声日渐高涨。如在行政诉讼目的内涵的深化和提升、行政诉讼当事人范围的

---

* 本文获第二十七届全区法院学术讨论会优秀奖。

** 广西壮族自治区高级人民法院行政庭审判员。

*** 南宁市青秀区人民法院民一庭审判员。

拓宽、行政诉讼管辖范围的扩大等方面，均为《行政诉讼法》的修订提出了诸多富有意义的课题。而作为行政诉讼制度的核心内容之一，行政诉讼类型制度的完善和重构，也必将成为行政诉讼法改革的重要内容之一。

一、逻辑的起点——行政诉讼类型的概念及内涵

行政诉讼类型，是指当行政相对人受到行政行为的侵害时，依法向法院提起行政诉讼，以维护其合法权益，而法院只能在法定的诉讼种类的范围内针对原告的诉请作出裁判。这种诉讼方式的程式化及类型化，在行政诉讼理论上被称为"行政诉讼类型化"。在每个具体的行政诉讼案件中，当事人仅能依据法律规定的诉讼类型请求法院作出相应的裁判。[1]

行政诉讼的类型化，有利于当事人正确行使诉权，维护当事人的合法权利；有利于合理解决行政争议，实现公正和高效的司法目的；有利于实现行政诉讼程序和审判规则的科学设计；有利于法院独立行使审判权，对行政机关进行有效监督。

二、检视与反思——我国的行政诉讼类型制度及其缺陷

我国《行政诉讼法》规定了行政诉讼的判决形式，但并没有明确规定行政诉讼类型的种类。根据《行政诉讼法》以及《最高人民法院关于执行〈中华人民共和国行政诉讼法〉若干问题的解释》的规定，我国行政诉讼的判决包括维持判决、撤销判决、履行判决、变更判决、确认判决和驳回判决6种形式。因此，有部分学者根据行政诉讼的判决形式以及行政诉讼的受案范围，把我国行政诉讼类型划分为确认之诉、撤销之诉、变更之诉、履行之诉、赔偿之诉。[2]

另外，有些学者从诉讼目的出发，把行政诉讼类型划分为行政行为之诉和行政赔偿之诉。[3] 还有的学者从诉讼性质和标的方面来考察，将诉讼种

---

〔1〕 参见蔡志方：《行政救济法新论》，台北，元照出版公司2000年版，第170页。

〔2〕 参见刘东亮：《行政诉讼类型问题研究》，载《上海师范大学学报》2005年第5期。

〔3〕 参见皮纯协、胡锦光主编：《行政诉讼法教程》，中国人民大学出版社1993年版，第125～127页。

类分为给付之诉、确认之诉及形成之诉。[4]

尽管学者们根据行政诉讼的原理和司法实践对行政诉讼的类型进行了一定的探讨和归纳,但相对而言都比较简单、肤浅,没有对行政诉讼类型的种类、内涵、诉讼要件等进行深入的探讨,对各种行政诉讼类型之间的内部关系及其适用也缺乏必要的分析和论述。

由于我国的行政诉讼法并未明确规定行政诉讼的类型,而理论界对行政诉讼类型的研究又不够深入,在行政诉讼法理论和司法实践中暴露出诸多不足,具体表现为:

1. 现行行政诉讼法律规定的行政诉讼类型的范围较为狭窄,无法充分而全面地维护公民的合法权益,也不能对社会公共利益形成有效的保护。在现行的行政诉讼法律框架下,公民向法院提起行政诉讼的唯一前提是其自身合法权益受到具体行政行为的侵害,而没有其他的情形。在公共利益受到行政行为的损害时,由于公民此时并非具体行政行为的相对人,故也无法针对该行政行为提起行政诉讼。此外,我国也并未对机关诉讼等诉讼类型作出明确规定,或者将其涵盖到现有的行政诉讼类型制度框架之下。因此,现行的法律制度无法对公民的合法权益和公共利益形成全面、有效而合理的保护。

2. 现行法律规定的某些行政诉讼类型在实践中适用的范围过于有限,无法充分发挥行政诉讼类型制度指引当事人进行诉讼,并达到节约诉讼成本的作用。以变更之诉为例,行政相对人只有在行政机关作出的行政处罚显失公正的前提下,方能向法院请求对该处罚行为进行变更。[5]

3. 现行法律规定的行政诉讼类型无法就某些行政争议作出合理的处理和裁决。根据行政行为所作用的对象,可以将行政行为划分为外部行政行为和内部行政行为,外部行政行为是指由作为行政主体的行政机关针对行政相对人作为的能够引起行政法律关系发生、变更和消灭的行政行为。而内部行政行为则是由行政机关在行政内部管理及其针对内部行政人员所作

---

〔4〕 参见江必新:《行政诉讼法——疑难问题探讨》,北京师范学院出版社1991年版,第86～89页。

〔5〕 参见吴华:《行政诉讼类型研究》,中国人民公安大学出版社2006年版,第191页。

的行政行为。在现行法律下,当事人不能就内部行政行为向法院提起行政诉讼,而只能通过申诉等方式寻求救济,既不利于内部行政争议的解决,也不利于充分地维护当事人的合法权益。另外,现行法律也没有就行政裁决规定比较合理的行政诉讼类型,以便当事人在不服行政裁决结果时向法院提起相应的行政诉讼。

4. 现行法律规定的行政诉讼类型不适应 WTO 规则的要求。"非歧视原则"及"公平贸易原则"是世界贸易组织所一贯推崇的理念和原则。WTO 要求其成员国(地区)采取一切客观公正、合理而有效的措施以促进自由、公平、公正的贸易秩序的形成。其中,这里的措施包括 WTO 的条约、各成员国(地区)的国内法、行政法规、规章及一切与贸易相关的行政措施等。可见,不论是具体行政行为,还是抽象行政行为,都要受到 WTO 规则的约束。因此,我国应就抽象行政行为建立起相应的诉讼类型,将抽象行政行为纳入司法审查的范围。〔6〕

我国台湾地区学者蔡志方先生曾指出,行政诉讼的类型化乃是行政诉讼制度自 20 世纪至今的重要发展趋势之一。〔7〕 而我国现行立法在行政诉讼类型的规定上存在明显的不足,因此,有必要对我国的行政诉讼类型制度进行重构,以扩大行政诉讼类型的内涵和外延,全方位地保护公民的基本权利,使行政诉讼制度更好地发挥其应有的功能。

三、他山之石——域外的行政诉讼类型立法及其借鉴作用

虽然不同的国家在法律传统、文化背景、现实国情和法治的本土资源上存在较大的差异,行政诉讼类型的制度设计、划分标准、形态多寡也各不相同,甚至连行政诉讼的概念和称谓都存在巨大的差别,但行政诉讼的类型化已经成为全球范围内行政诉讼制度变革的共同趋势。且德国、法国和日本等国家在行政诉讼类型的制度上已经构建起比较成熟的立法例,并积累了

〔6〕 参见国务院发展研究中心课题组:《加入 WTO 后中国:再调整、改革与竞争力提升——〈中国发展高层论坛 2002〉主报告》,载《经济管理文摘》2002 年第 15 期。

〔7〕 参见蔡志方:《从权利保护功能之强化,论我国行政诉讼制度应有之取向》,台湾大学法律学研究所 1998 年博士学位论文,第 91 ~ 103 页。

大量的司法实践经验。我们应当认真考察并借鉴这些发达国家在行政诉讼类型制度方面所取得的优秀理论成果和实践经验,以重新构建并完善我国的行政诉讼类型制度。

(一)德国的行政诉讼类型制度

德国法一向以思维缜密、逻辑严谨而著称,德国的《行政法院法》也继承了德国法的这一优良传统。德国的行政诉讼类型制度规定在《行政法院法》中,而且是该法的"核心内容"。[8]《行政法院法》对行政诉讼类型的不同种类进行了具体的区分,同时还针对具体的行政诉讼类型设置了相应的诉讼程序和要件。德国的行政诉讼类型主要包括以下几种:

1. 撤销之诉。撤销之诉是指行政相对人向行政法院请求撤销行政机关作出的特定行政行为的诉讼,该行政行为既可以是行政机关作出的原行政行为,也可以是经复议机关复议后改变原行政行为的决定。

2. 义务之诉。义务之诉是当事人向行政法院请求作为被告的行政机关作出相应的行政行为的行政诉讼,该请求的行政行为通常为授益性的行政行为,且被告负有相应的行政义务。

3. 确认之诉。确认之诉是指行政相对人向行政法院请求行政法院确认行政法律关系的存在、确认行政行为无效或违法的行政诉讼。

4. 一般给付之诉。一般给付之诉是指公民向行政法院请求行政机关作出特定的行为或履行某些特定的义务,这些行为或义务不包括具体行政行为。行政机关也可以请求公民为一定的给付义务。[9]

5. 规范审查程序。规范审查程序是指当事人依法向行政法院申请对特定的行政规范进行司法审查的诉讼类型。这些行政规范具体包括行政法典中的规章制度,以及规定在州法律的某些法律效力低于州法律的行政规范。

6. 机构之诉。机构之诉是指行政机关与行政机关之间、行政机构与行

---

〔8〕 Schmitt Glaeser/Horn, Verwaltungsprozessrecht, 15. Aufl., Rn. 24.

〔9〕 这里要求行政机关给付的除低于法律的行政规章和章程的颁布以外,还包括公法上的防御和后果消除请求、要求作出事实行为的请求(如基于行政合同的)、对金钱或事务的请求、要求作出公法上的意志表示或专业解释的请求等,但主要是要求作出事实行为的请求。

政机构之间因公法上的争议而产生的行政诉讼类型。

7. 其他的形成之诉。其他的形成之诉是指当事人通过请求行政法院针对特定事项进行司法审查,并直接通过行政判决设立、变更或撤销相应的行政法律关系的诉讼类型。〔10〕

此外,德国的行政诉讼类型还包括协会之诉和民众之诉。德国的行政诉讼类型如表 1:

表 1 德国的行政诉法类型

德国的行政诉讼类型	撤销之诉
	义务之诉
	确认之诉
	一般给付之诉
	规范审查程序
	行政诉讼中的机构之诉
	其他的形成之诉
	协会之诉、民众之诉

(二)法国的行政诉讼类型

法国一向享有"行政法母国"的美誉,不论在实体法还是程序法方面,法国都构建起了博大精深、精巧细致的体系。虽然法国的行政法并没有对行政诉讼的类型进行明确的规定,但学者对行政诉讼类型的研究和著述十分丰富。在法国学界中,根据法官审理行政案件时权力的大小以及诉讼标的的性质两个不同的标准,可以对行政诉讼类型进行不同的划分。

1. 传统的分类

传统的分类是由法国学者奥科等人提出来的。〔11〕 根据法官在判决行政案件中所拥有的权力大小以及当事人的诉讼请求,可以将行政诉讼类型分为以下几类:

〔10〕 参见刘飞:《行政诉讼类型制度探析——德国法的视角》,载《法学》2004 年第 2 期。

〔11〕 参见王名扬:《法国行政法》,中国法制出版社 1989 年版,第 639 页。

(1)完全管辖之诉

在完全管辖之诉的情形下,行政法官拥有较大的审判权力,可以根据原告的诉讼请求,对行政机关的事实行为和法律行为进行审查,可以变更或撤销行政机关所作出的具体行政行为,可以判决行政机关承担相应的赔偿责任等。

(2)撤销之诉

在撤销之诉中,行政法官的权力受到一定程度的限制,仅能在当事人请求的范围内对特定的行政行为行使法定的撤销权,而不能对该行政行为进行变更,也不能判决行政主体对行政相对人承担赔偿责任。越权之诉是撤销之诉的典型。

(3)解释之诉及违法性审查之诉

解释之诉是指当事人可以请求行政法官就其作出的判决进行解释和阐明的诉讼。而违法性审查之诉是指当事人请求行政法院对行政决定的合法性进行司法审查的诉讼。在解释之诉和违法性审查之诉中,行政法官的审判权力均受到限制,只能在当事人请求的范围内作相应的法律解释和审查,而不能直接作出影响当事人实体权利的判决。

(4)处罚之诉

法国的处罚之诉是指当不动产公产的保管规则遭到破坏时,省长可以依法向行政法院请求对破坏该规则的行为进行相应的处罚。可见,处罚之诉在法国的适用范围较窄,法官的权力也受到明显的限制。

2. 依诉讼标的性质分类

根据行政诉讼标的性质的不同,可以将行政诉讼划分为客观的行政诉讼和主观的行政诉讼。〔12〕

(1)客观的行政诉讼

客观的行政诉讼是指就行政机关的行政行为违反相应的行政法律法规等客观规则所提起的诉讼。客观的行政诉讼包含的类型较多,如违法性审查之诉、撤销之诉、处罚之诉以及行政选举的合法性诉讼等。

---

〔12〕 参见王名扬:《法国行政法》,中国法制出版社1989年版,第667~668页。

(2)主观的行政诉讼

与客观的行政诉讼相反,主观的行政诉讼主要是就行政机关违反了主观性的规则所提起的诉讼类型,如行政机关违反行政合同的诉讼以及行政赔偿之诉等。

法国的行政诉讼类型如表2:

表2 法国的行政诉法类型

<table>
<tr><th>依法官权力范围
进行的分类</th><th>诉讼名称</th><th>依诉讼标的性质
进行的分类</th></tr>
<tr><td rowspan="6">完全管辖之诉</td><td>行政合同诉讼
赔偿诉讼</td><td>主观诉讼</td></tr>
<tr><td>工资、年金之诉</td><td>主观诉讼和客观诉讼交叉</td></tr>
<tr><td>命令拆除或修理有倒塌危险的建筑物的命令诉讼</td><td rowspan="6">客观诉讼</td></tr>
<tr><td>选举诉讼</td></tr>
<tr><td>税务诉讼</td></tr>
<tr><td>不服省长对于产生公害的工商企业的监督的诉讼等</td></tr>
<tr><td>处罚之诉</td><td>处罚之诉</td></tr>
<tr><td rowspan="2">撤销之诉</td><td>越权之诉</td></tr>
<tr><td>复核审诉讼</td><td rowspan="2">主观诉讼和客观诉讼交叉</td></tr>
<tr><td>解释之诉</td><td>违法性审查诉讼
解释诉讼</td></tr>
</table>

(三)日本的行政诉讼类型

日本的行政程序法发展得十分成熟,对行政诉讼类型的规定也较为细致、完善。日本的行政诉讼类型制度规定在行政事件诉讼法当中,包括抗告诉讼、当事人诉讼、民众诉讼及机关诉讼等几种典型的诉讼类型,并对不同的行政诉讼类型所适用的诉讼要件、判决的形式等都作出了详细而明确的规定。同时,对具体的诉讼类型进行细分,形成了完整而科学的行政诉讼类型体系。

1.抗告诉讼

抗告诉讼是指国民不服行政机关行使公权力的行为而提起的诉讼。根据是否由法律明文规定,可分为法定抗告诉讼和法定外抗告诉讼。法定抗告诉讼是指在行政事件诉讼法中有明确规定的抗告诉讼,包括处分撤销诉讼、裁决撤销诉讼、不作为违法确认诉讼、无效等确认诉讼、课予义务诉讼、停止诉讼等。法定外抗告诉讼是指以上6种法定抗告诉讼以外的国民不服行政机关行使公权力的行为而提起的诉讼。抗告诉讼是日本最为核心的行政诉讼类型。〔13〕

2. 当事人诉讼

当事人诉讼是指在处分性或裁决性的行政法律关系中,一方当事人以另一方当事人作为被告,请求行政法院确认或变更双方之间的法律关系的行政诉讼类型。可见,当事人诉讼发生在行政相对人之间,而不是行政机关与公民之间。当事人诉讼所要解决的并非行政机关与公民之间的公法上的行政争议,而是确认双方当事人之间的权利义务关系。当事人诉讼包括实质性当事人诉讼和形式性当事人诉讼。

3. 民众诉讼

民众诉讼是指公民针对国家机关违反选举程序或行政机关损害公共利益的行为而提起的行政诉讼。民众诉讼所涉及的并非公民自身的合法权益,而是为了维护平等、公平、正义等客观的法律秩序、法律规范的正确实施及全社会的公共利益。

4. 机关诉讼

机关诉讼是指行政机关之间就行政权限的存在及其行使产生的争议所提起的诉讼类型。此类行政纠纷通常并不直接接受司法审查,而是由上一级行政机关进行裁决,但《日本法院法》第3条对此作了特别的规定,即在法定的情形下,行政机关之间所产生的行政争议也可以由法院进行司法审查并作出相应的判决。〔14〕

日本的行政诉讼类型如表3:

〔13〕 参见王天华:《行政诉讼的构造——日本行政诉讼法研究》,法律出版社2010年版,第40页。

〔14〕 参见江利红:《日本行政诉讼法》,知识产权出版社2008年版,第120~122页。

表 3　日本的行政诉讼类型

<table>
<tr><td rowspan="11">主观诉讼</td><td rowspan="9">抗告诉讼</td><td rowspan="6">法定抗告诉讼</td><td>处分撤销诉讼</td></tr>
<tr><td>裁决撤销诉讼</td></tr>
<tr><td>无效等确认诉讼</td></tr>
<tr><td>不作为违法确认诉讼</td></tr>
<tr><td>课予义务诉讼</td></tr>
<tr><td>停止诉讼</td></tr>
<tr><td rowspan="3">法定外抗告诉讼</td><td>权力性妨碍排除诉讼</td></tr>
<tr><td>抽象性规范统性诉讼</td></tr>
<tr><td>变更诉讼等</td></tr>
<tr><td rowspan="2">当事人诉讼</td><td colspan="2">形式性当事人诉讼</td></tr>
<tr><td colspan="2">实质性当事人诉讼</td></tr>
<tr><td rowspan="2">客观诉讼</td><td colspan="3">民众诉讼</td></tr>
<tr><td colspan="3">机关诉讼</td></tr>
</table>

（四）择善而从之——域外行政诉讼类型立法例的启示和借鉴

综观德国、法国及日本等发达国家的行政诉讼类型制度可以看出，在行政诉讼类型制度的设置上，一方面，要充分考虑当事人的诉讼请求和诉讼目的，以便充分地维护当事人的合法权利不受侵害，促使行政法律实现由“权力本位”转化为“权利本位”的历史性进步；另一方面，又要兼顾到社会的公共利益和行政主体之间争议的合理解决，以维护客观的法律秩序，保障法律规范的正确实施。再者，应该针对不同的行政诉讼类型设置不同的诉讼要件、对法官审理案件的权力进行限制、对判决的种类和形式作出明确的规定等，以便形成科学合理的行政诉讼类型制度。总之，要重新构建起我国的行政诉讼类型制度，既要立足于我国的法治本土资源和现阶段的法治环境，又要海纳百川，积极借鉴其他国家的优秀经验，以促进我国行政法治的长足发展。〔15〕

〔15〕 参见陈颖芝：《行政诉讼类型制度研究》，苏州大学 2005 年硕士学位论文，第 28 页。

四、破旧立新——对我国行政诉讼类型的重构

(一)重构我国行政诉讼类型应当考虑的因素

在对我国的行政诉讼类型进行重构之前,首先要对影响行政诉讼类型的几个重要因素进行相应的探讨和分析,需要重点考虑的因素包括以下几个:

1. 当事人的诉权。当事人的行政诉权在诉讼过程中主要体现为当事人的具体诉讼请求。法国的传统分类最为重要的依据之一就是当事人的诉讼请求。根据当事人的不同诉讼请求,可以将行政诉讼划分为确认之诉、撤销之诉、变更之诉和赔偿之诉等不同的类型,而行政法院也可以据此作出确认判决、撤销判决、变更判决和赔偿判决等不同的判决形式。因此,可以说当事人的行政诉权乃是划分所有行政诉讼类型的前提和基础。

2. 行政争议的性质。根据不同的标准,可以将不同主体之间发生的行政争议划分为不同的种类,如根据行政行为所针对的对象及其作用力,可以将行政争议划分为外部争议和内部争议。而根据行政主体与当事人之间的关系和争议的性质,又可以将行政争议划分为直接争议和间接争议。而不同的行政争议应该适用不同的行政诉讼类型来处理。一般的行政诉讼类型所要解决的都是公民与行政机关之间的外部行政争议,但机关诉讼这种诉讼类型恰恰是专门解决行政机关之间的内部行政争议。

3. 诉讼标的。在我国现行的法律框架下,行政诉讼的标的仅包括具体的行政行为,而是否应当建立起对抽象行政行为进行司法审查的行政诉讼类型,则是重构我国的行政诉讼类型制度所需要重点考虑的内容之一。

4. 法官裁判权力的大小。从法国对行政诉讼类型的传统分类中可以看出,法官在审理行政诉讼案件中裁判权力的大小,是确立行政诉讼类型种类的重要因素,法官的裁判权力受到当事人的诉讼请求的影响,根据当事人的不同诉讼请求及具体的案件情况,法官有时仅能依法确认具体行政行为是否违法,而不能作出直接影响当事人权利的法律决定或判决。而在其他情形下,法官却有可能直接变更或撤销行政机关所作出的行政行为。

(二)重构我国行政诉讼法类型应当采取的规范模式

各国行政诉讼类型的规范模式主要有以下三种:

1. 列举主义。列举主义,是指在行政诉讼中将行政诉讼类型的种类及其适用要件等均予以明确的规定,且将当事人可以提起行政诉讼对其权益进行救济的途径局限于法律规定的范围。列举主义的优点在于具体明确,也较易于理解和接受。但其缺点也显而易见,不易随着经济的发展和形势的变化而进行相应的调整,容易出现滞后于现实需要的情形。

2. 概括主义。概括主义,是指行政诉讼法对行政诉讼的类型并不明确予以规定,而只是以概括性的条款规定公民可以就所有行政法上的争议向法院提起行政诉讼。概括主义有利于全面保护公民的合法权益,但其缺点也显而易见,即不利于当事人正确选择诉讼形式,容易导致司法资源的浪费。

3. 折中主义。所谓折中主义,是指行政诉讼法既概括规定当事人可以就一切行政法上的争议提起诉讼,同时又以明确条文规定行政诉讼的具体诉讼类型。

很显然,折中主义结合了列举主义和概括主义的优点,又克服了它们存在的缺陷,有利于正确指引当事人进行诉讼,有利于法官正确地适用法律进行裁判,有利于全面充分地维护当事人的合法权益。同时,与我国的立法体例也保持高度一致,因此,在行政诉讼类型的立法上,我们应当采纳折中主义的规范模式。

(三)我国应构建的行政诉讼类型

以行政诉讼类型分类需要考虑的最重要的因素——当事人的诉讼请求为标准,可以将我国应确立的行政诉讼类型划分为撤销诉讼、课予义务诉讼、行政给付诉讼和行政确认诉讼四大类型,同时,以概括性条款承认无名诉讼(法定外诉讼),以适应实践发展的客观需要。另外,可以对诉的要素进行扩大解释,将学界和实践中都比较关注的公益诉讼、机关诉讼及抽象行为的审查等诉讼类型涵盖到上述四大类型之中。

1. 撤销诉讼。撤销诉讼,是指行政相对人的合法权益受到行政机关的具体行政行为的侵害时,依法向法院请求撤销该具体行政行为的诉讼。撤销诉讼的要件包括以下几项:(1)具体行政行为存在违法性;(2)具体行政行为成立且生效;(3)原告诉讼主体适格;(4)行政相对人已“穷尽行政救济”;(5)原告的起诉没有超过诉讼时效。

撤销诉讼可以再细分为“原行政行为的撤销之诉”和“行政复议行为的撤销之诉”。在撤销之诉中,法官判决时的权力较大,可以根据不同的诉讼请求而分别作出变更判决、撤销判决及驳回原告诉讼请求等判决。

2. 课予义务诉讼。课予义务诉讼,是指公民向法院请求判令行政机关依法作出特定的行政行为或履行其应当履行的公法上的义务。[16] 课予义务主要发生在公共安全、医疗卫生及某些授益性的行政领域。

当事人提起课予义务诉讼的条件是:(1)行政主体负有法定的给付性义务;(2)行政主体没有依法履行其法定的给付性义务;(3)行政主体的不作为无法律上的依据;(4)行政机关的不作为对行政相对人的合法权益造成了实质性损害。

根据行政主体的具体行为,可以将课予义务诉讼进一步区分为“行政拒绝作为之诉”和“行政不作为之诉”。在行政拒绝作为之诉中,行政主体认为公民的请求不具备法定的条件,因此其拒绝作出某具体的行政行为。因此,法院在审查行政拒绝作为之诉时,应当着重审查行政主体的拒绝行为是否合法。而在行政不作为之诉时,法院则应当着重审查行政机关是否负有公法上的法定义务。根据审查的结果,法院可以分别作出履行判决及驳回判决。

3. 行政给付诉讼。行政给付之诉包括广义的给付之诉及狭义的给付之诉,广义上的给付之诉包括公民向法院请求判令行政机关作出具体行政行为或其他特定的行政行为的诉讼。而在狭义的给付之诉中,当事人只能请求行政机关作出某些特定的行政行为,而不包括具体行政行为。由于公民请求行政机关作出某具体行政行为可以为课予义务诉讼所吸纳,我们在此只讨论狭义上的行政给付之诉。

行政给付之诉的标的通常是财产性及授益性的行政行为,如救济金、安

---

[16] 参见章志远:《行政诉讼类型构造研究》,法律出版社 2007 年版,第 135 页。

置补偿款、抚恤金的发放等，由于行政机关未依法履行行政法上的给付义务而对行政相对人的合法权益造成了损害，因而当事人有权向法院请求其依法履行。因此，法院在审理给付之诉时，应当着重行政机关是否负有行政法上的给付义务以及其是否已经依法履行该义务。在行政给付之诉中，法院可以依法作出履行判决及驳回判决等。

4. 行政确认诉讼。行政确认诉讼，是指行政相对人向法院请求确认行政机关所作出的行政行为违法、无效以及确认行政法律关系存在与否的诉讼。行政确认诉讼具有补充性和从属性的特点，即只有在其他的行政诉讼不能提起的时候，当事人才可以提起行政确认诉讼，以便为变更或撤销行政机关作出的具体行政行为奠定基础。根据当事人的不同请求，可以将行政确认诉讼再进一步细分为积极的确认诉讼和消极的确认诉讼，其中，积极的确认诉讼是指当事人请求法院确认特定的行政法律关系存在的诉讼；而消极的确认诉讼则是指当事人请求法院确认特定的法律关系不存在或行政机关作出的具体行政行为违法的诉讼。

法院在审查行政确认诉讼时，应当着重审查特定的法律关系是否具备相应的构成要件、是否存在或成立、行政机关所作出的具体行政行为是否合法有效，并根据审查的结果，分别作出相应的确认判决。

机关诉讼、当事人诉讼、公益诉讼和抽象行政行为的审查等诉讼类型，则可以根据原告的诉请及对诉讼要素的扩大解释，分别为上述四种诉讼类型所吸纳。

我国重构的行政诉讼类型、法院审查的内容及判决形式如表 4：

表 4　我国重构的行政诉讼类型、法院审查的内容及判决形式

重构的行政诉讼类型		法院审查的内容	判决形式
撤销诉讼	原行政行为撤销之诉	具体行政行为适用法律是否错误、是否违反法律冲突适用规则等	撤销判决、变更判决、驳回诉讼请求判决
	行政复议行为撤销之诉		

续表

<table>
<tr><th colspan="2">重构的行政诉讼类型</th><th>法院审查的内容</th><th>判决形式</th></tr>
<tr><td rowspan="2">课予义务诉讼</td><td>行政不作为之诉</td><td rowspan="2">行政主体是否存在应当作为的法定义务、行政主体的拒绝行为是否合法</td><td rowspan="2">履行判决、驳回诉讼请求判决</td></tr>
<tr><td>行政拒绝作为之诉</td></tr>
<tr><td rowspan="4">行政给付诉讼</td><td>财产给付之诉</td><td rowspan="4">行政相对人是否享有给付请求权、行政主体是否具有给付的义务</td><td rowspan="4">给付判决、驳回诉讼请求判决</td></tr>
<tr><td>非财产给付之诉</td></tr>
<tr><td>行政合同给付之诉</td></tr>
<tr><td>预防性不作为之诉</td></tr>
<tr><td rowspan="3">行政确认诉讼</td><td>无效确认之诉</td><td rowspan="3">行政法律关系是否成立或存在、具体行政行为的合法性</td><td rowspan="3">确认判决（包括确认合法、确认无效、确认违法、确认行政法律关系成立或不成立）</td></tr>
<tr><td>违法确认之诉</td></tr>
<tr><td>行政法律关系存在确认之诉</td></tr>
</table>

结语

撤销诉讼、课予义务诉讼、行政给付诉讼和行政确认诉讼这四种诉讼类型基本涵盖了目前行政诉讼的所有形态，可以有效地满足我国行政诉讼司法实践的需要。同时，以概括性的条款规定当事人可以提起行政诉讼的范围也有利于适应社会经济发展的需要。因此，我们应当以《行政诉讼法》的修改为契机，对我国的行政诉讼类型制度进行重构，以适应法治发展的趋势。当然，行政诉讼类型制度的重构和完善，与原告资格的放宽、行政诉讼受案范围的扩大、行政裁判方式的进一步丰富等课题息息相关、环环相扣，是一个循序渐进的过程。但无论如何，行政诉讼类型制度的重构和完善，必将成为我国行政法治发展进程的一大进步，也是不断提高司法公信力的题中之义。

“一并审理”模式下房屋登记行政案件审理程序之构想*

韦玉娟**

新修订的《中华人民共和国行政诉讼法》(以下简称《行政诉讼法》)于2017年5月1日正式施行,该法第61条规定了五类行政诉讼可以一并审理相关民事争议,[1]2015年5月1日起施行的《最高人民法院关于适用〈中华人民共和国行政诉讼法〉若干问题的解释》(以下简称《适用解释》)第17条至第19条进一步细化了《行政诉讼法》第61条,这意味着我国法律正式确定了行政诉讼一并相关审理民事争议制度。[2] 可以说,这是我国行政诉讼法的一大制度突破,对于维护裁判统一、树立司法权威、提高司法效率、减少当事人诉累具有重要意义。[3]

然而,《行政诉讼法》第61条和《适用解释》第17条至第19

* 本文获第二十七届全区法院学术讨论会优秀奖。

** 来宾市中级人民法院民二庭法官助理。

〔1〕《行政诉讼法》第61条规定:“在涉及行政许可、登记、征收、征用和行政机关对民事争议所作的裁决的行政诉讼中,当事人申请一并解决相关民事争议的,人民法院可以一并审理。在行政诉讼中,人民法院认为行政案件的审理需以民事诉讼的裁判为依据的,可以裁定中止行政诉讼。”

〔2〕为行文方便,笔者在本文将这一制度简称为“一并审理”模式。

〔3〕参见张明军:《行政诉讼对关联民事争议的一并审理——对新行政诉讼法第六十一条的理解与适用》,载《人民司法·应用》2016年第7期。

条仅对一并审理的适用范围、申请主体、启动程序等问题作了粗略规定，而对直接影响裁判结果和裁判效果的具体审理程序却缺乏一个具体完整的架构，对诸如立案案号怎么确定、受理后如何进行实体审理、审理后怎么制作裁判文书等一系列具体问题均没有明确规定。这种立法现状使法官在实践中往往难以找到可以遵循的明确指引或统一性规则，导致行政、民事争议交叉案件的审理面临诸多制度性和技术层面上的障碍。[4] 由于缺乏统一判断标准，再加上全国各地法官素质参差不齐以及对法律理解的差异，使得各地法院在遇有此类案件时，在事实判定方面缺乏诉讼技术上的支撑，司法实践很容易出现案件审理程序不规范、裁判文书形式各异、判决结果不一等局面。

在司法实践中，比较容易出现与民事争议相交叉的行政案件是房屋登记类行政案件。通常情况下，在房屋登记行政案件中，按照《行政诉讼法》的理论，法院一般只需对行政机关的登记行为是否合法作出判断即可，而无须直接对权属争议作出认定，但是在对行政机关登记行为的合法性进行审查时，往往还会审查到转移登记的民事法律关系是否真实、合法，这又属于民事审判的范畴。同样地，在与房屋登记相关的民事诉讼中，对合同效力、善意取得等问题进行审查时，往往又要涉及房屋行政登记这一具体行政行为的合法性与效力问题，这显然又需要通过行政审判才能认定。[5] 在房屋登记行政纠纷这类案件的处理结果上，行政机关的登记行为被确认违法后，实践中法院和法官多数会作出撤销登记行政行为的判决。[6] 登记行为被撤销

---

〔4〕 参见杨建顺：《行政、民事争议交叉案件审理机制的困境与对策》，载《法律适用》2009 年第 5 期。

〔5〕 参见周雯：《行政与民事争议交叉案件审理模式探讨》，载《市场周刊》(理论研究)2011 年第 3 期。

〔6〕 笔者文中所举的案例便是一个典型代表，B 市法院在审理行政诉讼案件时没有选择适用《最高人民法院关于审理房屋登记案件若干问题的规定》第 11 条第 3 款规定的“被诉房屋登记行为违法，但判决撤销将给公共利益造成重大损失或者房屋已为第三人善意取得的，判决确认被诉行为违法，不撤销登记行为”，而是在确认违法后判决撤销登记行为，因该判决直接使权属恢复到最初状态，善意第三人的抵押权无法实现，仍需要通过民事诉讼程序对自己的权利进行救济。

后，关于涉案房屋的权属便恢复到颁证之前的状态，行政诉讼第三人仍须通过民事诉讼程序来重新请求确认权属才能维护自己的合法权益，此刻行政诉讼第三人便成为相关民事争议的当事人之一。

《适用解释》规定了“一并审理”的相关审理程序，对审理房屋登记行政案件起到了很好的指导作用。但是，这些粗略的框架性规定还不能完全解决此类案件审理程序中遇到的具体实务难题。因此，有必要就当前审理程序中存在的问题及如何架构一个完整的程序进行研究探讨。本文拟从一起房屋抵押登记纠纷案件的实证分析入手，提出现行“一并审理”模式在审理程序上存在的问题，在对现有立法和实践分析的基础上，提出具体审理程序的构想，以期为行政审判实践提供些许思路。

一、问题的提出——一起房屋抵押登记案引起的思考

近年来，随着经济社会的迅速发展，行、民交叉案件不断增多，尤其是房屋登记类行政案件，更容易与民事交叉。以下是B市法院和A市法院受理的一起典型民、行交叉案件。

（一）基本案情

郭某平与郭某峰系堂兄弟关系，郭某平因在部队服役，委托郭某峰代为办理房产过户、登记、抵押贷款等事宜，有授权委托书并经过公证机关的公证。郭某峰与覃某某是母子关系，2015年7月2日（在郭某平委托期间），郭某峰向覃某某出具了一份委托书，委托覃某某利用郭某平的一栋房屋向陈某某办理抵押贷款，并向房管所办理有关抵押登记事宜。2015年7月11日，覃某某与陈某某签订借款协议，约定覃某某向陈某某借款450万元，覃某某以郭某平名下的一栋房屋作为抵押物。2015年7月13日，双方到B市D县房产管理所办理抵押登记手续，房管所审查覃某某提交的材料后，为双方办理了抵押登记，债权人陈某某取得房屋他项权证。事后郭某峰到房管所对本次抵押登记签字确认。后借款到期，由于覃某某没能按约定向陈某某归还借款，陈某某向覃某某住所地人民法院A市C法院提起民间借贷民事诉讼，请求法院依法判决覃某某还款，并由郭某平在其房屋价值范围内承担连带责任。在民事诉讼尚未生效的情况下，房屋实际所有权人郭某平向房

屋所在地人民法院B市D县人民法院提起行政诉讼，请求法院依法撤销区B市D县房产管理所的错误抵押登记行为。

（二）引出的问题

本案谁可以根据《行政诉讼法》第61条提出一并审理的请求？若受理，法院该如何进行一并审理？

1. 关于申请主体

从《行政诉讼法》第61条的表述来看，一并审理的前提是存在两个不同性质的争议，[7]并且当事人提出申请，若当事人没有提出一并审理的请求，法院则无权主动进行一并审理。这里的当事人如何理解？笔者认为，该条所指的可以提出一并审理请求的当事人，既可以是行政诉讼的原告，也可以是行政诉讼的第三人即行政诉讼原告在民事争议中的相对人。具体到该案，郭某平和陈某某均可以成为一并审理相关民事争议的申请人。

在郭某平提出一并审理请求的情况下，该案有个特殊情形，即作为行政诉讼第三人的民事争议另一方当事人陈某某已事先在其他法院提起了民事诉讼。这种情况下，法院对郭某平的一并审理请求应否准许？笔者认为郭某平的请求应当准予。从现有立法来看，《适用解释》第17条第2款对不予一并审理的例外情形进行了列举，根据该款第3项的规定，已经申请仲裁或者提起民事诉讼的，人民法院应当作出不予准许一并审理民事争议的决定。笔者认为，该规定的目的是避免当事人滥诉，避免出现重复诉讼的现象，仅约束既提起民事诉讼又在行政诉讼中提出一并审理民事争议的当事人。具体到本案，仅对已提起民事诉讼的民事争议另一方当事人陈某某适用，对作为民事诉讼被告的郭某平不适用，因为行政诉讼第三人陈某某不选择一并审理民行争议程序，其民事争议方面的权利已通过事先提起的民事诉讼程序得到救济。由于郭某平是民事诉讼的被告，因民事争议双方当事人是两个独立的诉讼主体，原告和被告的权利有诸多不同，因此不宜适用《适用解释》第17条对郭某平进行限制，故即使民事争议的另一方当事人已经事先提起了民事诉讼，行政诉讼的原告作为民事争议的一方当事人仍可以请求

---

〔7〕 参见彭贵才：《论民事与行政交叉案件的审理模式》，载《当代法学》2011年第4期。

一并审理。

2. 关于审理程序

根据现行立法，该案的审理程序存在很多操作上的难题：

(1)立案到审理阶段难以实现衔接

按照《适用解释》第18条第1款“人民法院在行政诉讼中一并审理相关民事争议的，民事争议应当单独立案，由同一审判组织审理”的规定，该案除了有一个行政案号(“行初字第××号”)外，还有一个民事案号(“民初字第××号”)。既然法条明文规定由同一审判组织审理，立案庭应当把民事案件交由行政审判庭一并审理。但是从立案到审理如何对接，让人无所适从。再者，民事案号直接移送行政审判庭是否妥当、民事案号怎么登记、民事案号如何保持完整性、行政庭法官接到此类案件的阅卷标准如何、庭审中如何把握两种诉讼程序的具体运用等问题都亟待解决。更何况，笔者所举的这个案例中的民事争议已经在另外一个城市的基层法院进行了裁判，涉及两个城市法院的沟通协调远比同一个法院不同审判庭的处理要复杂得多。

(2)审理到裁判阶段难以保持一致

《适用解释》第18条第1款规定“由同一审判组织审理”，第19条第3款又规定“行政争议和民事争议应当分别裁判”，这两条规定明显互相冲突，既然是一并审理，便是由行政审判庭根据《行政诉讼法》和《民事诉讼法》的相关规定对案件进行审理，行政审判庭审理后，裁判自然应由行政审判庭一并作出，而“分别裁判”的立法规定到底是让法官制作一份判决书还是两份判决书？如果是一份判决书，单独立案的案号怎么在裁判文书中列，裁判内容先后怎么定，行政庭法官对民事争议部分进行说理的水平如何？如果是两份判决书，由行政庭作出民事裁判文书，程序是否存在瑕疵？裁判文书质量是否会“打折扣”？这些问题让人无所适从。

二、问题透析——“殊途”带来的审理程序困境

虽然新修订的《行政诉讼法》确立了“一并审理”制度，但在诉讼程序方面，立法仅对提出期限、如何立案、审判组织、适用法律、如何裁判等内容作

了粗糙规定,还没有构建起一套完整的且具有可操作性的审理程序体系。由于民事诉讼与行政诉讼在立案、审理、裁判等阶段存在诸多差异,加之各地法院在此类案件的审理程序方面也没有什么实践性的“尚方宝剑”可供借鉴,因此“单独立案、一个审判组织一并审理、分别裁判”的立法规定很容易导致立案、审理、判决三个阶段前后缺乏衔接,导致实践出现一系列矛盾。可见,现有立法已难以应对审判实践中行政诉讼与民事诉讼不断交叉的现实状况,[8]也无法解决实践中一些行民交叉案件的技术障碍问题。

(一)立案阶段:难以费解的案号规定

《适用解释》第18条第1款规定:“民事争议应当单独立案,由同一审判组织审理。”按照该规定,对于行政诉讼一并审理民事争议,立法采取的是单独立案并由同一审判组织审理的体例,也就是说,民事争议单独立案后,应当把民事案件交由审理行政争议案件的行政审判庭,由该庭将民事案件与行政案件一起并案审理。单独立案会带来收案数量的增加,审理相关民事争议的行政庭工作量另行计算,在当前收案结案率直接影响各业务庭考核指标的考评机制下,单独立案确实有利于鼓励行政审判法官一并审理民行争议案件。但也存在一些问题,一是既然规定单独立案,民事争议自然采用的是民事案号,案卷材料以及审查标准自然也是按照民事法律规范的相关规定及要求来进行,而行政诉讼与民事诉讼存在诸多不同,且民事案号和行政案号分属两个不同性质的案号,直接移送行政庭是否妥当,行政庭法官接到此类案件的阅卷标准如何,都难以把握。且不说当事人觉得别扭,法官也要时刻在两种诉讼程序中来回穿梭,诉讼原则、诉讼管辖及举证责任的差异等就足以让法官剪不断理还乱。二是会出现案件登记、案件归档、案件审判管理等操作技术层面上的难题,由于法院内部每个业务庭分工明确,且每个业务庭都有独立的立案登记本,当立了两个案号后,根据《适用解释》第18条的规定,应把民事案卷移送行政审判庭,既然是移送行政庭,案号自然也就登记在行政庭的登记本。而根据人民法院内部工作程序,民事案号就会出现不连续的现象,后期的归档和审判管理都会出现脱节。

---

〔8〕 参见马怀德、张红:《行政争议与民事争议的交织与处理》,载《法商研究》2003年第4期。

（二）审理阶段：模糊不清的程序规则

根据现行规定，一并审理相关民事争议的，由同一审判组织审理，也就是由审理行政案件的行政审判庭一并审理。案件移送行政审判庭后，一旦进入审理阶段，必然涉及具体审理程序问题。

《适用解释》第17条规定了一并审理的提出时间和不予一并审理的情形，第18条对单独立案和审判组织作了规定，第19条则对法律适用、分别裁判和上诉作了规定。但综观这三个条文，均仅是框架性的粗线条规定，并没有对审理阶段应采取何种程序规则作出具体规定。由于两种诉讼在诉讼原则、诉讼时效、诉讼管辖、举证责任分配、法律适用等方面的差异，一旦进入法庭审理阶段，两种诉讼程序怎么协调运用是必然要面对的问题。虽然行政诉讼和民事诉讼对庭审程序的法庭调查、法庭辩论这两大诉讼阶段的顺序规定基本一致，但两者的具体步骤如何协调，先后顺序如何，法官在实际审理中均无法正确把握。再者，两个庭审阶段对法庭调查的内容和侧重点有很多不同之处。根据《行政诉讼法》第6条，行政诉讼采取的是"合法性审查"原则。根据这一原则，行政案件在法庭调查阶段主要是着重对行政行为的职权依据、执法程序、事实依据、法律依据进行合法性审查。而民事诉讼采取的是"全面审查原则"或者"有限的全面审查原则"，而此次立法对一并审理的同一个庭审中，两种程序如何具体运用规定得模糊不清。

（三）裁判阶段：无所适从的裁判选择

一并审理进入判决阶段时，怎么制作裁判文书？到底是写一份文书还是按照民事和行政分别制作两份文书？也是实践中的一个困惑问题。

《适用解释》第19条第3款规定"行政争议和民事争议应当分别裁判"，"分别裁判"是否就意味着要分行政和民事分别制作两份文书？如果是，由行政庭出民事判决书，是否符合程序？行政庭制作民事判决书，裁判文书质量如何？裁判文书说理部分能否让当事人真正信服？这些均值得商榷。如果不是制作两份判决书，而是在一并审理后制作一份判决书，判决书的名称怎么起？两个案号在一份判决书中到底怎么列？判决书是先列行政案号还是先列民事案号？裁判文书的事实、理由和主文等内容该怎么叙述？这些都让实践者无所适从。

三、程序矫正——审理程序的初步构想

现有"一并审理"模式下的审理程序过于简单粗糙，易背离该制度设立初衷，因此对一并审理的案件，司法解释尚需在立案、审理、裁判等环节作出明确规定。为矫正这种现状，笔者认为，应当结合我国的司法实际情况，并借鉴"刑事附带民事诉讼"的部分立法经验，从以下几方面构建"一并审理"模式下房屋登记行政案件的审理程序。

（一）案号及案由的确定

从立法旨意来看，设立"一并审理"模式的目标非常明确，就是在行政诉讼中迅速、高效地解决行政与民事交叉争议，以增强人们对法院审判工作的信任。案号及案由的确定必须围绕这一制度设立的初衷，现行司法解释规定的单独立案体例不利于行、民交叉争议的快速解决，因为在单独立案的现行立法体例下，当事人一方选择一并审理并非比单独提起两个不同的诉讼经济便捷，首先诉讼费用仍需要分别缴纳，其次法院现有行政庭和民事庭的分工模式可能使案件移送的过程和时间更久，再者行政庭法官因民事法律素养的参差不齐可能会使审理的过程更加漫长。因此笔者认为，既然《行政诉讼法》已明文规定了可以一并审理，自然就是以行政诉讼为主，顺带一并审理民事争议，因此无论是从立法尽量保持前后一致的角度出发，还是从当事人诉讼经济方便的角度考虑，对于一并审理模式的行民争议案件，应该共用一个案号，以同一个案号立案。[9]

从现行案件分流管理机制的现状出发，一并审理的案号宜使用行政案件案号，即一审案件的案号采用"行初字第××号"的编排。虽然此次立法并没有采用"附带民事诉讼"的用语，[10]但鉴于方便实践的角度出发，同时为避免行政庭和民事庭互相推诿拉扯，"一并审理"模式下的案件案由应在

---

〔9〕 参见杨凯：《论房产纠纷行政与民事交叉案件之审理对策——兼评〈物权法〉实施对民事行政关联诉讼审判之影响》，载《行政法学研究》2008年第1期。

〔10〕 参见肖杰：《论行政与民事交叉案件的程序整合——以三起案例为视角》，2008第二届中国法治论坛会议论文，北京，2008年12月6日，第308～316页；甘文：《行政诉讼法司法解释之评论——理由、观点与问题》，中国法制出版社2000年版，第175页。

《最高人民法院关于规范行政案件案由的通知》(法发〔2004〕2号)确定的行政案件案由之后加上“一并审理民事诉讼”的标注。〔11〕

（二）法庭审理的程序运用

就所举的房屋登记纠纷案而言，民事争议的一方当事人提起民事诉讼，民事争议的另一方当事人即房屋实际所有权人对登记行为不服提起行政诉讼，两个诉讼交叉。虽然我国《行政诉讼法》奉行的是“合法性审查原则”，即行政诉讼的审查重点是行政行为的合法性，但这并不意味着与行政行为有关的所有民事法律事实，法院都不能进行审查。具体到该案，如果一并审理，在行政诉讼中，法院除了对房管所登记行为的合法性进行审查外，还必然要对抵押行为是否成立生效以及第三人是否属善意等民事争议进行审查并在裁判阶段对这些问题作出评判。因此，在涉及不动产善意取得民事诉讼与登记行政诉讼交叉时，用一并审理的方式审理，是一种比较合理且高效的选择。〔12〕

既然立法在《行政诉讼法》中规定“一并审理”模式，应该说在一并审理的案件中，行政诉讼和行政庭就占主导地位。因此，笔者认为，对于可以一并审理的案件，人民法院在审理过程中，应分先后顺序，坚持行政诉讼是主诉讼，首先对有关行政诉讼进行先行审理，优先解决行政争议，之后再审理民事诉讼，协调解决民事争议部分。具体到所举的房屋抵押登记案件，应先由B市法院对房屋管理所的登记行为合法性进行审查，当房屋抵押登记经法院审理后认为违法的，在撤销的同时，对民事部分进行权属确定或责任划分并作出相应判决。

人民法院在一并审理民事争议时，诉讼程序方面如何适用法律？笔者认为，根据《适用解释》第19条第1款的规定，〔13〕一并审理民行争议案件中，

〔11〕 参见危辉星：《行政附带民事诉讼制度的若干理论与实务问题》，载《法律适用》2012年第2期。

〔12〕 参见周雯：《行政与民事争议交叉案件审理模式探讨》，载《市场周刊》(理论研究)2011年第3期。

〔13〕 《适用解释》第19条第1款规定：“人民法院一并审理相关民事争议，适用民事法律规范的相关规定，法律另有规定的除外。”

因主诉讼是行政诉讼，诉讼程序整体上应当按照《行政诉讼法》规定的程序进行。但是，就民事争议部分而言，原则上适用《民事诉讼法》的规定，如诉讼原则、当事人的答辩期限、举证责任的分配、诉讼管辖等《民事诉讼法》有特别规定的，优先适用《民事诉讼法》的规定。[14]

根据《行政诉讼法》和《民事诉讼法》的立法体例，一、二审的审判程序大致包括以下几个环节：起诉和受理、审理前的准备、开庭审理、判决和裁定，因立案和裁判环节已在前文和后文进行了讨论，下面笔者在该部分试图对审理前的准备和开庭审理进行初步构建。

在正式开庭前，要做好开庭前的准备工作。首先要确定一并审理案件的审判人员，据现行《适用解释》第 19 条的规定，一并审理的，民事争议应当由同一审判组织审理。法律只是明确规定由同一审判组织来审理，并不明确要求一定全部是行政庭的法官组成合议庭，可见立法并没有排斥民庭法官和行政庭法官一起组成合议庭进行审理的做法。考虑到在“一并审理”模式下，某些案件灵活组成合议庭会更有利于案件的处理。因此，笔者认为，坚持一并审理案件以行政庭审判人员组成合议庭为主的前提下，对那些事实难以查明、行民法律关系交织复杂、民事法律专业性强、行政庭审判人员难以胜任的一并审理案件，我们可以采用吸收部分民事庭法官作为合议庭成员的方式，通过组成动态合议庭的形式来审理行民交叉案件，以便从民事审判的角度对民事争议进行全面客观且专业性的评判。

庭前准备工作就绪后，转入法庭审理程序。一并审理的案件，因主诉是行政诉讼，法庭调查应从宣读行政诉讼起诉状开始，顺序是先行政诉讼起诉状后民事诉讼起诉状。在法庭调查中，审判人员应当分别对行政诉讼当事人和民事诉讼当事人进行调查，询问行政诉讼当事人时，不仅要行政诉讼相对人和行政机关陈述全部的事实和经过，而且还要注意听取民事争议另一方当事人的意见。在具体调查中，分行政行为认定事实、适用法律、作出程

---

〔14〕 参见安克明：《贯彻落实新行政诉讼法的重大司法举措——最高人民法院行政庭负责人就关于适用〈中华人民共和国行政诉讼法〉若干问题的解释答记者问》，载《人民法院报》2015 年 4 月 28 日，第 3 版；周涛裕：《民事与行政交叉案件的“一并审理”》，载《人民司法》2012 年第 3 期。

序三个方面调查行政诉讼部分;对民事诉讼部分,在事实调查中可适用民事诉讼程序查明基础民事法律关系的真实性及效力。法庭调查结束后,人民法院应当及时组织各方当事人进行法庭辩论,在法庭辩论阶段,可按行政、民事的先后顺序由各方当事人发言。法庭辩论结束后,参加诉讼的当事人按照先行政后民事的顺序进行最后陈述。在查清事实、分清是非的基础上,审判人员可以根据当事人自愿的原则,对民事争议部分进行调解。对调解不成的民事案件,与行政案件一并作出判决。

(三)裁判文书的理性选择

审判实践中对于一并审理的行、民交叉案件是制作一份判决文书,还是分别制作两份判决文书,存在较大分歧。笔者认为,既然立法已经明确是一并审理,人民法院就应当对行政诉讼与相关民事争议部分一并作出判决,而不是生硬适用《适用解释》第19条所述的“分别裁判”。因为一份判决书比两份判决书更能全面客观表述整个案件的事实和处理结果,也更有利于上级法院对上诉案件的审理。只有当一并审理的民事争议较为疑难复杂且一并判决可能极大拖延行政部分的审判时,可以对行政部分先进行判决,然后再由审理行政部分的同一个审判组织继续审理相关的民事争议,待厘清事实和法律后作出判决。[15] 以下是笔者关于裁判文书具体内容的一个构想:

首先,关于称谓。一并审理后,行政诉讼和民事诉讼的裁判应一并作出,至于裁判文书的名称,可以参考刑事附带民事诉讼的体例,称为“行政附带民事判决书”。虽然此次立法并没有采用“行政诉讼附带民事诉讼”的用语,但笔者认为,《行政诉讼法》第61条规定的“一并审理”模式为建立行政附带民事诉讼制度奠定了基础,至少就裁判文书的角度而言,目前我们完全可以借鉴刑事附带民事诉讼裁判文书的体例,对应立案阶段的一个案号,制作涵盖解决行政诉讼和民事诉讼的一份判决书,即行政诉讼附带民事诉讼判决书。[16]

---

〔15〕 参见吴恩玉:《再论行政附带民事诉讼》,载《公法研究》(第8辑),浙江大学出版社2010年版,第275页。

〔16〕 参见彭贵才:《论民事与行政交叉案件的审理模式》,载《当代法学》2011年第4期。

其次,关于判决书的内容。在“一并审理”模式中,行政诉讼是主诉讼,审理程序以行政诉讼程序为主,因此判决书的内容也应该先行后民。对裁判文书的事实部分,应先对有关具体行政行为是否合法性的事实进行阐述,再对有关民事争议进行阐述;对裁判文书的理由部分,应当先阐述行政诉讼部分,再阐述民事诉讼部分,并说明各自适用的实体法和程序法情况。[17]

最后,关于判决结果的表述。判决结果直接关系到当事人诉讼实体权益的保护,判决主文直接影响到整个案件的裁判效果,因此应当区别行政诉讼和民事诉讼,将行政诉讼部分与民事争议的主文分开撰写,采取先行后民的排序体例,以与前面行主民辅的审理程序保持对应。

---

〔17〕 参见彭贵才:《论民事与行政交叉案件的审理模式》,载《当代法学》2011年第4期;杨凯:《论房产纠纷行政与民事交叉案件之审理对策——兼评〈物权法〉实施对民事行政关联诉讼审判之影响》,载《行政法学研究》2008年第1期。

外部化的内部行政行为司法审查制度研究

——基于16个典型案例的实证分析*

杨　斌** 岑　潇***

最高人民法院发布的第22号指导案例陈守志等诉来安县政府收回土地使用权批复案、中国行政审判指导案例之一建明食品公司诉泗洪县政府电话指示案等，都是与内部行政行为有关，但因为外部化影响了行政相对人的合法权益，法院最后都确认了这些行政行为的可诉性，笔者在对法院的做法点赞以外，也担心起来，随着立案登记制的实施，行政诉讼法对受案范围的扩大，加上公民权利意识的高涨，今后针对内部行政行为的起诉会增多，然而令人尴尬的是，现行的法律对此并未予以明确。在内部行政行为的司法审查问题方面，现行法律规定存在不确定性，当前的理论研究也存在争议，不仅妨碍了行政诉讼的有效推进，也影响了行政相对人权利的维护。随着经济、社会的不断发展，行政行为日益复杂，内外部行政行为的牵连性明显，诸如行政机关间的请示、报告、批复等内部行政行为被诉至法院的案件不断出现。因此，对内部行政行为的司法审查进行研究很有必要。

---

* 本文获第二十七届全区法院学术讨论会优秀奖。

** 南宁铁路运输中级法院审判员。

*** 北海海事法院法官助理。

一、内涵与外延:外部化的内部行政行为概念及范围限定

(一)外部化的内部行政行为的概念分析

1. 内部行政行为的概念

要界定“外部化的内部行政行为”的概念,必须先厘清“内部行政行为”的定义。在德国,内部行政行为是指对外部发生法律效力的内部行政措施,主要包括内部职务命令、规定以及行政系统内部的同意、否定等。[1] 我国的相关法律中没有“内部行政行为”的概念,内部行政行为和外部行政行为只是理论界根据不同的标准对行政行为做出的划分。例如,根据主体划分,发生在行政主体与其工作人员之间或行政主体之间的行为就是内部行政行为;[2] 根据行为对象划分,以行政主体及其工作人员为行为对象的是内部行政行为;[3] 根据隶属关系划分,行政相对人与行政主体之间存在隶属关系的则为内部行政行为。[4]

2. 外部化的内部行政行为概念

有学者认为,内部行政行为的外部化,是指行政主体作出的内部行政行为通过行政权力等公权力的运作等某种形式外部化,它的法律效力影响到外部的行政相对人,最终对外部的行政相对人的合法权益产生了实质影响。[5] 也有人认为,这样的内部行政行为实际上已经质变为外部行政行为。另一种观点则认为,“内部行政行为并非因被行政相对人或利害关系人知悉而转变成为外部行政行为,而只是对那些貌似内部行政行为而实为外部行政行为的假象内部行政行为进行甄别的一种形象说法”。[6] 笔者认为,外部化的内部行政行为是指内部行政行为经过某种方式的“外部化”从而影响到

---

〔1〕 参见[德]哈特穆特·毛雷尔:《行政法总论》,高家伟译,法律出版社2000年版,第227页。

〔2〕 参见罗豪才、应松年主编:《行政诉讼法学》,中国政法大学出版社1990年版,第115页。

〔3〕 参见应松年主编:《行政法与行政诉讼法词典》,中国政法大学出版社1992年版,第92页。

〔4〕 参见方世荣主编:《行政法与行政诉讼法学》,人民法院出版社、中国人民公安大学出版社2003年版,第149页。

〔5〕 参见章剑生:《现代行政法基本理论》,法律出版社2008年版,第120页。

〔6〕 孔祥俊:《行政行为可诉性、原告资格与司法审查》,人民法院出版社2005年版,第82页。

行政相对人之后,其法律效力突破了原来的内部法律关系而实质影响到行政相对人权益的内部行政行为。

(二)外部化的内部行政行为的范围限定

因外部化的内部行政行为与内部行政行为存在关联性,其范围限定要从内部行政行为的分类着手。根据工作内容的不同,内部行政行为分为人事性质和工作性质的行为。人事性质的行为如对工作人员的任免、考核、奖惩、调动、工资、福利待遇等。工作性质的行为如上下级机关间的命令、批准、指示、批复等。[7] 一般来说,人事性质的内部行政行为,即使其外部化了,根据现有的行政诉讼理论是不宜通过行政诉讼解决的。但是工作性质的内部行政行为如因外化影响了相对人的权益,则可提起行政诉讼。故本文所指的外部化的内部行政行为的范围主要是指外部化了的工作性质的行政行为。

二、规范与实证:外部化的内部行政行为司法审查相关法律规范及审判实践

(一)现行法律规定

修改前的《行政诉讼法》第2条使用"具体行政行为"的定义是与"抽象行政行为"相区别的。新修订的《行政诉讼法》通过用"行政行为"取代"具体行政行为"的途径,扩大了行政行为的可诉范围,为建立外部化的内部行政行为司法审查制度提供了立法基础。该法第12条列举了可以提起行政诉讼的行政行为,其中第12项的规定及《适用解释》第3条第8项的规定,为外部化的内部行政行为的可诉性提供了法律依据。

(二)司法审查实践

笔者搜集了全国各级法院审理的关于外部化的内部行政行为的行政诉讼案例共16件,在这些案件中,涉案的内部行政行为主要表现为内部通知、会议纪要、内部指示、批复和批准,皆属上下级或平级机关间的工作性质行为。这类行为通常涉及对行政相对人权益的内部处理,原来只是作用于行

[7] 参见罗豪才、湛中乐主编:《行政法学》,北京大学出版社2012年版,第123页。

政主体内部,但因为经行政主体的职权行为发生效力外化直接影响到了行政相对人的权益,从而导致可诉。

1. 法院认定可诉的案件分析

表1 法院认定可诉的案例

序号	案例名称	被诉行政行为	裁判理由摘要及结果
1	广州海龙王公司诉广州外经贸委行政处理决定纠纷案[8]	被告作出的涉及原告对某项目的经营权的通知	通知虽以内部发文的形式发出,但通知内容涉及原告的经营权,对原告权益产生了实质影响,故该通知可诉
2	建明食品公司诉泗洪县政府电话指示案[9]	被告的分管副县长作出的停止某单位以外的单位进行生猪检疫的电话指示	电话指示虽是内部行政行为,没有提到原告名称,但县兽检所根据该指示停止检疫原告的生猪,侵害原告的合法权益,电话发生了对外效力,故认定电话指示的可诉性
3	吉德仁等诉盐城市政府行政决定案[10]	被告作出的涉及免交交通规费的会议纪要	会议纪要虽是内部材料,但赋予公交总公司免交交通规费的利益,实质影响了原告的公平竞争权,虽没直接向利益相对方送达,但纪要内容已执行对外发生法律效力,且被告已将会议纪要的内容书面告知了原告,故该会议纪要可诉
4	陈守志等诉来安县政府收回土地使用权批复案[11]	被告作出同意收回部分地块国有土地使用权的批复	该批复虽属上级行政机关对下级行政机关请示的批复,也未直接送达相对人,但下级行政机关依该批复实施拆迁补偿安置行为,实际影响了原告的权利义务;原告也通过申请政府信息公开的方式知道了该批复的内容并提出复议,复议机关也告知了原告诉权,故批复可诉

[8] 详见广东省高级人民法院(2000)粤高法行初字第1号行政裁定书。

[9] 详见江苏省高级人民法院(2005)苏行终字第0061号行政裁定书,载《最高人民法院公报》2006年第1期。

[10] 详见江苏省高级人民法院(2003)苏行终字第025号行政判决书,载《最高人民法院公报》2003年第4期。

[11] 详见安徽省高级人民法院(2012)皖行终字第14号行政裁定书。

续表

序号	案例名称	被诉行政行为	裁判理由摘要及结果
5	何红中诉仙居县政府安全生产监督行政批复案[12]	被告作出的事故调查报告的批复	批复虽只是内部行文,但是对事故调查报告认定事实、性质、责任所作的认定,实际影响了原告权益,故批复可诉
6	郑素华诉武侯区政府国土行政批复案[13]	被告作出的涉及原告房屋拆迁的批复	该批复未向原告送达,也是行政主体就行政事项作出的内部审批行为,但该批复实际对原告的相关利益产生了影响,故批复可诉
7	延安宏盛公司诉延安安监局生产责任事故批复案[14]	被告作出的关于事故调查报告的批复	该批复虽未正式送达,但下级监察部门将批复的内容告知原告,并向原告送达,且批复将原告列为责任单位,并要求对其处罚,与原告有利害关系,故批复可诉
8	宋帮全诉泸州市运管处收回营运线路牌照案[15]	被告作出收回合江至泸州线路牌的通知	该通知虽是被告对县运管所作的内部工作安排,但运管所对该通知已经告知相对人并执行,使得该通知已经外化。被告对该线路经营权的取消,实质上影响了原告的经营权,故通知可诉

由上可看出,首先,法院对于外部化的内部行政行为可诉性问题态度相对明朗,认为可将其纳入行政诉讼受案范围。同时,这些案例也反映出内部行政行为经过某种方式外化后会影响外部相对人的合法权益,从而可诉。其次,法院在判断内部行政行为是否可诉、是否应该支持原告的诉讼请求时,"外化"成立与否及对原告的权利义务是否产生实际影响通常是要重点考虑的问题。

---

[12] 详见浙江省高级人民法院(2015)浙行终字第22号行政判决书。

[13] 详见四川省成都市成华区人民法院(2009)成华行初字第1号行政判决书。

[14] 详见陕西省高级人民法院(2009)陕行终字第28号行政判决书,载《中国行政审判指导案例》(第1卷)。

[15] 详见四川省泸州市中级人民法院(2003)泸行终字第15号行政判决书。

2. 法院认定不可诉的案件分析

表 2　法院认定不可诉的案例

序号	案例名称	被诉行政行为	裁判理由及结果
1	赖恒安诉重庆市政府不予复议纠纷案〔16〕	重庆市教委会作出的处理情况报告	该报告没有经过上级主管部门审批，从而最终确定内容，对原告的权益没有实际影响，故该报告不可诉
2	姚雨杭诉德州市规划局规划复函案〔17〕	被告作出的城乡规划的复函	复函是被告根据相关规定作出的是否符合城乡规划的说明，没有创设新的权利义务，没有实际影响到原告的权利义务，原告无诉讼主体资格
3	冯庆昌诉泗水县政府批准案〔18〕	被告作出的收储国有土地使用权的批复	该批复是被告针对国土资源局的请示作出的同意收储土地的意见，对原告的权益产生实际影响的是县土地储备中心之后实际履行的收储程序及拆迁许可等行为。该批复没有实际影响到原告权益，判决驳回原告的诉讼请求
4	周利岳诉宁波市规划局撤销规划审查意见回复单纠纷案〔19〕	被告做出的规划审查意见回复单	该批复不是针对原告作出，而是镇政府的一个内部回复，被告从来没有向原告送达该回复单，被告作出该行为也不具有对外的意思表示，未实际影响到原告的权利义务，故裁定驳回原告的起诉
5	陈炎等诉舟山市政府土地其他行政行为案〔20〕	被告作出两个涉及原告土地的出让方案及合同的批准	这两个批准行为处于一个正常行政审核程序的尚未完结时点，尚停留在行政程序的内部审核阶段，也未送达两原告，系未外部化的内部行政行为，不可诉
6	孟石玄明等8人诉遂昌县政府等复议决定案〔21〕	被告作出的同意出让山砂资源批复	原告仅与征收土地及补偿行为有利害关系，因涉案的土地已被征收，土地被征收为国有后的出让行为与原告不存在利害关系，故原告没有诉讼主体资格

〔16〕 详见最高人民法院(1998)行终字第10号行政判决书，该案例为最高人法院法公布的2000年第8号案例。

〔17〕 详见山东省德州市德城区人民法院(2014)德城行初字第4号行政裁定书。

〔18〕 详见山东省济宁市中级人民法院(2013)济行终字第69号行政判决书。

〔19〕 详见浙江省宁波市中级人民法院(2012)浙甬行终字第66号行政裁定书，载《人民司法》2013年第6期。

〔20〕 详见浙江省舟山市中级人民法院(2012)浙舟行初字第18号行政裁定书。

〔21〕 详见浙江省丽水市中级人民法院(2015)浙丽行初字第65号行政裁定书。

续表

序号	案例名称	被诉行政行为	裁判理由及结果
7	杨金华等诉杭州市西湖区政府批复案〔22〕	被告作出的涉及原告宅基地的批复	该批复属于内部行政行为，该行为不会对原告的权利义务产生直接的影响，故裁定不予立案
8	戴传礼等诉杭州市三墩镇政府其他行政行为案〔23〕	被告作出的涉及原告安置补偿的会议纪要	但该会议纪要系内部行政行为，对外不具有法律效力，故认定该会议纪要不可诉，裁定驳回原告的起诉

从以上案例可以看出，首先，对于以上行政机关作出的情况报告、复函、批复、会议纪要等内部公文的司法审查结果有不予受理、驳回起诉或驳回诉讼请求；其次，裁判的理由一般是该公文“对原告的权利义务未产生实际影响”“涉及的内容与原告不存在利害关系”“未向原告送达不产生对外意思表示”“无外化行为”“原告无诉讼主体资格”。

三、检视与归纳：外部化的内部行政行为司法审查的问题

从以上案例来看，四级法院都有判例对外部化的内部行政行为的可诉性进行确认。但在审理这些案件时，普遍遇到以下几个问题。

（一）原告主体资格问题

在我国，大多数案件因为原告主体资格问题在立案审查阶段即被裁定不予受理。上述收集到的案件也存在这个问题，如姚雨杭诉德州市规划局规划复函案、孟石玄明等 8 人诉遂昌县人民政府等复议决定案等。《行政诉讼法》第 25 条和第 49 条第 1 款规定对原告的资格作了规定，但在大部分内部性行政行为中没有相对应的行政相对人，有些内部行政行为侵害的并不一定是相对人的权益，尤其是“与行政行为有利害关系”又是很抽象的法律术语，导致司法实践中如何认定利害关系有不同看法，认定原告的诉讼主体资格更是难上加难。目前，我国法律对原告主体资格的规定容易导致三个问题：（1）立案审查具有实体审查的性质，起诉人是否是“利害关系人”的判

〔22〕 详见浙江省杭州市中级人民法院（2012）浙杭行受初字第 103 号行政裁定书。

〔23〕 详见浙江省杭州市西湖区人民法院（2016）浙 0106 行初 26 号行政裁定书。

断属于实体审查的内容,这不利于对起诉人诉权的保护。(2)实践中的认定问题。目前,法律上并没有明确的规定来确定利害关系的认定标准,审判实践中各地法院对认定方法及标准不一,有些法院区别直接关系和间接关系并采用“直接关系认定原则”,有些法院则从原告受损利益的大小认定。例如,孟石玄明等8人诉遂昌县人民政府等复议决定案中,法院采用直接关系认定原则,以原告仅与征收土地及补偿行为存在利害关系,而与土地被征收为国有后的出让行为不存在利害关系,从而认定原告无诉讼主体资格。这样有明显直接关系的容易认定,但是对间接关系就不好认定,实践中,很多案件就是原告与被诉行政行为存在的间接关系无法认定,而法院直接以原告与被诉行政行为无利害关系裁定不予受理或驳回起诉。(3)公益诉讼问题,我国现行法律没有对行政公益诉讼作出规定。事实上,我国侵害公共利益的行政行为普遍存在,公民个人无法提起行政诉讼请求法院对行政行为的合法性进行审查,不利于公共利益的保护。在笔者搜集案例过程中,均未发现有涉及公益诉讼的行政诉讼案件。

(二)内部行政行为外化的标准判定问题

以上案例常出现如下表述:“发生了对外效力”“该批复已实际执行,对外发生法律效力”“该通知已经告知相对人并执行,使得该通知已经外化”“被告作出该行为不具有对外的意思表示”“也未送达原告,系未外部化的内部行政行为”等,尽管裁判理由中的表述并不完全相同,但从其中提到的“对外发生法律效力”“对外具有法律约束力”“外化”可看出,内部行政行为的可诉性的前提是发生“外化”,而对于“外化”的标准,各案的判定不一。[24]

(三)权利义务实际影响的标准判定问题

综观以上案例的裁判理由,常出现如下表述:“对原告的合法权益产生了实际影响”“对行政相对人的权益产生了直接影响”“对原告的实体权利不产生实际影响”“对起诉人的合法权益明显不产生实际影响”等。“权利义务

---

〔24〕 如赖恒安与重庆市人民政府不予复议行政纠纷案以抄送原告为准,陈守志等诉来安县人民政府收回土地使用权批复案则以信息公开为准,吉德仁等诉盐城市人民政府行政决定案则以《会议纪要》的内容已经得到执行为准。

实际影响”是判断外化的内部行政行为是否具有可诉性的实质性要件。但在审判实践中，对《行政诉讼法》规定的“明显不产生实际影响”的标准不好把握。[25]

四、借鉴与续造：司法审查制度的域外经验与我国制度的完善

（一）域外对内部行政行为的司法审查制度及启示

1. 英国、美国、德国关于行政行为司法审查的规定

表3 英国、美国、德国关于行政行为司法审查的规定

国家	受理审查范围	原告主体资格
英国	遵从“可审查原则”，法院不仅受理行政相对人提出的认为其权利受到行政行为的侵害提出的诉讼，也可以对行政机关在公法范围内的裁决和行为的合法性进行审查	起诉人与被诉行政行为有足够的利益关系，对因公共利益提起的诉讼的原告资格要求更宽松
美国	依据“穷尽行政救济原则”，法院除了审查法律规定的可以审查的行政行为外，对没有其他救济手段的行政行为也可以受理[26]	采用“事实不利影响标准”来确定原告主体资格，即只要其受到被诉行政行为的不利影响，就有原告资格，存在行政公益诉讼
德国	首先，每一个受到公权力侵害的公民都可以提起行政诉讼；其次，法院受理审查的范围是以宪法上的概括式、具体诉讼法上的概括式和列举式并结合司法判例来确定，保证让每一个权利受到行政机关侵害的人都可以通过一定的司法途径得以救济	每一个受到公权力侵害的公民都可以提起行政诉讼，排除公益诉讼

2. 对我国的启示

以上国家对行政行为的司法审查是不区分内部行政行为和外部行政行为的。在行政行为司法审查范围规定方面，笔者认为，可以借鉴德国受案范

---

〔25〕 如赖恒安与重庆市人民政府不予复议行政纠纷案中，法院判决认为，由于该报告需待上级主管部门审批，其内容尚未最终确定，对赖恒安的权利义务并未产生实际影响，故该行为属不成熟的行政行为，不具有可诉性。

〔26〕 郑烁：《论美国的“穷尽行政救济原则”》，载 http://article.chinalawinfo.com/ArticleFullText.aspx? ArticleId=89552，最后访问日期：2016年7月2日。

围的规定,不以行政行为的类型确定受案范围,而是采用宪法上的概括式、诉讼法上的概括式和列举式来确定,同时结合最高人民法院发布的指导案例来确定,以保护公民权利为准确定受案范围,这样内部行政行为将被涵盖其中。在原告主体资格方面,借鉴英国的规定,在认定原告资格时适当放宽条件,同时允许行政公益诉讼存在,即赋予特定机关提起行政公益诉讼的资格。

(二)完善对外部化的内部行政行为司法审查制度的具体构想

1. 原告主体资格审查

2015 年 5 月 1 日修订实施的《行政诉讼法》不但将是否具有利害关系作为判断原告诉讼主体资格的标准,而且还将原告资格作为起诉条件之一。同时,新《行政诉讼法》为了降低立案审查的门槛,在法院案件受理制度上将立案审查制变为立案登记制,这就造成了判断原告主体资格与立案的冲突,这必然导致原告主体资格问题成为法院立案审查的重要内容。

首先,对原告资格的审查引入诉讼化的程序保障。改变仅依靠审查起诉状等材料的模式,对立案审查程序进行具备辩论功能的诉讼化改造,保障原告立案审查的程序参与,即法院对原告的起诉状进行形式审查登记立案后,通过听证程序组织双方当事人当面发表意见,通过立案审查程序对包括原告主体资格进行审查,审查后认为具有诉讼主体资格的,准予立案;若原告不具有诉讼主体资格的,裁定不予受理,并说明理由。

其次,关于"利害关系"的认定上,引入"规范保护理论",明确原告资格需满足两个条件:一是原告有合法权益;二是该合法权益受到被诉行政行为的侵害。即将是否存在利害关系转化为对与行政行为有关的法律法规的目的探求,原告的权益属于被诉行政行为相关的法律明确予以保护的权益,则可认定原告与被诉的行政行为有法律利害关系。〔27〕

最后,建立行政公益诉讼制度,完善公益诉讼原告资格。为了保护公共利益,应借鉴民事公益诉讼制度建立行政公益诉讼制度。特别是原告的资

〔27〕 参见王天华:《行政实体法的保护与行政诉讼的原告资格》,载应松年、马怀德主编:《当代中国行政法的源流》,中国法制出版社 2006 年版,第 786 页。

格方面，赋予检察院提起行政公益诉讼的权力，同时，通过某些单行法律、法规的制定和修改，赋予自然资源和环境保护等特定的公益社团享有相关行政公益诉讼的起诉权；同时，应赋予公民申请检察院提起行政公益诉讼的建议权，针对公民提起行政公益诉讼的建议，检察院无论提起与否要给予该公民答复。

2. “外化”的判断

对于“外化”的判断可以从外化的内容、形式两方面进行判断。

（1）“外化”的内容要件。判断一个内部行政行为是否外化，必须考察这个行政行为的权利义务内容的指向性，即权利义务的内容或者说法律效果必须影响了作为行政管理相对人和利害关系人的公民、法人或其他组织的权利义务，只有这种内部行政行为才具有可诉性。例如，对于某些行政批准行为，虽属于内部批准行为，但该行为指向下级机关，其内容涉及社会管理方面的关系，其法律效果实际影响了行政相对人或其他具有利害关系的公民、法人或其他组织的权利义务，故认定为有可诉性。同时在判断内容的权利义务指向性时，不能仅依据文字内容的表象断定，应深入内容实质来判断。[28]

（2）“外化”的形式要件。从上述案例可以看到，“外化”的形式主要有：外部相对人申请政府信息公开从而知道该内部行政行为的内容，行政机关向外部相对人送达了有关内部行政行为具体内容的文书、行政主体将内部行政行为具体内容作为执法依据告知外部相对人。但对“外化”的认定不仅考察外化的形式，更要考察行政行为的实际影响的存在与否，只要对原告利益产生了影响，即使没有告知相对人，该内部行政行为仍有可诉性。[29] “外化”方式应是依职权的“外化”，通过不正当手段窃取内部文件、由其他行政机关擅自对外公开或者在工作中对外公开，因做出该文件的机关不具有将

[28] 如建明食品有限责任公司诉泗洪县政府电话指示案中，虽然电话指示中未提及原告名称，但实质是指向原告，实际上导致了县兽检所拒绝对原告的生猪进行检疫，已经对原告的合法权益产生实际影响，对内、对外均发生了效力。

[29] 郑素华等诉成都市武侯区政府国土行政批复案，法院并没有因行政主体未将案涉的批复送达给原告，从而否定批复的可诉性，而认定“该批复实际对原告的相关利益产生了影响，因而是可诉的行政行为”。

其对外公布的意思表示，不应认定已经外化。

3.“实际影响”的判断

内部行政行为是否“对行政相对人的权利义务产生了实际影响”，这不仅是判断内部行政行为外化的实质要件，也是判断外部化的内部行政行为是否可诉的最终标准。

(1)确立“实际影响”的实质内容

关于“实际影响”的实质内容，有“事实上的影响”和“法律上的影响”之争。笔者认为，“影响”应是法律上而不是事实上的影响，如将“实际影响”定义为事实影响，则扩大了行政诉讼受案范围。[30]

(2)确立“实际影响”审查阶段

对原告主体资格进行审受理前的审查阶段同时对“实际影响”进行审查判断，进行初步的实质性审查，因该程序中当事人双方都能充分参与其中，对原告的诉权可以起到保障作用。

结语

真正的法治不仅来源于权威的司法，更依赖于行政机关的依法行政。本文虽基于审判实践研究了外化的内部行政行为合法性问题，但对解决行政争议司法审查实践中的诸多问题还远远不够。实际上，行政争议的来源在于内部行政行为自身，本质上还是行政权的行使问题。故减少行政争议，维护行政相对人的合法权益的核心还是强化行政机关自身建设。行政主体加强自身建设，提高内部行政行为的质量，从源头上遏制违法行政行为的发生，有利于提高行政效率，也有利于和谐社会的建设。

---

〔30〕 如山东省济宁市中级人民法院(2013)济行终字第69号冯庆昌与泗水县人民政府批准案中，被告作出批复同意泗水县国土资源局代表县政府依法收回(购)包括原告在内的40家单位(个人)使用的国有土地使用权，并纳入政府土地储备。该批复第2条还要求县土地储备中心依法按程序组织实施，即该批复下发后，泗水县土地储备中心按照法律程序及批复要求实施了收储土地及拆迁许可等行为，从事实上来看，该批复及后来的收储土地的行为都对原告权益产生了影响，但是，具有法律上影响的是批复之后实际履行的收储程序及拆迁许可等行为，故法院认定该批复未对原告权益造成直接和实际影响，驳回原告诉讼请求。

关联性行政行为司法审查的逻辑与进路

——以行政决策为例展开*

伍茵茵**

引例:某市环保局、交通局、公安交通管理局联合发布通告,规定某些类型机动车必须安装电控补气和三元催化器,经验收达标并取得绿色环保标志后,方准予年检。该市市民A因其机动车未安装故无法通过年检。为此,A市民提出对上述通告合法性的质疑。但是,三部门的通告又是根据市政府先前发布的规定而作出。

问题:从传统行政诉讼来看,由于三部门的通告针对不特定多数人,故很容易被认定为抽象行政行为。而政府规定也因其规范性文件的地位,不在司法审查的范畴之中。在我国,政策(决策)和法律同是重要的社会治理工具。正因如此,党的十八届四中全会报告提出:“健全依法决策机制,把公众参与、专家论证、风险评估、合法性审查、集体讨论决定确定为重大行政决策法定程序,建立行政机关内部重大决策合法性审查机制,建立重大决策终身责任追究制度及责任倒查机制。”然而,这一规定更多被解读为行政体系内部的决策监督机制,而对行政决策能

---

* 本文获第二十七届全区法院学术讨论会二等奖。

** 南宁市邕宁区人民法院助理审判员。

否、或如何加以司法审查,具有不同的政策解读和学术争论。这种争论与关联性行政行为司法审查的争论密切相关。最高人民法院颁布的《关于审理行政许可案件若干问题的规定》第 7 条规定:“作为被诉行政许可行为基础的其他行政决定或者文书存在以下情形之一的,人民法院不予认可:(一)明显缺乏事实根据;(二)明显缺乏法律依据;(三)超越职权;(四)其他重大明显违法情形。”目前该司法解释被认为是我国关联行政行为司法审查的依据。另外,2014 年修订的《行政诉讼法》对行政诉讼的受案范围进行了拓展,对政府规章以及有关规范性文件、决定的司法审查进行了规定。如此,问题是:这些规定能否为行政决策的司法审查提供合理的切入路径?如果能够,那么应该在何种程度上把握司法审查的边界?如何构建合理的司法审查规则?这些规定之中,能否预留行政行为调整拓展的制度空间?本文试图进行分析与回应。

一、关联性行政行为司法审查的困境:行政决策以何进入司法审查

(一)关联性行政行为:内涵、特征与形态

“关联”二字,突出体现为行政行为之间的联接性。在学术研讨上,关联性行政行为也被称为“非诉行政行为”[1]“前置行政行为”[2]“附属证据性行政行为”[3]等。本文认为,准确理解关联性行政行为需要把握以下要点:一是关联性行政行为首先是行政行为,既可能是抽象行政行为,也可能是具体行政行为。二是关联性行政行为的阶段性,多个行为在主观或客观上构成完整的时间和程序序列。三是被诉行政行为可诉,不代表关联性行政行为可诉。于此而言,不能将关联性行政行为限制解释为具体行政行为。

具体来看,“关联性”行为可区分为两种不同的基本形态。形态一:多阶段行政行为。即虽经过多个机关参与,但只有最后阶段的行为,才对当事人具有拘束效果或者直接对外产生法效性,中间环节的行为相对隐匿缺乏外

---

〔1〕 江必新:《论行政诉讼的审查对象》,载《中国法学》1993 年第 4 期。

〔2〕 陈红、徐风烈:《行政诉讼中前置性行政行为之审查探析》,载《浙江社会科学》2008 年第 5 期。

〔3〕 祁贵明:《论诉讼中附属证据性行政行为问题的解决》,载《行政法学研究》2004 年第 1 期。

化效果。形态二:多阶段行政程序下的复数行政行为。在这种行为模式下,虽然存在最终的行政行为,但共同参与并相互合作的每个阶段的行政行为都是独立的行政行为。如此对关联性行政行为的二元形态划分,意义在于与诉讼救济途径的界分紧密相关。在传统的行政行为理论下,形态一中行政相对人一般只能针对最后法效性的行为起诉,形态二则基于各行为的独立而为相对人提供了单独救济的基础。这种划分也导致在理论和实务中对关联性行政行为不同的司法审查态度。

(二)行政决策作为关联性行政行为:行政决策与关联性行政行为之辩

行政决策是指"行政机关执行宪法、法律、法规行政管理职能作出的处理国家公共事务的决定,行政决策将形成政府的方针、政策、规定、规划等具有普遍约束力的决定以及行政机关在行政管理过程中针对特定对象、特定时间、特定问题所作出的具有重要意义的决定。"[4]当前,行政决策法治化是理论和实践研究与探索的热点及重点。但是,严格来说,行政决策不是一个法律术语,而是政治或者公共行政用语。因此,行政决策法治化需要解决的前提,是对之进行法律语言"转译",使之与我国当前行政法治相关法律制度得以对接,进而运用法律机制加以调整。而彻底的法治化,是实现行政决策在司法中得以审查。

归纳起来,现实中行政决策的存在形态具有多元化:一是抽象行政行为形态。二是具体行政行为形态。三是中间状态,这种状态在政府行为中尤其常见,体现为"法律(政策)—行政决策—行政行为"等各种形态(详见后文分析)。可见,不能机械地将行政决策简单等同于抽象行政行为而依据传统行政诉讼将之拒绝于法庭之外。如此,行政决策便会存在很大的司法审查空间。《行政诉讼法》经过修订后,以"行政行为"涵盖"抽象行政行为",进一步拓展了行政行为的司法审查空间。如果关联性行政行为的司法审查规则得以强化,行政决策的司法审查力度必然可得到加强。

(三)关联性行政行为审查杂糅观照:行政决策司法审查面临的困境

以关联性行政行为的行政决策为观察对象,关联性行为的司法审查具

---

〔4〕 杨海坤、李兵:《建立健全科学民主行政决策的法律机制》,载《政治与法律》2006年第3期。

有制度和实践上的困境。

1. 当前法律制度掣肘及其诉讼之困境

行政决策的规制途径，一是通过内部纠正机制，即行政系统内部的合法性审查；二是通过外部纠正，即立法系统的纠正和司法系统的司法审查。但是对我国行政决策进行司法审查具有法律制度设置上的障碍。

首先，这种障碍是由司法本身被动回应的特性生成，在不告不理规则下，法院无法主动对行政决策作出纠正；其次，如果行政决策不是具体行政行为，由于我国行政公益诉讼制度尚未确立，因此也无法通过当前的法律制度对之进行纠正；最后，如果行政决策不是作为被诉具体行政行为或者不是最终性的行政行为，而是被诉行政行为的阶段性环节，那么，此时的行政决策相当于关联性行政行为，由于我国在关联行为问题上司法审查制度的不完善，对于行政决策的审查效果，也是有限的。比如，在"吴某某诉珠海市人民政府等补偿案"[5]中，政府直接否认自身的决策为行政行为并否认自身作为适格被告，主要理由为：一是市政府决策审批的行为不等同于收回土地使用权的具体行政行为；二是不论是市政府的常务会议、市长办公会议，还是市土地领导小组工作会议，均是政府内部的行政决策行为，不属于具体行政行为，因此不应该作为适格被告。这在很大程度上反映了行政决策司法审查的制度性困境。

同时，就利害关系人角度而言，当前其若要单独提起对关联行为的诉讼，至少会受到两个方面的桎梏：主体资格的限制和诉讼时效的限制。若利害关系人与关联行为没有法律上明显的直接关系，其单独就关联行为提起行政诉讼时，法院往往会以其不符合主体资格而不予受理；若在诉讼过程中同时提出对关联行为审查的诉求，法院也会囿于各种因素在审查上不敢或者持模糊态度。另外，现实中由于多环节的行政过程历时较长，前序行为与后序行为之间往往已经相隔许久，当行政相对人针对某一行为提起诉讼时，若又需要同时提起关联行为的审查，前序的行为可能已经超过了诉讼时效。

---

〔5〕 详见广东省珠海市中级人民法院(2013)珠中法行初字第14号行政判决书。

审查制度的不完善，还体现在法律规定上的不彻底和模糊性。一般认为，关联性行政行为审查的主要依据是前文所说第7条[6]的规定，但是，对于“行政决定”的具体范围解释是什么？何为“明显”，在多大程度上才够上“明显”的审查要求；“明显法律依据”中的法律解释为一般的法律还是立法规范系统中的法律位阶的“法律”？而且，该司法解释主要针对行政许可领域，但是行政决策作为关联性行政行为体现的领域却非常广泛。

为此，新《行政诉讼法》在立法上做了一些修改，对于行政决策的司法审查具有一定推动作用。根据该法第53条[7]和第64条[8]之规定，如果一项具体行政行为是依据规范性文件的行政决策作出，那么可以依据上述规定进行审查。但是，这种审查力度也是有限的，因为“不作为认定行政行为合法的依据”并不等于否认这些规范性文件的效力。

2. 当前司法审查模式现状及其选择之困惑

当前，对关联行为是否审查、如何审查，司法实践中存在不同见解和认识，大致形成了另案审、[9]证据审、[10]连带审查[11]（一并审查）三种审查机制。三种审查机制应当说都各有逻辑，然而，种种司法审查模式都不可避免地面临以下的困境：

（1）适用上的困境。各地法院在处理关联性行为问题上，做法差异很大。比如，在“刘玉梅诉苏州市住房和城乡建设局拆迁许可案”[12]中，一审

---

〔6〕 详见《最高人民法院关于审理行政许可案件若干问题的规定》（2009年）第7条。

〔7〕 新《行政诉讼法》第53条规定：“公民、法人或者其他组织认为行政行为所依据的国务院部门和地方人民政府及其部门制定的规范性文件不合法，在对行政行为提起诉讼时，可以一并请求对该规范性文件进行审查。前款规定的规范性文件不含规章。”

〔8〕 新《行政诉讼法》第64条规定：“人民法院在审理行政案件中，经审查认为本法第五十三条规定的规范性文件不合法的，不作为认定行政行为合法的依据，并向制定机关提出处理建议。”

〔9〕 案例：“沈刚伯诉宁波市房产管理局、第三人宁波市镇海区城市土地储备中心房屋拆迁行政裁决案”，浙江省宁波市中级人民法院（2009）浙甬行终字第75号。

〔10〕 案例：“李怡等与上海市城市规划管理局建设工程行政验收纠纷上诉案”，一审（2007）黄行初字第287号；二审（2008）沪二中行终字第67号。

〔11〕 案例：“重庆天盛金属制造有限公司与重庆市财政局行政处罚纠纷上诉案”，一审重庆市第一中级人民法院（2008）渝北法行初字第49号；二审（2008）渝一中法行终字第348号。

〔12〕 详见江苏省高级人民法院（2015）苏行再提字第00006号行政裁定书。

和二审的判决都未对涉案拆迁许可证、拆迁许可证延期等前置行为进行审查。而在“张华与海安县住房和城乡建设局许可上诉案”〔13〕中，原审法院认为“房屋拆迁涉及多个行政机关若干个行政行为，对张华的权利义务明显产生直接影响”，进而对拆迁行政许可等也一并进行了审查。可见法院是否审查关联性行为，如何审查态度不一。此外，由于在行政领域中很多问题并不适合司法裁判（基于法律规定、社会现实或者权力平衡），如果不寻找一种相对普适性的适用规则，必然会对司法权的权威产生损害。

（2）关联性行政行为的法律效果为被诉行政行为吸收，并作为整体性行政行为产生对外效力，容易引发信息缺陷困境。在多阶段行政行为过程中，相对人不能起诉中间环节的行政机关，这样就产生了信息充分性问题：由于被诉机关实际并未参与先前阶段的行政行为，甚至仅是复议机关，对于先前阶段的行政行为，其不一定能作出充分说明，这可能会置行政机关于不利的诉讼地位。

（3）行政行为的公定力困境。所谓行政行为的公定力，是指“行政行为只要一经作出，即使其具有某种效力瑕疵，未经法定的国家机关按照法定的程序认定及宣告，都将会被作为合法行政行为来对待”。〔14〕换言之，多环节中后一行为的效力更改并不能自动影响和追溯到前一环节行为之效力，同理，前者的效力变动也无法为后行为所应然承继。据此，公定力理论也成为法院在司法审查过程中近乎决定性的考量和制约因素，裁判者不敢轻易对关联行为作出效力评价。

二、关联性行政行为司法审查的内在逻辑：行政决策何以进入司法审查

在关联性行政行为样态下的行政决策，如果得不到有效的司法审查，行政决策的合法性审查机制链条则缺失了最重要的环节。为此，需要从行政法理论上拓展理论适用空间，并结合行政决策法治化的内在诉求，这是行政决策的司法审查具有理论的合理性和现实基础。

---

〔13〕 详见江苏省南通市中级人民法院（2015）通中行终字第00247号行政裁定书。

〔14〕 叶必丰：《行政行为的效力研究》，中国人民大学出版社2002年版，第68页。

(一)从行为到过程:关联性行政行为进入司法审查的理论拓展

传统对行政行为的司法审查,严格遵守行政行为理论的要求。然而,随着政府行政事务复杂化、多元化,传统的行政行为理论与现实发展之间的张力不断增加,使该理论在备受质疑并不断受到修正。主要的批判,在于该理论过于形式化、封闭性,缺乏对行政行为的动态关注等。例如,传统行政行为理论着眼点集中于行政行为的作出结果,而较少地关注行政行为的作出过程。然而,在行政过程中,尽管很多环节的行为只是内部的程序步骤,但它们却同样对当事人的权益产生作用和影响,此时,不应当绝对地将这些环节"隐匿"。传统行政行为理论面对这个过程,缺乏解释力和实践指导能力。为此,行政过程论应运而生。

行政过程理论认为,现代行政的过程是建立在不同阶段、环节、步骤之上的。换言之,最终行政行为的科学性、技术性、合法性与合理性,不仅取决于其自身,还与其作出论断的先前行政行为相关,即行政行为是一个过程,现代行政法需要考量各行为之间以及行为内部的关联性。〔15〕为此,关联性行政行为成为考察最终行政行为各种问题的观察点。就诉讼角度而言,如要对行政行为进行公平裁决,不仅要考察最终行为,还要考察其赖以判断的关联性行政行为。而传统行政行为理论更多地拘泥和着眼于单个行政行为的规制,机械地分割了行政过程体系的流畅性和连贯性,逻辑上是不够周延的。

由此可见,行政政策作为一种过渡性环节作用和影响着后续的行政行为,甚至这种影响是决定性的。例如,先有对单双号机动车限行的行政决策,才有处罚的具体行政行为;或者有了对单双号机动车限行的行政决策,地方政府以此作为地方立法依据和内容,颁布规章或者法律规范性文件,在执行中产生具体行政行为。行政过程论的提出,使得行政决策"浮出水面",对具体行政行为的合法性审查,必须以行政决策的合法性审查为基础。

---

〔15〕 参见江利红:《论行政法学中"行政过程"概念的导入——从"行政行为"到"行政过程"》,载《政治与法律》2012 年第 3 期。

（二）关联性行政行为司法审查强度强化逻辑：以作为“过程”的行政决策之内在诉求为例

目前，学者们已经意识到行政决策是作为一种“过程”而存在。行政决策作为一种决策，必须强调其本质是一种过程，换言之，“行政决策既不属于纯粹的具体行政行为，也不属于纯粹的抽象行政行为，而是由若干彼此独立但又相互联系的具体行政行为和抽象行政行为相耦合的过程”。[16] 在党的十八届四中全会精神下，公众参与可以保证行政决策的民意基础，专家论证可以保证决策的技术理性，风险评估可以保证行政决策的科学性，而合法性审查可以保证行政决策的法治化，集体讨论可以保证行政决策的民主性，这使行政决策法定为一个由诸多环节构成的过程，凸显决策的公共利益。

这种行政决策的监控机制，是必要的和迫切的，能在很大程度上保证决策法治化。在我国，公权系统扩张的趋势引发运作效率低下的风险，很多地方行政对于社会公共利益的忽视和侵蚀，是通过行政决策这种隐秘手段实现的。对于行政权力的制约，具有多元化的制衡之道，而其中司法救济应是一种最根本、最权威的解决途径，在行政公益诉讼在我国缺乏社会基础和制度切入口的形态下，加强对作为关联性行政行为的行政决策的司法审查，不失为一条折中的平衡手段。

当然，加强对行政决策的司法审查，不能过分牺牲行政权设置的初衷和行政效率。毕竟，行政权与司法权在职能上存在有效界分，如果法院在司法审查中绝对将关联行为的效力缺陷或瑕疵作为判定被诉行为的干预依据，由此将引发行政权与司法权的失衡危机。同时，被诉行政机关作为违法后果的最后承担者，则被赋予了过多的负担，违反了现代行政行为共同参与的初衷，极大削弱了行政效益的提高。

三、关联性行政行为司法审查进路：司法审查规则之构建

（一）进路起点：区分不同类型和关联性强弱

当前审查模式之所以陷入困境，各地法院采用的标准不一，重要缘由在于

---

〔16〕 湛中乐、高俊杰：《作为“过程”的行政决策及其正当性逻辑》，载《苏州大学学报》2013 年第 5 期。

无法深刻理解关联性行为的特质，对关联性行为类型化不够精细和具体。保证关联性司法审查的技术性，首先要将其类型化，设计不同的审查模式，然后针对不同具体类型，再依据一定的标准设计更为具体的审查规则，这是思维的起点。

首先，根据前文分析，本文将关联性行为区分为两种类型：多阶段关联性行政行为和多阶段程序下的复数行政行为，这是两种特征分明的行为模式，其调整各自具有共性却又有差别。

其次，在此二元类型划分下，再根据与被诉行政行为的关联强度不同，可以区分为弱关联性行政行为、强关联性行政行为，二者审查态度也应有所体现和区别。换言之，区分关联性强弱对于司法审查的强度具有直接的影响。例如，在“吴细强诉珠海市人民政府等补偿案”[17]中，珠海市中级人民法院并没有采纳市政府的“行政决策”属性论点，而把政府的行为纳入审查范围，其依据是《关于印发〈珠海市土地管理领导小组议事办法〉的通知》（珠府办〔2005〕66 号），该议事办法第 2 条规定“珠海市土地领导小组作出的决定属于市政府的行政行为”。也就是说，行政决策不是司法审查绝对的挡箭牌，而是可以转化为“行政行为”进入司法审查的视线之中。另外，根据“……由市政府的行政批准以及市国土局的具体实施，导致涉案土地被实际占用”，即市政府的行为与最终行政行为具有强关联性，直接影响了相对人的利益，导致法院采取了对政府不利的认定。

最后，行政决策的归类是一个复杂的问题。行政决策可以通过具体行政行为作出，也可以通过抽象行政行为作出，可以根据其不同的属性，进行不同的归类。因此，既可以归结为多阶段行政行为，也可以归结为多阶段行政程序复数行政行为。

（二）具体展开：不同类型的关联性行为审查路径和规则

1. 多阶段行政行为的审查模式和规则

在多阶段行政行为中，不管不同阶段的行政行为与被诉行政行为之间的关联度如何，但此时最大的特质是前序参与的行为都不直接对外表达，法院在审查后位行政机关作出的行为时依职权或依申请将前序行为一起审

---

〔17〕 详见广东省珠海市中级人民法院（2013）珠中法行初字第 14 号行政判决书。

查,但在审查的方式上将前序行为作为证据审查即可,在审查内容上是依据证据规则审查材料是否符合要件,以此来判断后行政行为的效力。在审查效果上,因多阶段行政行为实质上体现的是整体性的特征,前序行为的瑕疵实际上已经被包含在整个行政过程之中,故关联行为的瑕疵和违法因素应当被认为也被被诉行为所吸附并通过其表达。在裁判时,无须直接对关联行为效力评价,因为对关联性行为的审查是从属服务于被诉行政行为之审查,其本身不是独立的诉求,只需要对诉求做出回应即可。

2. 多阶段程序下行政行为审查模式和规则

这种模式显得相对复杂:此时,由于行政行为具有独立性,相对人可以根据需要对之进行独立起诉,可以要求法院合并审查。所以在此需要突出说明,笔者此处探讨的是相对人因客观原因已经无法单独就关联行为提起诉讼,而且法院在审查被诉行政行为时若不对关联行为审查就无法对被诉行为作出判断的情形。如果排除此两种情形,法院应当告知相对人另行起诉。在此前提下,法院若没有进行关联性审查,至少面临着形式上程序的不合法。但此时存在的问题是,根据我国现有的行政法律制度,如果单独起诉,法院可能会认定被独立起诉的行政行为具有瑕疵或者具备可撤销条件,此时,具有违法性的行政行为对最终被诉的行政行为效力如何?如果相对人不起诉,或者前面的行政行为已经超过诉讼时效而要求法院进行审查,根据我国现有的法律制度,一般采用形式审查或者证据审查模式。这样,在不同的诉讼模式下,采用不同的审查规则,但是针对的却是同一行政行为。从诉讼能动性和不告不理原则出发,如此处理本无可厚非。但是,从法律正义出发,这是不合适的。为解决这个矛盾,笔者认为可以区分为三种情形:

(1)每个阶段的行政决定都符合行政行为构成要件,每一个行为都是独立的行政行为,并且行为之间具有目的、手段等方面的强联系,即前后行政行为之间具有法律效果上的关联性和一致性。此时,需要采用同一的审查标准——实质审查模式。如此,法院的审查内容和审查程度是充分深入的,除了单纯外观意义上的形式审查,还需要对关联行为本身进行合法性审查,更重要的是关联行为是否存在重大违法情形、本身的效力是否会作用其他法律行为的效力等各方面实质的审查。在审查效果上,因为前后序位之行为紧密相关，根据行政过程理论，可采用违法性继承规则，先前的行政行为的违法性被被诉行政行为所吸收，并影响被诉行为的法律效力。[18] 在裁判表达上，可不予认可关联行为，但不直接对其效力进行评价，可在分析说理中表明关联行为的影响。

（2）每个阶段的行政决定都符合行政行为构成要件，每一个行为都是独立的行政行为，但是行政行为之间并不具有目的和手段的绝对统一性，即前后行政行为之间不具有强关联性。此时，在审查深度上，与审查内部行为相似，主要进行形式审查，从外观上审查关联行为的材料是否完整，重点审查是否存在重大违法情形；在审查效果上，关联行为的违法瑕疵也被后续行为吸附，适用违法性继承；裁判表达上不直接作出对关联行为效力的判断，但可以说理分析影响。

（3）混合情形，即同时具备独立行政行为和多阶段行政行为性质的行政行为情形。换言之，一部分关联性行政行为具有独立性，但一部分行政行为仅是某一行政行为前置性程序而并不具有对外效力，那么此时可以根据上述第二种、第三种情形分别进行处理。

为更直观地表达上述司法审查的思路，笔者以表1说明展示：

表1　关联性行政行为的审查

<table>
<tr><td rowspan="5">关联性行政行为</td><td colspan="2">二元形态</td><td>审查方式</td><td>审查效果</td><td>裁判表达</td></tr>
<tr><td colspan="2">多阶段行政行为</td><td>依证据规则形式审</td><td>违法继承</td><td>无须效力确认，只需回应诉求</td></tr>
<tr><td rowspan="3">多阶段行政程序下复数行为</td><td>①法律效果强联系</td><td>实质审</td><td>违法继承</td><td>不直接确认，说理中阐明</td></tr>
<tr><td>②法律效果弱联系</td><td>形式审</td><td>违法继承
重大违法情形</td><td>不直接确认，说理中阐明</td></tr>
<tr><td>③混合情形</td><td colspan="3">依照①和②分别处理</td></tr>
</table>

上述审查模式能解决一般关联性行为的司法审查问题。但是，对于行政决策关联性行政行为，其审查效果需要结合其他的配套机制。行政决策

〔18〕 参见朱芒：《“行政行为违法性继承”的表现及其范围——从个案判决与成文法规范关系角度的探讨》，载《中国法学》2010年第3期。

性关联性行政行为对社会有重大影响，被诉行政行为很多是通过行政决策作出，从平衡正义出发，应该加大审查力度，因此从逻辑上，应该进行实质性审查。但是，如果行政决策通过规章、规范性文件或者具有普遍性约束力的命令和决定作出，那么，司法审查受到我国新《行政诉讼法》受案范围的掣肘。虽然我国法律取消具体行政行为和抽象行政行为在立法上的用语，但是抽象行政行为不适用行政法诉讼的逻辑思维还起主导作用。即使相对人提出对规范性文件进行审查申请，根据当前立法，法院对待规范性文件的态度，只能是“不作为认定行政行为合法的依据，并向制定机关提出处理建议”，但并不能直接否定被诉行政行为法律效力，而且“向制定机关提出处理建议”也仅是程序意义上的。因为对如何提出、制定机关如何处理反馈等都没有明确规定，难以发挥司法权对行政决策的审查功能。为了加强对行政决策的审查力度，解决当前司法审查困境，可以从两个途径着手：一是强化“行政行为”“行政过程”核心观点对行政诉讼法法律适用的指导性功能，如将某些行政决策视为介于抽象行政行为和具体行政行为之间的行为模式，而将之纳入诉讼受案范围；二是建立审查机关和行政决策机构之间的信息沟通机制，建立行政决策受司法审查的责任追究制度，根据司法审查意见对行政决策的处置有明确的制度性要求，使得行政决策司法审查意见不至于流于形式。

结语

关联性行政行为司法审查，既涉及横向的受案范围问题，又涉及纵向的审查强度问题。行政决策进入司法审查，主要切入点是关联性行政行为，因为当前很多的行政决策，是通过关联性行为体现的。但是，就目前的行政法主流理论和制度依据而言，关联性行政行为的审查存在我国行政立法固有的行政行为理论、公定力理论以及司法权、行政权之间的失衡等障碍。为此，需要转换视角，从社会管理实际出发，在基本遵循行政行为理论的基础上，吸收行政过程论的合理要素，弱化“抽象行政行为”和“具体行政行为”二元化划分，避免如行政决策等一部分行政行为被排除在司法审查之外。为了避免当前混乱的审查模式，需要在对关联性行政行为类型化的基础上，根据每种类型的不同特点和对社会利益的影响程度，确定审查的基本模式和规则。

“隐匿”在司法审查下的行政程序瑕疵及其修正

——兼论新《行政诉讼法》第74条第1款第2项的适用[*]

梁渲晶[**]

随着行政司法实践的发展，行政经济、法的安定性及政府公信力等现代行政法理念的丰富，行政程序瑕疵正在行政法这片沃土中孕育成长。但当前司法实践中，对于行政程序瑕疵的标准认定不一，比较混乱。2015年5月1日开始实施的新《行政诉讼法》第74条第1款第2项新增了关于“程序轻微违法”的表述和处理，但与当前司法实践中关于程序瑕疵的认定处理产生了相互交叉的矛盾。从规范行政机关依法行政角度出发，应当是严格依法办事，但是从当事人信赖利益和公共利益的角度出发，对不符合法律程序规范的就一律定义为违法从而导致否定行政行为的效力，这也并非与保障相对人的合法权益理念构成契合。因此，在实践中亟须明确的是程序瑕疵的界定标准，本文以中国裁判文书网中的36个案例为样本

---

* 本文获第二十八届全国法院学术讨论会优秀奖。

** 南宁市青秀区人民法院民一庭审判员。

进行分析,[1]着重梳理“隐匿”在法院司法审查下行政程序瑕疵的各种形态,同时分析新《行政诉讼法》第74条第1款第2项规定的适用,最后提出应采取双重标准来界定程序瑕疵,即是否对程序规范设立的价值目标实现构成障碍和违反该程序是否对实体结果公正产生影响这一双重标准来界定,以尽量避免笼统标准之下以程序瑕疵为名行侵害行政相对人合法权益之实。

一、解构:行政程序瑕疵适用的实证分析

通过对中国裁判文书网的36个案例进行分析,笔者发现行政程序瑕疵在司法实践中的适用主要表现在以下方面:

(一)行政处罚成为行政程序瑕疵适用的“高发地带”

在36个案例中,首先是行政程序瑕疵存在于行政处罚中的案例有15个,占41.67%,即将近一半的比例。其次是工伤认定,有7个,占19.44%,其他分别是不履行法定职责、行政确权、申请政府信息公开等(见图1)。由于行政处罚涉及对当事人权利的限制,与当事人切身利益的关联程度相比较其他行政行为而言更为密切,因此对于行政处罚程序的法律规定更为严苛,也更为具体,这也就为行政程序瑕疵的适用提供了更广阔的空间。

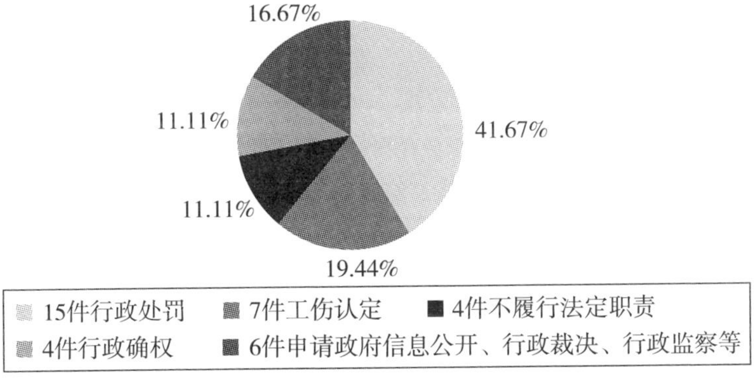

图1 行政程序瑕疵适用的案由

---

[1] 笔者在中国裁判文书网上以“行政程序瑕疵”为案由进行检索,共获得结果138条,剔除重复发布的和法院最后判决中未明确阐明“行政程序瑕疵”的案例后,剩下36个案例即为本文的主要研究对象。检索日期为2016年6月16日。

笔者认为,图 1 主要反映了两个方面的问题:一是当前社会中行政管理权力运用得最多最活跃的领域往往最容易出现违反法定程序的行为,也就导致程序瑕疵的出现相较其他领域而言呈现更高的比例,如行政处罚、工伤认定、不履行法定职责是司法实践中构成行政案件的主要案由,因此也就成为适用行政程序瑕疵比较多的地带;二是对某一行政行为有明确法律法规或规章规定的,那么程序瑕疵也会呈现比较高的适用比例,理由很简单,在有明确程序规定的情况下,才会出现违反程序或者是程序有瑕疵。

(二)法院认为构成行政程序瑕疵的行为及其理由

通过梳理 36 个案件,发现法院判决中认为构成程序瑕疵的类型主要有:(1)迟延送达法律文书;(2)超过法定期限作出行政行为;(3)法律文书形式不规范;(4)处罚告知时未记录当事人陈述申辩的意见,也无履行了复核程序的相应证据。

法院在判决中认为上述行为构成程序瑕疵的理由主要基于以下几点:(1)未对当事人的实体权利义务造成重大、实质影响;(2)未对当事人行使行政救济和司法救济权利造成障碍。结合各个案由,具体见表 1。

表 1　各类案由中法院认为构成瑕疵的行为及理由

案由	法院认为构成程序瑕疵的行为	法院阐述的理由
行政处罚	法律文书迟延送达	迟延尚未造成当事人实际权益受损
	处罚告知笔录中告知单位存在名称形式问题	不影响原告行使陈述、申辩和要求听证的权利,也未对原告的实体权利产生影响
	决定受理案件后并未书面告知原告,且《受案回执》上原告的签名和手印并非原告本人	不足以影响本案事实认定和实体的公正处理
	通知当事人听证的期间未满 7 日	原告已在规定时间参加听证,该行为未影响原告的实体权益
	被告在送达行政处罚决定书时日期填写不完整	并未影响原告进行权利救济
	被告对原告的陈述申辩未书面记录	未损害原告的程序权利和实体权利

续表

案由	法院认为构成程序瑕疵的行为	法院阐述的理由
行政处罚	作出处罚决定超出办案期限	未具体阐明
	被告未能在作出不予处罚决定后2日内送达决定书	不足以影响行政行为的合法性并提出司法建议
	《不予处罚决定书》中未明确载明违法事实,且未告知当事人权利救济途径与期限	不足以达到程序违法并提出司法建议
	被告在调查时有不规范行为	提出司法建议
工伤认定	《认定工伤决定书》迟延送达原告	不影响事实认定及原告的权利救济
	被告超过法定期限作出工伤决定	未对原告行使行政救济和司法救济的权利造成障碍
	被告邮寄给原告的举证通知书有瑕疵	并未导致被告作出错误的事实认定
不履行法定职责	未向原告回复处理情况	行政程序虽有不当,但尚不属于行政不作为,对程序瑕疵予以指正,并提出司法建议
	履行职责存在迟延	提出司法建议
	接受原告报案后未制作受案回执单并送达原告	未对原告的权利义务造成影响
行政确权	被告作出处理决定的时间超过法定期限	不影响原告的实际权益

由表1可见,行政机关超过法定期限作出行政行为成为法院认定程序瑕疵的最主要行为,虽然理由为不影响原告的实际权益,但其合理性和正当性仍值得进一步探讨。

(三)法院判决的类型

在36个案件中,法院最后判决驳回原告诉讼请求的有29个,占80.55%,维持原行政行为的有3个,撤销原行政行为的有3个,确认违法的有1个。其中,判决驳回原告诉讼请求占了绝大部分,和维持原行政行为一样,法院认为,以上程序瑕疵都尚未达到违法的程度,不足以否定行政行为的合法性,从而导致行政行为被撤销或者是确认违法。而3个被撤销的行政行为是因认定事实的主要证据不足、违反法定程序而导致撤销,程序的瑕疵并未影响行政行为的效力。需要注意的是,在3个被撤销的行政行为中,有

2 个是因程序明显违法而被撤销,法院认为明显违法即是指作出处罚前没有举行听证程序,以及处罚中未告知当事人有陈述申辩的权利,属程序违法而非瑕疵。

确认违法的案件是一起申请政府信息公开的行政案件,因被告迟延答复,一审法院认为迟延答复未对原告的权利义务产生重大影响,不属于确认违法的法定理由,而在 2015 年 5 月 1 日新《行政诉讼法》实施之后,二审法院山东省济宁市中级人民法院认为因被告迟延答复,虽未对上诉人的合法权益产生重大影响,但已经构成轻微程序违法,故作出确认违法的判决。而其他同样也在新《行政诉讼法》实施之后,因被告超过期限作出某个行政行为的案件,有的法院则以“程序瑕疵”为由不予否认行政行为的效力,如武汉市中级人民法院在一起工伤认定案件的判决书中这样阐述:“原审法院认为,虽然市人社局超过《工伤保险条例》第二十条规定的期限作出被诉认定工伤决定,但该认定工伤决定送达万松语茶店后,未对万松语茶店或柳跃建行使行政救济和司法救济的权利造成障碍,故该行政程序瑕疵不影响本案被诉认定工伤决定的效力。原审判决认定事实清楚,适用法律、法规正确,作出的驳回原告诉讼请求的决定并无不当。”〔2〕可见,超过法定期限作出行政行为是属于程序违法还是瑕疵,司法实践中做法不一。

经过实证分析,我们大致了解了行政程序瑕疵适用的现状,实践做法的差异也使我们窥探出行政程序瑕疵存在的问题。在没有得到法律正名的今天,对于行政程序瑕疵,我们还是有不少疑惑。

二、困惑:行政程序瑕疵可适用的范围及程度

由于没有一部法律明确规定,究竟程序瑕疵达到何种程度仍只是构成瑕疵而非违法,从而导致否定行政行为的效力,这是一个拷问着每个作出裁决的法官的内心问题。特别是新《行政诉讼法》实施后,其中第 74 条第 1 款第 2 项规定“行政行为有下列情形之一的,人民法院判决确认违法,但不撤

---

〔2〕《柳跃建与武汉市人力资源和社会保障局行政确认二审行政判决书》,载中国裁判文书网,最后访问日期:2016 年 6 月 16 日。

销行政行为:(二)行政行为程序轻微违法,但对原告权利不产生实际影响的”,[3]但何为“程序轻微违法”,法律并没有明确界定。正因为没有明确界定,所以出现了同样是迟延作为的案件,有的法院认定为违法,有的则是以程序瑕疵为由不否定行政行为效力从而驳回原告的诉讼请求。

(一)困惑一:程序轻微违法和程序瑕疵

根据以上分析,法院在关于程序瑕疵的司法审查中基本持这样的态度,即程序瑕疵不足以否定行政行为的合法性,不足以影响行政行为的效力。而根据新《行政诉讼法》的规定,程序轻微违法但又未对原告权利产生实际影响的,则应确认行政行为违法。因此,从法律的表述和司法实践中的做法来看,程序瑕疵并不等同于程序轻微违法,程序瑕疵本质上是一种程序上的“不规范行为”,“属于程序合法行为与程序违法行为之间的‘灰色行为’”。[4] 而程序轻微违法显然已经归入违法行列,只是程度比较轻微而已。

再从法院的审查标准来看,适用程序瑕疵的理由主要是未对当事人的权利义务产生重大实际影响,以及不构成对当事人行使行政救济和司法救济权利的障碍,那么问题来了,新《行政诉讼法》将“对原告权利不产生实际影响”作为与“程序轻微违法”相匹配的规定,与当下同样也是以“不对原告权利产生重大实质影响”为由认定构成程序瑕疵的现象相互矛盾,那么界定程序轻微违法与程序瑕疵的分水岭究竟为何,这是我们面临的困惑之一。

(二)困惑二:迟延作为属于程序轻微违法抑或程序瑕疵

迟延作为是指行政机关超出法定期限作出行政行为,是司法实践中构成程序瑕疵的最主要行为。从上述济宁市中级人民法院和武汉市中级人民法院的判决来看,实践中对于迟延作为所导致的行政行为后果有不同的处理。而表1则向我们传递出司法实践中对于迟延作为,多数法院还是将其作为程序瑕疵来处理的。据了解,在笔者所在地区的中级人民法院,行政庭的

---

[3] 2015年《中华人民共和国行政诉讼法》全文,载http://www.xjbz.gov.cn/fzb/html/xzfy/2015-7/5/10_46_19_353.html,最后访问日期:2016年6月21日。

[4] 柳砚涛:《认真对待行政程序“瑕疵”——基于当下行政判决的实证考察》,载《理论学刊》2015年第8期。

法官亦是将迟延作出行政行为作为程序瑕疵来对待，法院认为因对当事人的权利义务未造成实质影响，故当事人以行政机关迟延作为构成程序违法为由请求撤销的主张不予支持。适用的理由主要还是未对当事人的实际权益产生影响以及未对当事人行使行政救济和司法救济的权利造成障碍，当然也有节约司法成本的考虑，有法官认为，如果以迟延作为构成违反法定程序从而撤销行政行为的必要性和实际意义并不大。那么迟延作为是归入程序轻微违法还是程序瑕疵，这是我们面临的困惑之二。

（三）困惑三：迟延作为以外的其他程序性缺陷有哪些能作为程序瑕疵处理

正如表1所列举的法院认为构成程序瑕疵的几种情况，诸如迟延送达法律文书，处罚时未书面记录当事人陈述申辩的意见，未向原告回复处理意见等，从严格执行程序来看，上述行为均有不规范之处，但显然不属于重大、明显违法的情形。各地法院的法官在审查中凭借内心对程序规则的理解和确认以及对实体结果处理公正性的综合考量，对上述所列的一些程序性缺陷按照程序瑕疵来处理，不可否认，其有一定的合理性，但对于行政处罚决定书中将未明确载明违法事实，且未告知当事人权利救济途径与期限的程序缺陷认定为瑕疵，笔者认为值得商榷。一些我们看起来微小的、不构成明显违法的程序性缺陷有哪些可以作为瑕疵来处理，而不至于出现以瑕疵掩盖违法的现象而使实体结果的公正性受到损害，这是我们面临的困惑之三。

（四）困惑四：程序瑕疵后果的处理

从司法实践中的普遍做法来看，法院在将某个行为认定为程序瑕疵而继续维持行政行为的效力后，并没有对瑕疵如何补正作出阐述。既是瑕疵，就有可以修饰的空间，可以通过补正使其具有合法性，但问题是，如何补正，补正的限制又是什么，这是我们面临的困惑之四。

上述实践中的种种困惑和问题拷问着我们每一位法官，如何把握程序瑕疵适用的尺度，既能保障行政机关的效率，又能兼顾行政相对人合法权益的保护，即不对实体结果的公正性产生影响，亟须解答。

三、修正:行政程序瑕疵的合理规范运用

(一)行政程序瑕疵内涵的再审视

要规范程序瑕疵的运用,解答上述实践中的困惑,合理运用法官的自由裁量权,首先必须重新审视行政程序瑕疵的概念内涵。

通过梳理案件,笔者发现,司法实践中对于能够认定为行政程序瑕疵的行为可谓各式各样,理由无外乎归为是否影响当事人的实际权益,是否对当事人行使救济权利造成障碍,总体而言,法官在认定瑕疵时是根据自由裁量权来作出裁决的。而最高人民法院对于行政程序瑕疵的态度最早见于其所发布的公报案例“宜昌市妇幼保健院不服宜昌市工商行政管理局行政处罚决定案”中,其中关于瑕疵部分,宜昌市中级人民法院是这样表述的:“被上诉人工商局作为专门的监督检查部门,在对上诉人保健院作出处罚前,进行了立案、调查取证,并送达了处罚告知书,交代了陈述和申辩权,其处罚程序符合法律规定。工商局作出的处罚决定中没有具体载明据以认定保健院违法行为存在的证据名称,使其处罚决定书的内容不完备,是行政行为的轻微瑕疵。工商局的这一行政瑕疵没有达到侵害行政管理相对人合法权益的程度,不影响其处罚决定的有效成立,因此不能认定工商局的行政行为程序违法。”[5]除此之外,最高人民法院也并没有关于程序瑕疵的一个指导说明。

关于“行政程序瑕疵”,学界则有不同的观点,有的观点认为,可以从广义和狭义两个方面来理解行政程序瑕疵。按广义的理解,行政机关作出行政行为一般都会遵循一定的步骤、方式、顺序和时间,行政程序瑕疵正是违反了这些步骤、方式和时间而作出行政行为,所有的瑕疵都是违背了行政机关本应受到的约束,最终导致行政行为合法性欠缺。按狭义的理解,行政程序瑕疵仅是指在作出行政行为的过程中行政机关存在的微小的缺点、错误,在程序、形式上没有完全符合法律的规定或者法律规定应该达到的条件。笔者认为,行政程序瑕疵的广义说对于规范和约束法官在认定程序瑕疵的

[5] 《宜昌市妇幼保健院不服宜昌市工商行政管理局行政处罚决定案》,载北大法律信息网,最后访问日期:2016年6月16日。

自由裁量权时并无多大裨益，容易造成本应认定为程序违法的行为而归入程序瑕疵，不利于对相对人利益的保护。狭义说是以“微小的缺点、错误”来界定瑕疵，笔者认为，这样的观点可取性亦不大，系因何为“微小”可谓仁者见仁，智者见智，缺乏统一的认定标准。

经过比较各种观点，笔者认为，可以给行政程序瑕疵下这样的定义：行政程序瑕疵介于程序合法与程序违法之间，不属于程序合法，是因其没有完全符合法律设定的程序规范的要求；亦不属于程序违法，是因其没有违反法定程序的明文规定。这个界定对当下立法、司法实践中关于程序瑕疵认定存在的问题作了较好的回应。

首先，从立法上看，瑕疵不等同于违法，亦非合法。新《行政诉讼法》第74条第1款第2项新增了“程序轻微违法”的表述，判决的类型为确认违法，但不撤销。第69条规定：“行政行为证据确凿，适用法律、法规正确，符合法定程序的，或者原告申请被告履行法定职责或者给付义务理由不成立的，人民法院判决驳回原告的诉讼请求。”[6] 第70条第3项规定：“行政行为有下列情形之一的，人民法院判决撤销或者部分撤销，并可以判决被告重新作出行政行为：(三)违反法定程序的。”[7] 可见，法律明确规定对于程序违法适用确认行政行为违法或者撤销行政行为的判决，程序合法则判决驳回原告的诉讼请求，程序瑕疵处于上述两者的中间地带。

其次，从实践上看，上述界定将本属于程序违法的严格归入违法行列，而不再以瑕疵为名为行政机关不严格遵守法律规定寻找理由和借口，从而推动行政机关依法行政切实保障行政相对人的权益。

综上所述，程序瑕疵是介于合法与违法之间的存在，是行政机关的过失导致，并非故意而为，否则存在故意违反法定程序这样的主观恶性岂能再以瑕疵来做掩盖和修饰呢？应当要以否定行政行为的效力来督促行政机关依法行政。当然，笔者更希望能有统一的法律或者司法解释可以对这一概念

---

〔6〕 2015年《中华人民共和国行政诉讼法》全文，载 http://www.xjbz.gov.cn/fzb/html/xzfy/2015-7/5/10_46_19_353.html，最后访问日期：2016年6月21日。

〔7〕 同上。

作出更明确的界定。

(二)行政程序瑕疵存在的合理性

虽然立法中并没有为行政程序瑕疵确定一个“身份”,但实践中的做法告诉我们,程序瑕疵是一个真实的存在。可见,在当下,基于法的安定性、当事人信赖利益保护原则和政府公信力等现代行政法理念,实证领域还是开辟了“程序瑕疵”等有关的概念和制度。瑕疵并非违法,既达不到违法的程度,那么即可补正可治愈,从而不足以否定行政行为的效力。而当前出于成本效益和经济因素的考量,如因瑕疵即诉诸司法救济,导致行政行为被撤销,也会造成行政资源的浪费亦会加重相对人的负担。

关于法的安定性,德国学者拉德布鲁赫认为,提出法的安定性原则的目的在于维护社会的安定,[8]首先是作为实现正义这一法律价值的一部分而被确立的,而行政行为的公定力、政府的公信力也使行政行为一经作出即具有约束社会和个人的效力,再基于当事人信赖利益的保护,正义和效率之间是可以达到平衡的,这就使得对程序瑕疵有了一个可以容纳的空间,在不影响实体公正的情况下,程序瑕疵也有了可为行政相对人所接受的心理底线。

(三)认定行政程序瑕疵的标准

从目前法院对行政程序瑕疵的说明理由来看,法官普遍将未对当事人的权利义务造成实质影响作为一个重要理由,笔者认为值得商榷。程序瑕疵既然不归入程序合法的行列,就意味着实体权利受到了侵害,如果程序合法,那么这种实体权利就不会受到影响,或者说是受到显著的影响。换言之,权利对应义务,任何行政程序的设置意味着行政机关要承担一定的义务,义务相对应的就是行政相对人的权利,所以从这个角度来说,并不存在不影响当事人权利的程序轻微违法或者是程序瑕疵。因此,新《行政诉讼法》第 74 条第 1 款第 2 项的规定值得反思。

“先取证,后决定”是行政机关作出行政行为应遵循的基本程序,而在取

[8] 参见覃甫政:《论法的安定性原则——基于拉德布鲁赫〈法哲学〉观点的思考》,载 http://article.chinalawinfo.com/ArticleHtml/Article_69890.shtml,最后访问日期:2016 年 6 月 22 日。

证过程中又会有具体的程序规范，笔者认为，构成行政程序瑕疵应采取双重认定标准，即应根据所违反程序设定的价值目标，综合全案考察是否对程序规范的目的要求实现构成障碍，是否因违反该程序导致实体公正受到损害两方面来进行认定，如果没有构成障碍，也不会因为违反该程序而导致实体公正性受损，那么就可以认定为瑕疵，如果构成障碍，或者是因违反该程序使实体的公正性受到影响，那么就应认定为违法，这也为法官在行使自由裁量权指明了一个判断的方向。

回到上述实践中的困惑，行政机关迟延作为，是违反了法律规定期限要求的行为，而法律设定行为期限的目的意义正是在于规范行政机关及时作为，避免出现拖沓甚至是不作为的现象发生，从而确保行政相对人的权益能得到及时维护。再考虑对实体公正的影响，因迟延作为是不合乎期限规范设置的价值目标的，但只要在作为的过程中没有违反取证程序的明确规定，没有对实体公正产生影响，那么迟延作为是可以认定为瑕疵的。

其他的程序性缺陷，笔者认为，也应限定于不具有法律意义的程序技术规范上的缺陷，不会导致实体结果的公正性受到影响的缺陷才能认定为瑕疵。比如，行政机关在送达行政处罚决定书时日期填写不完整，但只要行政机关在处罚决定书中明确记载了当事人违法的事实和理由，并告知了当事人救济的途径和期限，那么日期填写不完整就可以认定为程序瑕疵。

而处于程序瑕疵适用“高发地带”的行政处罚，则必须严格依照行政处罚法规定的程序来进行，特别是在取证过程中有明确规定的程序要求必须严格遵守。根据上述分析，3个被撤销的行政处罚中有2个即是因为违反了作出处罚决定前应召开听证的程序规定而导致行政行为的效力被否定。听证程序设立的目的是充分保障当事人的陈述权和申辩权，笔者认为，按照法律规定必须举行听证的处罚，即使当事人未要求听证，其陈述和申辩权也应得到保护，如果剥夺或是变相剥夺了当事人的听证权，那么对实体结果的公正性将产生影响，故应将其认定为程序违法从而否定行政行为的效力而非认定为程序瑕疵。

因此，以双重标准区分瑕疵与违法，可以在一定程度上避免两者认定时的相互交叉和矛盾,还可以进一步对违法的程度作分类,如因违反法定程序对实体公正产生影响的,行政行为自始无效,法院作出撤销行政行为的判决,如因对程序设立的价值目标的实现构成障碍,但不足以对实体结果的公正性产生影响的,可以归入程序轻微违法,法院作出确认违法但不撤销行政行为的判决以督促行政机关规范执法。

综上所述,关于新《行政诉讼法》第74条第1款第2项的规定,笔者认为不应将"对原告权利不产生实际影响的"作为与"程序轻微违法"相匹配的规定,而是应以对程序价值设立目标的实现构成障碍的程度来作为衡量,这样也许会更规范和妥当。

(四)行政程序瑕疵的补正及其限制

有学者从行政经济性的角度论述了行政程序瑕疵的效力处理,学者认为,无论是从法的稳定性还是行政经济的角度来说,对于有瑕疵的行政行为尽量维持其效力是比较合适的做法。但是有瑕疵就会有补正,补正理论的形成与发展得益于对行政程序的效率价值和注重公共利益、公民信赖利益的保护这一认识,但是对于补正,必须予以一定的限制,否则会导致放纵行政机关不规范作为的结果,不利于行政机关依法行政水平的提高。笔者认为,为避免操作的不统一,应根据确定瑕疵的双重标准来对可以补正的程序瑕疵范围作出具体列举,对于可以补正的瑕疵在案件审结前法院应责令行政机关采取补正措施。

(五)对行政机关因程序瑕疵提出司法建议

司法建议是法院在审理案件中,针对案件的有关单位和部门在工作、制度上的不规范行为或是管理漏洞提出改进和完善的建议,是司法指引功能的有效体现。在本文研究的36个案例中,有5个案例对行政机关的程序瑕疵提出了司法建议,因程序瑕疵尚未构成违法,在肯定行政行为效力的前提下,法院可以在裁判文书中建议行政机关在今后的执法工作中注意执法的规范化,以形成司法和行政的良性互动。

混淆可能性标准在审理商标确权授权行政案件中的适用*

肖知花**

一、适用"商标近似""商品类似"标准的不足

随着全面深化改革，商事制度改革激发市场活力，商标在获取竞争优势方面的作用日益明显，商标申请、注册数量呈井喷式增长，2013 年、2014 年、2015 年我国商标注册申请量分别为 188.15 万件、228.5 万件、287.6 万件，截至 2015 年我国商标注册申请量已连续 14 年位居世界第一。[1] 同时，申请商标"撞车"现象越来越常见，由此引发的商标授权确权行政案件增多，2015 年全国法院审理商标类行政案件 2253 件。[2] 根据最高人民法院在 2014 年 10 月 14 日发布的《关于审理商标授权确权行政案件若干问题的规定（征求意见稿）》第 1 条，商标授权确权行政案件是指相对人或利害关系人因不服国家工商行政管理总局商标评审委员会作出的商标驳回复审、商标不予注册复审、商

* 本文获第二十八届全国法院学术讨论会三等奖。

** 南宁市西乡塘区人民法院刑事审判庭副庭长。

〔1〕 数据来源于中国商标网的《2013 年中国商标战略年度发展报告》《2014 年中国商标战略年度发展报告》《2015 年中国商标战略年度发展报告》。

〔2〕 数据来源于中华人民共和国最高人民法院官网《2015 年全国法院审判执行情况》。

标撤销复审、商标无效宣告及无效宣告复审等具体行政行为，向人民法院提起诉讼的案件。

审理商标授权确权行政案件是法院依法行使司法审查权的重要方面，应明确和统一审理标准。审理商标授权确权行政案件的核心焦点，就是对申请商标是否符合商标法所规定的注册条件的审查。该核心焦点的判断标准是“商标近似”“商品类似”[3]标准，还是混淆可能性原则，司法实践对此态度模糊。关于我国现行《商标法》在商标注册方面是否采纳了混淆可能性原则，以及关于商标近似、商品类似与混淆可能性的关系是下位概念与上位概念的关系还是并列关系，司法实务界及学界存在争议。笔者在案例分析的基础上，发现司法实践中商标授权确权行政案件的裁判存在如下问题，即商标近似、商品类似的判断通常突破物理属性，加入法律价值，呈现出强烈的个案性，把商标知名度、相关公众注意程度等要素装入商标近似、商品类似这两个篮子里，让商标近似、商品类似的判断超出了客观判断的范畴。例如，申请在牙膏上注册“白人”商标案，国家工商行政管理总局商标评审委员会认为“白人”商标申请注册时，已有注册商标“黑人”核定使用于牙膏商品，并且具有一定知名度，如对该申请予以核准，易使消费者误认两者存在关联，据此认定两商标近似，禁止“白人”商标注册。[4] 在法国鳄鱼商标与新加坡鳄鱼商标案中，两个都是鳄鱼商标，但法院认为两商标均在使用中积累了较高的知名度，两商标并存不会造成相关公众混淆，据此认定两商标不近似。[5] 该两宗案件，均以商标是否近似作为判断标准，但“白人”与“黑人”存在文字差别被认定为近似商标，而两个鳄鱼商标被认定为不近似。这类裁判导致出现如下社会效果：社会公众认为商标近似与否难以从物理属性判断，商标授权确权行政案件的裁判个案性强，商标授权确权相关的执法及

---

〔3〕 准确地说，应该是商标相同或近似、商品或服务相同或类似。由于商标相同、商品或服务相同的情形较容易判断，本文主要针对商标近似、商品或服务类似。又基于简化表述考虑，本文择商品或服务类似的商品类似来论述。

〔4〕 参见国家工商行政管理总局商评字（2004）第2692号裁定书。

〔5〕 参见最高人民法院（2009）民三终字第3号民事判决书。本文参见的我国司法案例均查阅于北大法宝网。

司法具有不确定性、不可预期性。

当前司法实践中，审理商标授权确权行政案件通常坚持"商标近似""商品类似"标准。然而，从物理属性角度判断商标是否近似、商品是否类似，显然不能适应审理商标授权确权行政案件的发展需求。于是，司法实践将影响混淆认定的诸多因素放入商标近似、商品类似的两个篮子中，在商标近似、商品类似上大做文章，导致司法中商标近似、商品类似的判断标准与两者的客观状况相差甚远，此案中构成近似，彼案中不构成近似，造成社会公众困惑甚至质疑商标执法、司法标准不统一，破坏商标执法可预期性、稳定性。虽然很多判决将混淆可能性植入商标近似、商品类似的判断中，但常被认为因果倒置、逻辑颠倒，甚至有循环论证之嫌，即为证明"商标近似""商品类似"，所用的论据是"容易导致混淆"，而"容易导致混淆"又借助于"商标近似""商品类似"来证明。基于此，本文试图理顺商标近似、商品类似与混淆可能性的关系，明确审理商标授权确权行政案件应适用混淆可能性标准，将商标近似、商品类似的判断回归客观。

二、混淆可能性标准的正当性基础

混淆可能性标准是指争议商标在其申请核定使用的商品上使用，导致相关公众误认商品来源于引证商标权利人或有关联。需要指出的是，混淆可能性的判定不是有无问题，而是大小问题；法律并不禁止很低限度的混淆可能性，确切地说，该标准是较大的混淆可能性标准，对其理解与适用不应刻板、极端。最高人民法院在法国鳄鱼商标与新加坡鳄鱼商标案判决中指出，"禁止混淆"并非要求完全不存在混淆的可能，而是对较大的混淆可能性才予以否定性的法律评价。[6]

（一）符合商标的本质

我国现行《商标法》未明确商标的概念，但第 8 条规定可以作为商标申请注册的标志需要具备能够将商标专用权人的商品与他人的商品区别开来

---

〔6〕 参见最高人民法院（2009）民三终字第 3 号民事判决书。

的属性。美国《商标法》规定商标应具备识别、区分商品来源之属性。[7] 欧盟在《共同体商标条例》等立法理由中明确,法律保护注册商标就是为保护其识别功能。[8] 《与贸易有关的知识产权协议》(TRIPs)规定商标是这样的标记或标记组合,即能将某一企业的商品与其他企业的商品区分开来。[9] 从上述规定可以看出,商标的本质在于区分商品或服务的来源。来源识别功能是商标的基础功能,是商标在法律领域的生命根基;商标的其他功能是该功能的附属功能,商标在使用过程中衍生出商标的质量保证、广告宣传等作用。武汉御品天香茶业有限公司与国家工商行政管理总局商标评审委员会商标异议复审行政纠纷申请再审案中,最高人民法院认为商标"至尊贡芽"与常见的装饰图组合在一起,在"茶、茶饮料"商品上使用,不具有区别商品来源的作用,故"至尊贡芽"不得作为商标注册。[10] 该案例明确了只有具备区别商品或服务来源属性的标志才能注册为商标,是对商标本质的司法注解。阿司匹林、优盘在最开始时具有商标属性,但随着渐渐转化为通用名称,其识别功能消失,就无法获得商标权保护。这也是商标实践对商标本质的解读。

保护商标权的根本宗旨是保护特定商标与特定商品或服务的对应关系,确保投放市场的商品或服务来源一致,在同一商家控制下生产出来,质量由该商家负责。商标权人的专用权就是对上述对应关系的支配,禁止权则表现为对损害这种对应关系的行为的阻止。申请注册商标损害了在先的、受法律保护的商标的来源识别功能,该申请就不予核准。识别就是能区分开来,而区分的反面是混淆,因此,判断是否构成损害商标来源识别功能的标准就是有无可能造成混淆,正如审理关键词案件时欧盟法院所指出的:判断与商标相同的关键词之使用是否损害了商标的识别功能,取决于网络用户通过搜索关键词看到的广告,如广告不能使相关公众或使相关公众很

---

〔7〕 参见《美国商标审查指南》,商务印书馆 2008 年版,第 45 页。

〔8〕 Vgl. BeckOK, MarkenR/Kur MarkenG, 5. Edition, Rn. 118. 转引自杜志浩:《"商标权客体"联系说之证成》,载《政治与法律》2016 年第 5 期。

〔9〕 参见郑成思:《WTO 知识产权协议逐条讲解》,中国方正出版社 2001 年版,第 62 ~ 63 页。

〔10〕 参见最高人民法院(2015)知行字第 47 号行政裁定书。

困难地确定其所指向的商品是否与商标权利人有关,即有混淆之虞,则商标的识别功能受到损害。[11] 因此,审理商标授权确权行政案件时采纳混淆可能性标准,是由商标的本质决定的。

（二）契合商标法的利益平衡价值

商标法律制度既要保障商标权人的利益,也要保障竞争者的利益、社会公众的利益。商标法的价值不仅是为保护商标权人的权利,更是为平衡上述三方的利益。我国《商标法》第1条明确规定了商标法的价值,强调既要保障生产、经营者的利益,也要保障消费者的利益。

首先,商标是商标权人在市场竞争中表明身份的方式,商标在长期经营使用中累积了商誉、知名度,为权利人获取了竞争优势,然而一旦商标的来源识别功能被损害,商标权人的市场份额就会流失。商标法理应保护商标权人的专用权。其次,商标的外在表现形式是标识符号,标识符号属于公有领域信息资源,是有限的,商标的专用权不代表商标权人可以垄断公有领域信息资源的使用,从而损害公平竞争。维护竞争者的利益也是商标法的价值所在。最后,商品经济的繁荣发展为消费者创造了琳琅满目的商品,带来丰富的选择,但同时也导致消费者搜寻成本上涨,商标的来源识别功能降低了消费者搜寻商品的成本,保证相关公众买到其真正想购买的商品。保护社会公众利益是商标法的根本价值。正如美国最高法院的法官小奥利弗·温德尔·霍姆斯所认为的,法律保护商标不是为了给商标所有人创设绝对的财产权,而是为阻止假冒、损害商誉、欺骗公众行为。[12] 通过给予商标权人适当的保护,发挥商标的来源识别功能,使商标权人、竞争者、社会公众的利益各得其所,是商标法的价值所在。一旦某一商标的使用造成相关公众混淆,对商品来源产生误认,上述利益平衡局面就被破坏,相关利益主体就应获得法律救济。因此,一定程度的混淆才会触发商标法的救济制度。混

---

〔11〕 参见 Case C – 236/08 to C – 238/08 Google,paragraph 84。转引自刘维:《商标识别功能损害判定研究》,载《知识产权》2014年第9期。

〔12〕 Chadwick v. Covell,151 Mass. 190,193 (Mass. 1890). 转引自孙红优、马千里:《反思"混淆"》,载《科技与法律》2013年第3期。

淆可能性标准为在商标权人、竞争者、社会公众三方利益之间寻求平衡点提供了途径,有利于促进社会主义市场经济的竞争性、创新性和包容性增长。

(三)借鉴域外经验的启示

美国在商标审查、注册商标保护两方面均采混淆理论。美国商标法规定易致混淆、误认或欺骗的商标和商标使用行为应承担责任。[13] 美国司法实践以混淆可能性原则作为判断商标侵权的标准,美国联邦巡回上诉法院利尔德·汉德法官在判决中写道:"救济永远取决于这种观念,即任何人不得误导公众认为其产品是原告的,除非原告证明该行为将有可能导致这种结果,否则不能获得救济。"[14] 随着商品经济日新月异的发展,混淆的内涵从多个维度得到扩充丰富,美国的混淆理论从最初的商品来源的直接混淆,发展到关联混淆,司法实践还确认了初始兴趣混淆、售后混淆、反向混淆。

《欧洲共同体商标条例》第 9 条规定共同体商标应赋予商标所有人对该商标的专用权,该专用权的禁止权能包含两方面:一是禁止他人将相同商标使用在相同商品或服务上;二是禁止他人将相同或近似商标使用在类似商品或服务上,且其使用可能引起相关公众混淆。当然,上述两方面的禁止权能都不包括他人获得商标所有人同意的情形。[15] 可见,欧共体区分两种情形:一是认定将相同商标使用在相同商品或服务上是否构成侵权时,不考虑混淆因素;二是认定将近似商标使用在相同或类似商品或服务上是否构成侵权时,以混淆可能性为判断标准。

TRIPs 第 16 条第 1 款的规定与《欧洲共同体商标条例》的规定不同。对于认定《欧洲共同体商标条例》规定的上述两种情形是否构成商标侵权,TRIPs 规定均以混淆可能性作为判断标准,但对于第一种情形,TRIPs 直接推定这种行为已有混淆之虞,不需要作混淆可能性判断。[16]

上述域外法都采纳了混淆可能性标准。尤其是《欧洲共同体商标条

---

〔13〕 参见夏君丽:《从商标使用谈商标权的司法保护》,载《法律适用》2012 年第 10 期。

〔14〕 Bayer Co. v. United Drug Co. ,272F. Supp. 505 ,509 - 10(S. D. N. Y. 1921). 转引自孙红优、马千里:《反思"混淆"》,载《科技与法律》2013 年第 3 期。

〔15〕 孙红优、马千里:《反思"混淆"》,载《科技与法律》2013 年第 3 期。

〔16〕 孙红优、马千里:《反思"混淆"》,载《科技与法律》2013 年第 3 期。

例》、TRIPs 的相关规定，明确了审查商标侵权的法律逻辑，即以混淆可能性为判断标准，关于商标、商品或服务的差异大小应是对商标使用情形的客观描述、分类。

（四）我国具备相关的司法实践基础及法律基础

我国现行《商标法》施行之前，法律规定注册商标审查、商标侵权以“相同或相似”为标准。但僵硬地适用该标准，难以应对迅速发展的商标实践，也违背商标法的价值。在法律未修改的情况下，司法只能通过法律解释的路径，将混淆可能性移植进商标近似、商品类似标准中，将混淆可能性内化为两者的核心要素，以期达到合法、合理裁判的局面。最高人民法院于 2002 年发布的《关于审理商标民事纠纷案件适用法律若干问题的解释》第 9 条第 2 款规定商标近似以容易造成商品来源误认或者容易造成关联误认为判断标准，第 11 条第 3 款规定商品或服务类似以“容易使相关公众混淆”为判断标准。通过司法实践，原商标法的相似性标准已演变为混淆可能性标准，但混淆可能性不是独立的判断标准，而是内化于商标近似、商品类似，作为认定商标近似、商品类似的要素。法院审理商标授权确权行政案件时，通常总结的争议焦点有，一是争议商标与引证商标是否构成商标近似，二是争议商标申请注册的商品与引证商标注册的商品是否构成商品类似；但审理这两个争议焦点不是作物理属性判断，而是综合使用情况、知名度等因素，看是否有混淆可能，据此判定商标近似、商品类似是否成立。例如，霍尼韦尔国际公司与国家工商行政管理总局商标评审委员会、陈岩商标异议复审行政纠纷一案，一审、二审、再审法院均将争议商标与引证商标是否构成商标近似作为争议焦点；北京市第一中级人民法院在一审判决书中提出，判定商标是否构成近似要考虑是否存在造成相关公众混淆或误认的可能性；北京市高级人民法院在二审判决书中明确，判定商标是否构成近似以是否容易导致混淆作为判断标准；最高人民法院在再审判决书中先从物理属性角度分析了涉案商标构成标识近似，再结合知名度、显著性，认定容易导致相关公众产生商品来源误认，据此认定争议商标与引证商标构成近似商标。[17] 我

〔17〕 参见最高人民法院（2014）行提字第 33 号行政判决书。

国司法实践将混淆可能性作为商标近似、商品类似的判定要件，实际是间接采纳了混淆可能性原则，顺应了商品经济及商标理论的发展，具有正当性、合理性，为审理商标授权确权行政案件适用混淆可能性标准提供了实践基础。但是，现行《商标法》实施以前，受限于法律规定，法院欲调整商标注册申请审查、商标侵权认定标准，只能通过司法解释“商标近似”“商品类似”的方法进行。商标近似、商品类似本应是基于事实的客观判断，但在司法实践中渐渐被加入了价值判断成分。这一处理方式，虽在法律效果方面达到了合理、合法裁判；但在社会效果方面，使社会公众认为这类案件的裁判标准主观性强、裁判结果个案性强。因此，司法实践的发展要求直接采纳混淆可能性标准，审理商标授权确权行政案件应适用混淆可能性标准。

我国现行《商标法》在第10条对不得作为商标使用的标志的规定、第13条第2～3款在商标注册环节对驰名商标的保护的规定、第42条第3款对不予核准的商标转让的规定、第57条第2项对商标近似、商品类似等商标侵权的规定，均规定了容易使公众产生误认、容易导致混淆、误导公众的标准。但关于申请注册商标应否核准最直接的法条依据即该法第30条，却没有规定混淆可能性标准，而是强调了两方面，一是商标是否相同或近似，二是商品是否相同或类似。但审理商标授权确权行政纠纷案件不应仅适用现行《商标法》第30条，不能囿于该条款，而应根据案件审理情况，在整个商标法体系下恰当选择适用法律条款。因此，我国现行《商标法》为司法采纳混淆可能性标准提供了法律基础。

采取混淆可能性原则，有利于理顺商标近似、商品类似与混淆可能性的关系，明确一定情况下前两者是因、后者是果，避免逻辑颠倒、循环论证；有利于商标近似、商品类似要素的瘦身，卸载两者承载的本不属于两者的要素，实现判定商标近似、商品类似的客观化，提升裁判结果的可预期性、稳定性，减少社会公众对执法、司法的质疑。

三、混淆可能性标准要素的类型化

审理商标授权确权行政案件时，法官对混淆可能性进行判定的过程是一个综合判断过程，该过程应尽量契合商品经济的真实状况。虽然商标授权确权行政案件案情的个案性强，但对诸多案件的参考因素进行类型化研究，对统一裁判标准仍大有裨益。

判定混淆可能性，不但要考量商标近似度、商品类似度，还要考量商标知名度、相关公众注意程度等方面，结合各方面综合判定。上述任何一个因素与混淆可能性之间不存在必然的因果关系，任何一个因素都不是混淆可能性判定的充分条件，也不是必要条件。判定混淆可能性，应对上述因素分别分析后作出综合判断。

（一）商标近似度

商标近似度是判定混淆可能性的核心要素。一般来说，商标显著性越强，商标权的保护强度越大、保护范围越宽，在混淆可能性判定中商标近似度的作用力越大。

商标的组合要素包括：文字、图形、字母、数字、三维标志、颜色、声音等。考察商标近似度，通常从商标的音、形、义方面入手，这些因素可以相互结合发生作用，也可以是虽然其他因素区别大，但其中一个因素相似使得整个商标相似。例如，陈柏宇与国家工商行政管理总局商标评审委员会、四川唯怡饮料食品有限公司商标争议复审行政纠纷一案，北京市高级人民法院认为争议商标与引证商标在商标标志构成要素、整体外观方面存在一定差异，但“唯E”与“唯怡”读音相近，争议商标与引证商标近似度强。〔18〕含义也是商标近似度考量的重要方面，但由于含义是需要解读的，故含义对商标近似度的影响较小，通常需要结合其他因素考量。又如，郭兄弟粮油私人有限公司与国家工商行政管理总局商标评审委员会案，一审法院认为在中国传统文化、中文语言习惯中，申请注册商标“金皇鱼”的“皇”与引证商标“金龙鱼”的“龙”的特定含义相似、关联性较强。〔19〕

争议商标与引证商标一模一样的情形少见，故考察商标近似度应从商标核心组成部分入手。成都宽世界品牌管理有限公司与国家工商行政管理总局商标评审委员会案中，最高人民法院认为争议商标由“宽 kuan”及图构

〔18〕 参见最高人民法院（2015）知行字第32号行政裁定书。

〔19〕 参见北京市第一中级人民法院（2008）一中行初字855号行政判决书。

成，引证商标为“宽居”文字拼音组合商标，汉字“宽”是争议商标最核心部分，且与引证商标的“宽”字形字体无实质差异，两者近似度强。[20]

(二)商品类似度

审查、判断商品类似度时，应基于消费者的立场，尊重商品经济现实，《商标注册商品和服务国际分类表》(以下简称分类表)仅应作为参考，也不能按照《类似商品和服务区分表》(以下简称区分表)生搬硬套。在审理杭州啄木鸟鞋业有限公司等商标争议行政纠纷案中，最高人民法院指出区分表是判断商品和服务是否类似的规范性文件，该表是我国商标主管机关以分类表为基础，总结商标审查实践，结合国情形成的；判断类似商品或者服务时以该表作为参考；商标异议、争议是有别于商标注册申请审查的制度设置，更多涉及特定民事权益的保护，强调司法对个案的救济性，不能机械、简单地以区分表为依据或标准。[21]

审查、判断商品类似度，应从商品或服务的实质内容考量。在“AV-NET”商标案中，英国高等法院对于判断双方服务是否相同时，认为应关注实质内容，原告所提供的“广告及推广服务”的实质内容是通过印刷产品目录方式销售他人商品，被告提供为客户宣传产品的互联网服务，双方服务内容不同。[22] 在“星光大道”商标案中，一审法院认为原告的“电视节目制作服务”与中央台的“电视播放服务”存在一定关联，但属于时间、空间上相互区分、相互独立的阶段。[23]

在司法实践中，类似商品范畴已扩展至关联商品，一些商品因关联被认定为商品类似度强，如摩托车与摩托车润滑油。

(三)知名度

知名度是商标使用中因商品质量优良而累积的信誉。为维护自由、公平的市场竞争，法律应给予知名度适当保护，体现在商标法领域就是知名度

---

[20] 参见最高人民法院(2015)知行字第31号行政裁定书。

[21] 参见最高人民法院(2011)知行字第37号行政判决书。

[22] 参见[英]杰里米·菲利普斯：《商标法实证性分析》，马强主译，中国人民大学出版社2014年版，第302页。

[23] 参见北京市第一中级人民法院(2013)一中民初字第11888号民事判决书。

较高的商标，对于他人使用近似商标的排斥范围较大，保护范围较宽。最高人民法院在中国粮油食品集团有限公司诉北京嘉裕东方葡萄酒有限公司等侵犯注册商标专用权案中指出，中国粮油食品集团有限公司的“长城牌”注册商标，属于驰名商标，具备较强的显著性，在相关市场对近似商标的排斥力强，因而该商标应获得的法律保护强度更大。〔24〕

认定混淆可能性时，引证商标的知名度越高，对商标近似度、商品类似度的要求就越低。例如，虽然“黑人”与“白人”两个商标近似度低，但由于在牙膏这一商品范畴，“黑人”商标积累了一定的知名度，如核准“白人”商标在该类商品上注册，容易造成消费者误认两者有关联，因此“白人”商标申请被驳回。又如，淮安海纳百川饮品有限公司与国家工商行政管理总局商标评审委员会、佛山市海天调味食品股份有限公司商标争议行政纠纷案中，因佛山市海天调味食品股份有限公司的“海天 HaiTian”商标知名度高，法院认为对该商标核定使用的酱油、醋、调味品等商品与淮安海纳百川饮品有限公司的“海天”商标核定使用的果汁、汽水等商品的商品类似度要求就应降低。〔25〕

商标知名度是在商标持续使用中形成，考量商标知名度，应从商标使用的持续时间、广告宣传的持续时间、程度和地理范围、商品销量等方面综合认定。认定商标知名度需要特定一个时间点，一般是争议商标注册申请日，即对争议商标注册申请之前引证商标知名度积累状况进行认定，之后的知名度累积证据不应采纳。但具体时间点的商标知名度状态是寓于整个累积过程中的，且具有连续性，故不应孤立地认定特定时间点的商标知名度，特定时间点之后的补强证明商标知名度状态的商标使用，也要酌情考虑。全友家私有限公司与国家工商行政管理总局商标评审委员会等商标异议复审行政纠纷再审案中，最高人民法院就采信了全友家私有限公司所提交的争议商标注册申请日之后但距离该时间点较近的部分广告合同、部分专卖店加盟合同、部分宣传资料等证据，认为这些证据能印证引证商标在争议商标

〔24〕 参见最高人民法院(2005)民三终字第5号民事判决书。

〔25〕 参见最高人民法院(2015)知行字第24号行政裁定书。

注册申请时的知名度。[26]

(四)相关公众注意程度

相关公众注意程度越高,在不同商标间发生混淆的可能性越低,即使商标近似度、商品类似度均不低。也就是说,在相关公众注意程度较高的情形下,只有其他因素足够强大才能构成较大混淆可能性。例如,对于汽车商品,由于其价格贵,消费者需要花费较多金钱才能购买,该支出属于大额消费,消费者选购时会更加谨慎,注意程度高,不同品牌汽车即使商标近似度较高(如本田、现代的图形商标颇为相似),消费者也不容易混淆。

需要指出的是,考量相关公众注意程度时,"相关公众"是指商标核定使用的商品的一般消费者,而不是对商品毫无识别能力的人。不同的商品有不同的消费人群,对于牙膏、酱油、果汁等日常生活用品,"相关公众"就是普通民众,适用普通民众的认知标准;对于专业商品,如医疗设备、化学仪器等,对消费人群的专业知识要求较高,"相关公众"是相关专业人士,适用相对专业的认知标准。另外,"相关公众"具有地域性,判断相关公众注意程度高低应限于特定地域范围、特定文化环境。例如,对于文字商标,要考虑在我国境内相关公众使用中文及中文的同音多音现象。最高人民法院审理东莞市金田纸业有限公司与国家工商行政管理总局商标评审委员会商标驳回复审行政纠纷再审案时,在裁定书指出对于中国的相关公众而言,一般情况下更容易通过中文部分对商标进行识别,且考虑了汉字的多音现象。[27] 如此设定"相关公众"较为合理,尊重了国情现实。

四、结论

审理商标授权确权行政纠纷案件,过分强调"商标近似""商品类似"标准,将知名度等诸多因素置于"商标近似""商品类似"的考量中,容易出现逻辑颠倒,陷入循环论证,导致社会公众质疑司法稳定性、可预期性。2013 年《商标法》为审理商标授权确权行政纠纷案件适用混淆可能性标准提供了法

[26] 参见最高人民法院(2013)行提字第 3 号行政判决书。

[27] 参见最高人民法院(2013)知行字第 23 号行政裁定书。

律基础。借 2013 年《商标法》的施行，司法应梳理清楚“商标近似”“商品类似”与混淆可能性的关系，将混淆可能性从“商标近似”“商品类似”中独立，对“商标近似”“商品类似”回归至事实判断，再结合知名度、相关公众注意程度等要素综合考量，对混淆可能性作大小判断而非有无判断。在审理商标授权确权行政案件中适用混淆可能性标准，有利于达到合法、合理裁判，尊重商标本质，契合商标法价值，在商标权利人、竞争者、社会公众之间达到精妙的利益平衡。

内部管理信息司法审查认定标准探微

——以62份裁判文书为样本的实证分析*

卢　森**　陈璐瑶***

在一个法治的政府之下，善良公民的座右铭是什么？那就是“严格地服从，自由地批判”。

——[英]边沁

国务院办公厅于2010年颁布的《关于做好政府信息依申请公开工作的意见》(以下简称《意见》)首次提到内部管理信息，并明确内部管理信息不属于《中华人民共和国政府信息公开条例》(以下简称《条例》)中的政府信息，这对政府信息公开案件类型细化大有裨益。然而，正如古希腊哲学家亚里士多德所说“有好的法律才有好的秩序”，随着政府信息公开的不断深入，内部管理信息司法审查争议问题越发突出，《意见》对内部管理信息规制的粗略显然已不能满足现实的需求，亟待实务界在考量司法案例实践的基础上，探寻内部管理信息的司法审查认定标准。

* 本文获第二十八届全国法院学术讨论会三等奖。

** 南宁市马山县人民法院副院长。

*** 南宁市马山县人民法院民一庭审判员。

一、内部管理信息司法审查认定标准纷繁杂乱

以“内部管理信息”为关键词，笔者在中国裁判文书网、北大法宝数据库搜集了 2010 年以来有关内部管理信息的行政诉讼案例 62 起，以期通过梳理、分析这些案例后对正确厘定内部管理信息的认定标准提供实务依据。

（一）标准一：“在日常工作中制作或者获取的”

《意见》第 2 条明确规定，由行政机关在其日常工作中制取的涉及内部管理的信息以及尚处于研究、讨论或者审查过程中的信息，一般来说不属于《条例》中所说的应公开的政府信息。根据这一规定，在被考察的 62 起案例中，有 6 起是直接援引该条款以信息系“在日常工作中制作或获取的”属于“内部管理信息”而不予公开。

（二）标准二：“不对外发生直接效力”

在 62 起案件中，有 10 起是以“不对外发生直接效力”为着眼点界定申请公开的信息是否为内部管理信息，从而得出公开与否的裁判结论。法院对此以“不直接对申请人的生产、生活、科研产生影响”和“不对申请人的权利义务产生实际影响”两种相似的方法予以裁判说明。

（三）标准三：“行使内部管理职权时制取的”

行政机关在行使管理职权时的性质可以分为外部管理职权和内部管理职权，前一种对行政相对人产生直接管理效力，而后一种是行政机关为规范管理机关内部事宜而产生的职权，如对内部财产、人事的管理。从裁判文书上看，行政机关或法院对此界定标准具有保守性，认为只要是行政机关在管理内部事宜场合所制作、获取的信息即为内部管理信息，实际上，此做法有失偏颇，如“三公经费”虽属行政机关在管理内部事宜时所制作的信息，但却是与民众息息相关并严格要求公开的。

（四）标准四：“行政机关的内部机构制取的”

部分法院认为行政机关内部机构制取的信息属于绝对不公开信息。62 起案件中有 4 起案件以此标准界定信息属性，且有 3 起被法院认为申请公开的信息为行政机关内设机构制取而裁判信息不予公开。但这一标准已被实

践证明是不可取的,如冯某诉扬州市政府信息公开案[1]中,冯某请求公开扬州市政府办公室发布的《关于印发〈2013 年扬州市区"三拆三整治"工作方案〉的通知》,法院认为扬州市政府办系内设机构,其制取的信息应不予公开,但该文件的主要内容事实上已在扬州市政府的官方网站中向公众公开。

(五)标准五:"内容是有关行政内部工作的"

其逻辑起点是信息的内容,表面看是理性科学的,但在实际操作中,这种界定标准过于宽泛易被滥用。62 起案件中,有 2 起案件以"内容是否有关行政内部工作"作为裁判的理由。例如,在"夏某诉汕头市交警支队政府信息公开案"[2]中,夏某要求公开"撤销处罚决定书的核准文书、撤销处罚决定书"。法院认为《处罚决定书》虽属政府信息,但系被汕头市交警支队审核批准内部工作有关事项的内部管理信息,属于公安交通管理部门内部审核流程,不能公开。由此案例可以看出,这种裁判理由明显是不能服众的。

如图 1 所示,除以上认定标准外,62 起案件中尚有其他案件以"内部管理信息"为由拒绝公开,但裁判理由的着眼点却似是而非,无从归纳。与其一味责难法院对内部管理信息司法审查任意,不如理性看待造成这一结果的原因是:认定内部管理信息缺乏可操作的统一标准。

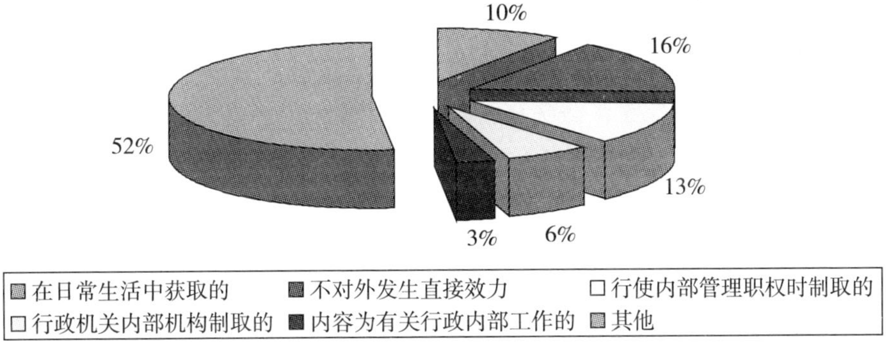

图 1 政府内部管理信息的司法审查情况

---

〔1〕 参见江苏省高级人民法院(2014)苏行终字第 0049 号行政判决书。

〔2〕 参见广东省汕头市中级人民法院(2013)汕中法行终字第 9 号行政判决书。

二、内部管理信息认定标准不一缘由的深层探究

(一)立法规制保守缺位与司法审查具体应用之冲突

1.《条例》与现实需要脱节

《条例》第2条对政府信息的规定过于原则,在实务中缺乏可操作性。根据该规定,普通民众容易望文生义,将政府信息理解为只要是行政机关在工作过程中制取的信息即为政府信息,应当予以公开。但对于法院来说,该规定只是原则性的规定,对于内部管理信息公开与否的司法审查仍需进一步援引其他细则。因此,《条例》既不能满足公众的诉讼需要,也不能满足法院的司法审查需求。

2.《意见》对内部管理信息细化愿望落空

为弥补《条例》对政府信息规定过于原则而缺乏实际操作性的不足,《意见》试图对内部管理信息作进一步细化,将内部管理信息表述为"行政机关在日常工作中制作或获取的"。所谓"日常工作",是指行政机关内部办公流程、工作人员守则等一些关乎工作管理、重复性质的具体事宜,这些规则是各机关自主制定的,不具备强制性要求。而行政职权是会对行政相对人产生直接强制性效果的权能,[3]再结合《意见》的笼统规定,司法机关推导出日常工作属性与行政职权无关,故内部管理信息不属于《条例》所指的政府信息而不予公开的结论。法院在对政府信息公开案件司法审查时大量援引《意见》的规定,但遗憾的是,《意见》对内部管理信息的规制仍停留在蜻蜓点水阶段,使得细化解释的愿望落空。

3.地方性法规和规章尚未达成共识

对于内部管理信息是否应当公开,公开的方式和范围等争议问题,各地地方性法规和规章的规定不尽相同。有的地方对内部管理信息报以保守观念,如《虹口区政府信息公开实施细则》规定:"行政机关的内部管理信息及营利性国有资产在经营过程中管理的信息不属于本细则所指的政府信息。"而有的地方则持前卫的态度,如《苏州市政府信息公开规定》规定:"主动公

---

〔3〕 参见姜明安:《行政法与行政诉讼法》(第6版),北京大学出版社2015年版,第109页。

开的政府信息属日常性工作的,应当定期公开。”由于篇幅有限,本文不能将各地对内部管理信息的规范予以一一列举,但有限的资料足以表明,目前我国各地地方性法规和规章对内部管理信息的规制尚未达成共识。

囿于《条例》《意见》对内部管理信息的解释先天不足,导致法院能够援引的规范有限(见表1),立法的缺位给内部管理信息司法审查具体应用带来认定标准不统一的现实问题。

表1　内部管理信息司法审查援引的规范

位阶	规范名称	实施时间
法规	《中华人民共和国政府信息公开条例》	2008年5月1日
部门规章	《国务院办公厅关于做好政府信息依申请公开工作的意见》	2010年1月12日
司法解释	《最高人民法院关于审理政府信息公开行政案件若干问题的规定》	2011年7月29日
地方性法规和规章	《苏州市关于政府信息公开的规定》《广西壮族自治区教育厅关于政府信息公开的暂行管理办法》等	

(二)政府保守秉性与公众知情需求之冲突

政府承担着社会公共管理职责,而治理具有天然的约束特性,这决定了政府及其工作人员思维的保守禀性。政府信息公开对政府而言是一种挑战,在政府信息公开之前,政府的运行是高度自主的,政府信息公开之后,政府活动的整个过程犹如戴上了“紧箍咒”,主要表现在:一是政府公开信息必须高效与民主,由于政府信息与公众的生产和生活密切关联,公众迫切要求政府能在第一时间披露信息,以便更快地解决问题,同时,披露的信息必须经民主决策而来,因为个人的独断可能会损害大多数人的利益;二是政府信息的公开经受严格的监督,公众有权利对政府信息公开进行监督,包括对信息公开行为本身以及对公开信息的内容进行监督;三是政府信息公开要求更高的沟通技巧,除静态的监督外,公众有权对披露信息所暴露的行政管理问题提出质疑,此时就要求政府具备较高水平的解释或对话的技巧。与之相反的是,随着政府信息公开工作的不断推进,公众对政府信息的知情需求越发强烈,常规有限的政府信息已不能满足公众的需求,公众希望政府信息的公开能更进一步，而政府出于其保守的禀性，难免产生抵挡信息公开的应激本能，进而以“内部管理信息不属于政府信息”为由拒绝公开信息。

综上，信息公开对政府而言是义务的约束，政府因此而规避信息的公开，这样做可以避免犯错误后被追究司法责任，可以利用其掌握的稀缺公务信息资源获取利益。[4] 相反地，公众从权利的角度出发，希望最大限度接近公共信息，从此基础上获得资源的稳定预期，甚至希冀在某种程度上获取行政权力的控制权。[5] 这充分体现在“内部管理信息”诉讼中，一方面，政府以“内部管理信息不属于政府信息”为由阻挡公开；另一方面，公众认为既然是内部信息，公开更利于公众实现监督，最终导致政府保守禀性与公众知情需求相互冲突。

（三）内部管理信息与过程性信息混同

仅以个别案例判断法院在司法裁判中将内部管理信息与过程性信息混同恐有管窥蠡测之嫌，笔者姑且对有限案例进行综合梳理，尝试提炼出问题的深层缘由。由于《意见》将内部管理信息和过程性信息表述在同一条文中，且未对内部管理信息和过程性信息作进一步操作的细则规范，从表2可以看出，在司法实务中，出现案例1[6]中法院放弃对两者的区分，而直接引用上述条文的混淆现象；实际上，司法机关和行政机关本身对内部管理信息和过程性信息的界定亦是含糊不清，[7]如在案例2[8]中，被上诉的行政机关在一审时答辩主张信息属于过程性信息，而在二审中答辩变更意见主张信息为内部管理信息；同样，法院在审理案件时亦明显表现出其对内部管理信息和过程性信息的混淆，如在案例3[9]中，一审法院将申请公开的信息认

---

〔4〕 参见[美]戴维·奥斯本、特德·盖布勒：《改革政府——企业家精神如何改革着公共部门》，周敦仁等译，上海译文出版社1996年版，第134页。

〔5〕 参见程义峰、秦亚洲、陈冀：《政府信息公开一年观察：一些部门以保密需要搪塞》，载《瞭望新闻周刊》2009年第7期。

〔6〕 参见（2014）淮中行终字第3号行政判决书。

〔7〕 参见梁艺：《政府信息公开中“内部管理信息”的判定》，载《行政法学研究》2015年第1期。

〔8〕 参见（2013）渝一中法行终字第271号行政判决书。

〔9〕 参见（2012）浙甬行终字第189号行政判决书。

定为过程性信息,而二审法院则认定为内部管理信息。透过这些“乱象”可以看到内部管理信息与过程性信息的立法逻辑未得以明晰,二者因立法逻辑不清而被混同,导致信息公开案件在法院进行司法审查时以此作为“口袋条款”而豁免公开。

表 2 内部管理信息与过程性信息混同案件的基本案情和裁判理由

序号	基本案情	裁判理由
案例 1	上诉人要求公开住建局的领导审批意见表和拆迁办审查相关意见。 被上诉人辩称申请公开的事项属于行政机关的内部审核与批准流程,与上诉人生产、生活、科研的需要没有关系	原审:申请公开事项为处于讨论中的过程性信息及被告在其日常工作中制取的内部管理信息。 二审:审查、审批意见表系行政机关内部正在讨论中的过程信息,对上诉人的“三需要”无直接影响
案例 2	上诉人要求公开区级向市级政府提交的《关于实施城市规划农用地转用的请示》。 被上诉人一审辩称该信息系尚处于讨论、调查、处理过程中的信息。二审辩称该请示为下级向其上级机关请示过程中的文件,属行政机关内部的管理信息	一审:该请示报批文件材料尚处于讨论、研究、处理过程中,因其具有不确定性而不能改变其过程性信息的原有性质。 二审:该信息系下级向上级机关作的请示报告,属于内部管理信息,因为文件不能直接对外产生影响
案例 3	上诉人要求公开区级向市级政府所提的《关于实施旧村改造相关办法的请示》。 被上诉人辩称该文件系下级向上级机关报送的请示性文件,是行政机关在日常工作中制作且尚处于研究、讨论、审查中的过程性信息,其只在内部传阅,对外不产生直接影响	一审:该文件系下级向上级机关作的请示汇报文件,属于内部研究、讨论与审查过程中的过程性信息。 二审:该请示是下级向上级政府提出的请示性文件,因文件对外不直接产生实际影响而属内部管理信息

三、域外对内部管理信息的审查经验

(一)美国、日本、爱尔兰对内部管理信息的审查方式

1. 美国

1966 年美国实施的《信息自由法》第 2 条明确了政府信息公开的 9 项例外,可理解作政府内部管理信息的主要有两项,分别为第 2 项“纯粹涉及机

构内部人事惯例与规则的资料”和第5项“政府机构之间或者政府机构内部的信件或备忘录”，但在司法实践中，美国法院并未因立法将此两项信息列举为信息公开的例外而将其理解为绝对豁免。[10] 具体而言，美国的司法解释认为，“纯粹涉及机构内部的人事惯例与规则”通常只包括以下两种：一是与社会公共利益没有关联的，系行政机关纯粹的关于内部事务性的管理规定，如行政机关工作人员在单位进行午餐的时间规定；二是行政机关自行制定的内部工作手册，公开该手册有可能导致知悉信息的公众规避法律。[11] 至于“机关内部和机关之间的备忘录或者信函”，法律对此没有明确规定，但实践中，美国法院对“机关外文件”是否能成为豁免信息，主要看该外界文件是否参与了行政机关的决定，如该外部参考文件参与其中，即使其没有被采纳，仍然可因公开而影响决策进而损害公共利益，得到机关内部或机关之间文件的保护。

2. 日本

1999年5月7日，日本颁布了关于政府信息公开的法律规范《行政机关拥有信息公开法》，在该法第5条规定了6种公开例外信息，其中涉及内部管理信息的表述为：“行政机关和地方公共团体事务、事业信息中的人事管理事务，可能妨碍公正、协调进行人事管理的，因公开后可能导致地方团体、行政机关事务不能合理或正常运行而豁免公开。”可见，日本对人事管理内部事务虽未详细定义，但采取了目的主义的方法界定该信息是否公开，对于公开后可能影响行政机关协调管理而妨害行政机关正常合理运行的，应当不予公开。

3. 爱尔兰

爱尔兰采取外部形式列举的方式将内部管理信息的豁免公开事项作了以下具体规定。《爱尔兰信息自由法》将内部管理信息规定为两类：一是政府会议，具体包括即将或已提交给政府负责人思考的事宜、仅涉及政府内部事务而与社会公共利益无关的政府会议记录，以及政府会议上的全部或部分陈述和发言及由此可推导出以上不能公开的信息的内容。二是公共团体的审议，公

---

〔10〕 参见方向主编：《信息公开立法》，中国方正出版社2003年版，第10页。

〔11〕 参见周汉华主编：《外国政府信息公开制度比较》，中国法制出版社2003年版，第59页。

开该审议的程序或内容可能违背社会公共利益意见、建议及咨询等信息。

4.内部信息公开与否的核心判断:损害标准

美国、日本、爱尔兰并非都将以上规定的政府内部信息视为绝对公开的事项,公开与否最终取决于“损害标准”,即在信息披露前,负责审查的机关将按照有关标准对将要被披露的信息进行一系列实质性的审查,若披露信息有可能造成损害的后果,则放弃公开。决策者需要对公开信息将带来的好处与可能造成的损害之间进行利益衡量。[12] 例如,美国、日本、爱尔兰都将“官员自由和坦率的意见交换、意思决定中立”作为损害标准,另外,日本还将“公共利益和特定公民的利益”规定为内部管理信息公开后的损害标准。若公开内部管理信息后将触及上述“损害标准”的,将被判断信息的公开为得不偿失,遂不予公开。

(二)域外经验综述

综合上述美国、日本及爱尔兰对内部管理信息的审查制度,我们可以发现以下几个成熟的经验和做法值得借鉴:

一是坚持“以公开为原则,不公开为例外”的司法审查制度。从上述规定可以看到,尽管美国、日本、爱尔兰的立法都已将内部管理信息规定为公开豁免信息,但在司法实务中,法院对此并没有盲目遵从,而是对不公开信息持审慎态度。二是注重“公共利益”。公开内部管理信息的好处不能与“公共利益”相抵触,否则不予公开。三是保障行政权力的合理运行。设置行政权力的目的是为公民提供优质的服务,更好地进行社会管理,若公开某项内部信息将影响行政权力的正常运行,则与初衷相违背,故美国、日本、爱尔兰等国都将此作为内部管理信息公开与否的另一衡量标准。

四、内部管理信息司法审查外部制度环境及认定标准之体系化建构

(一)立法填补:为统一裁判提供现实依据

我国是成文法国家,裁判尺度最终的归宿点是成文法的明确规定,为解

[12] 参见吕艳滨、[英]Megan Patricia Carter:《中欧政府信息公开制度比较研究》,法律出版社2008年版,第130页。

决目前内部管理信息法律规范缺位导致法院对此类案件无法可依的困境，笔者对此提出以下两点建议：

1. 法律层面，应将内部管理信息规范上升至法律高度，以弥补规范位阶低下的不足。《条例》《意见》颁布实施以来，政府信息公开制度已深入人心，为政府办公和民众生产生活带来便利的同时，亦暴露其自身的不足。从位阶上看，《条例》《意见》属于法规、部门规章，位阶低下势必会受到位阶较高的规范所制约，从而影响其实施的效果。从时间上看，《条例》《意见》分别于2008年、2010年颁布和实施，虽说时间并不算长，但其规定的原则性、简单性恐怕已与信息更新换代迅猛的社会发展不相适应。从时机上看，内部管理信息公开诉求日益膨胀与司法审查标准不统一相冲突，本文对此已在第二部分作论述，在此不再赘述，使得先天不足的《条例》《意见》更为捉襟见肘，将内部管理信息规范上升至法律高度的司法需求呼之欲出。具体而言，可借鉴美国《信息自由法》的立法模式，制定符合国情的《中华人民共和国政府信息公开法》，将信息公开的总则、公开方式、应当公开或免予公开的事项统一规范，在制定该法的过程中应充分考量内部管理信息，将其加入该法的政府信息分类中，为内部管理信息提供司法审查法律依据。

2. 司法解释层面，若内部管理信息能在法律层面被纳入规范的范畴，这只解决了法律位阶的问题，要加强其可操作性，仍应对其作进一步的细化。笔者建议在《最高人民法院关于审理政府信息公开行政案件若干问题的规定》中增加专门条款规制内部管理信息，并借鉴美国、日本等国家的做法，采取类型区分和列举方式将内部管理信息尽量详尽。[13] 首先是公开与否的问题，笔者认为，为最大限度地保护公众的知情权，防止在司法审查时法院任意将内部管理信息扩大解释，应以“以公开为原则，免予公开为例外”为指导方向。其次是公开的范围问题，采取区分和列举的方式将内部管理信息应予公开和免予公开的例外事项逐一罗列，虽仍不能达到周全最大化，但却能

〔13〕 参见余甬帆：《过程性信息争议问题的司法审查标准探微——以A直辖市法院40份判决书为研究样本》，载《公正司法与行政法实施问题研究——全国法院第25届学术讨论会获奖论文集》，人民法院出版社2013年版，第1163页。

为司法审查提供一定的审查标准。

(二)平衡冲突:政府内部与公众外部的良性张力

政府的保守禀性决定了“内部管理信息”对政府而言是一种被动的进步。为此,除了鼓励和引导政府及工作人员转变信息公开的观念外,还需从政府内部与公众外部的良性张力入手。

1. 政府内部方面。之所以存在政府被动公开信息的现象,除了公开内部信息会带来泄密风险外,尚有很大一部分因素是政府对信息的制作或管理有待完善,充当社会管理者的政府怯于揭开这块“遮羞布”。政府信息公开是必然的趋势,与其低头回避,不如抬头迎接,切实做好规范制作和管理内部信息的工作。例如,对“三公经费”中涉及的接待费用,目前社会各界已对“三公经费”公开更利于公众对政府工作进行监督达成共识,此时,为消除公开后招致公众质疑的顾虑,政府须对该项信息管理完善,包括消费标准、报销流程等须符合规定。另外,妥善衔接由内向外公布的渠道同等重要。目前多数政府已经成立了专门负责政府信息公开的内设机构,但这些机构掌握的政府信息范围多数局限在已归档的信息,在一定程度上影响信息公开的工作效率,如一些上级与下级机关的行文,由于该行文未形成最终意见未被归档而尚掌握在行文的机关手里,容易造成申请人申请无门的尴尬,故妥善衔接对外公开信息的渠道这个课题值得探讨。

2. 公众外部方面。一方面,公众希望尽快接触到政府信息;另一方面,政府将信息公开挡在门外,势必导致政府与公众的关系紧张,可能会出现公众因申请信息公开遭拒而作出某些非理性行为。例如,因公开信息遭拒,群众要求政府作合理解释时,某些官员在公开场合话语不当引起群众反感,进而利于网络发泄情绪演变成舆情突发事件的不胜枚举,据《2010 中国网络舆情指数年度报告》统计,因官员言行不当而引起重大舆情突发事件的占到 7 成,[14] 其后果是直接导致政府与公众之间张力过大而关系破裂,这对政府信息公开工作的开展是不利的。为此,须立足于引导和鼓励公众参与

---

[14] 参见《2010 中国网络舆情指数年度报告》,载 http://www.chinanews.com/gn/2011/03-24/2928970.Shtml,最后访问日期:2016 年 6 月 1 日。

信息公开:一是统一献言平台,在机关单位官网建立政府与群众沟通的专门平台,引导群众到该平台献言献策,这样利于防止群众言论渠道杂乱而舆情失控;二是信息分类,将无理谩骂、发泄情绪及针对政府行政事宜提出意见和建议的非理性与理性言论区分开来;三是采纳与回应,对那些利于提高政府决策和管理水平的建议予以采纳,对群众有关政府行政管理的不解予以回答,对无理谩骂、恶意制造舆情的予以相应的行政处罚。

(三)区分剥离:内部管理信息与过程性信息的区别与内部管理信息的认定标准

二者的区分虽非认定内部管理信息的核心问题,但从以上案例可以看到,两者的混淆会造成信息公开豁免任意,影响公开的实效,故厘清二者之间的差异对明晰内部管理信息的判定标准,进而科学规范内部管理信息公开十分必要。

1. 内部管理信息与过程性信息的区别。过程性信息被豁免公开的主要原因是其处于决策讨论状态,尚未产生完全确定的结论,属于一种"未完成制作"的信息,[15]故而状态上的阶段性系过程性信息的主要判别特征。而内部管理信息系"日常工作中制作或获取的",从中可看到内容的日常性为内部管理信息的核心特点。具体而言,"状态上的阶段性"为过程性信息的关键内涵,过程性信息豁免公开旨在通过避免对未形成最后确定的行政结论的公开,以防止公众对正处于决策讨论过程中的行政信息进行不必要的误读,并保证参与决策的决策者能不受干扰地正常交流,促进行政决策的顺利进行;内部管理信息侧重于"事务内容上的日常性",日常性的工作主要是指行政机关内部关于平时经常性的管理事务,因其不对外部的公共利益产生影响而不具备受到公众监督的必要,对其进行豁免公开可有效减少不必要的工作而提高行政管理的效率。可见,过程性信息和内部信息豁免公开的目的明显有别,且两种信息的内涵和外延亦有所不同。

2. 内部管理信息的司法审查认定标准。明确了内部管理信息和过程性

---

〔15〕 参见杨登峰:《论过程性信息的本质——以上海市系列政府信息公开案为例》,载《法学家》2013年第3期。

信息的区分界限后，借鉴美国、日本和爱尔兰的成熟经验，可建立内部管理信息司法审查的基本标准。首先，明确内部管理信息属于《条例》中的政府信息。除了行使公权力而作出的活动外，行政机关内部上下级机关行文、管理内部人员等工作亦是在履行工作职责，并可理解为完成行使公权力的对外行政职责的基础，简言之，履行内部管理职责亦是在履行职责。加之，如将内部管理信息排除在政府信息之外，则很大程度上会使其成为行政、司法机关拒绝向申请人公开信息的借口。故笔者建议应在未来可能制定的《中华人民共和国政府信息公开法》明确条款：政府信息，指行政机关在履行社会公共管理职能及内部事务管理职责过程中所制作或获取的信息。其次，明确内部管理信息的具体定义。一方面是内容上“纯粹的事务内部性”，是指行政机关所管理的内部事项不含任何杂质，只与其内部事务有关联，一旦涉及外部事务与相对人的利益有关联即被排除，如遴选、对外招聘等事项。另一方面是效力“无关公共利益”，指的是政府内部工作与公共利益没有任何关联，这样才能保证其符合无关公共利益性质而不具备受公众监督的条件，从而达到行政高效的目的。可在《中华人民共和国政府信息公开法》将内部管理信息定义为：内部管理信息，指纯粹与行政机关内部事务相关联的政府信息，但因公共利益性质应受公众监督的除外。最后，明确内部管理信息是否应当公开。既然明确了内部管理信息属于政府信息的一种，在以信息公开为主流的背景下，笔者认为对内部管理信息公开与否的争议，应予以“以公开为原则，不公开为例外”作为回应。不公开的司法审查例外情形有两种：一是公开后有损公共利益的；二是公开可能引起管理落空的风险，即公开后导致行政管理计划无法顺利实施。即便如此，亦要首先采取分割信息的办法，将不便于公开的信息部分分割，最大化地保障公众的知情权。当然，对上述标准，在实际操作的过程中尚存有不确定性，仍需司法实践对此予以进一步的细化。

程序正当:环境影响评价行政案件司法审查的方向

——以最高人民法院发布环评行政典型案例为分析样本*

柳　思**

环境影响评价(Environment Impact Assessment,EIA,以下简称环评),是指为保护生态环境,实现人的可持续发展,对人类分析、预计和评价人类的重大建设项目和开发类经济活动造成的环境影响,并决定是否开展该项目、活动的重要制度。[1]近年来,环境问题日益引起人们的关注。[2] 柴静的空气污染深度调查《穹顶之下》再次引发公众对环境问题的重视,因环境问题引发的群体性事件频现报端。[3] 由于在建设项目环评审批

---

* 本文获第二十七届全区法院学术讨论会优秀奖。

** 苍梧县人民法院民一庭助理审判员。

〔1〕 参见陈仪:《对完善我国环境影响评价法律制度的思考》,载《云南大学学报》(法学版)2008 年第 2 期。

〔2〕 统计全国 338 个地级以上城市的环境空气质量数据,2015 年有 73 个城市环境空气质量达标,265 个城市超标。参见中华人民共和国环境保护部发布的《2015 中国环境状况公报》,载 http://jcs.mep.gov.cn/jcgzdt/201606/t20160604_353548.shtml,最后访问日期:2016 年 7 月 10 日。

〔3〕 如近年来媒体曝光的“厦门 PX 项目事件”等,参见田开友、阮丽娟:《环境影响评价司法审查的正当性阐释》,载《吉首大学学报》(社会科学版)2015 年第 1 期。

中,行政机关往往既当运动员,又是裁判员,一旦当民众与开发项目发生冲突,哪怕该项目并未对环境产生明显不利的影响,都可能导致公众对政府决策的怀疑和不满。为此,对环评进行司法审查,作为引导我国公众理性参与环境影响评价、维护社会和谐秩序的重要手段,就显得尤其必要。但由于环境问题的科技背景以及环评所要评估、预测的是建设项目实施后对在未来环境可能产生的影响,这就使得环评不仅具有高度的预测性和风险性,还伴随着科学上的不确定性。法学是追求确定性的学科,而环境立法中却存在大量的不确定法律概念。[4] 这就为法院的司法审查制造了一种两难困境:用朱苏力的话说就是“什么是我们的贡献?”——面对民众的殷切期望,法官们必须有所贡献。但法官们如何在缺少科学、经济或者政策分析方面的经验的情况下,履行对环评案件进行司法审查的职责;如何预防行政诉讼审查机制中司法“制衡不足”或“干预过度”,就成为亟待解决的问题。

一、实证分析:直击环评行政案件共性所在

霍姆斯法官曾说:“法的生命向来不在于逻辑,而在于经验。”截至2016年3月31日,最高人民法院一共通报了20起环境保护行政案件的典型案例,其中涉及环境影响评价的有6起。鉴于典型案例的挑选都经过严格的程序,具有较高的判决质量,反映了人民法院优秀法官对特定案件的理解和分析。本文选择了这6起典型案例作为研究对象,分析提炼出现阶段环评行政案件司法审查的审查方式、分析方法和法律思维模式,并在此基础上提出今后法院在审查环评行政案件时可能加以改进或者选择的若干方向,以期裨益于环评行政案件司法审查实践。

(一)简单分析

为了行文方便,本文依次将这6起涉及环评的环境保护行政典型案例编号如下:分别是夏春官等4人诉东台环境保护局环评行政许可案(1号),卢红等204人与杭州萧山环境保护局行政许可案(2号),正文花园业委会等不服环评报告审批决定案(3号),张小燕等人诉江苏环保厅环评行政许可案

〔4〕 参见王贵松:《行政法上不确定法律概念的具体化》,载《政治与法律》2016年第1期。

(4号),周锟、张文波诉环境保护部环评批复案(5号),威海阿科帝斯电子有限公司诉威海市环境保护局环保行政处罚案(6号)。(见表1)

表1 最高人民法院发布的6起环评行政案件典型案例审理情况

案号	法院判决理由	一审审理结果		是否提出上诉	二审审理结果	
		撤销行政行为	维持行政行为		驳回上诉，维持原判	撤销原审判决
1	违反法律程序	√	—	是	√	—
2	违反法律程序	√	—	否	—	—
3	符合法律程序	—	√	是	√	—
4	符合法律程序	—	√	是	√	—
5	符合法律程序	—	√	否	—	—
6	符合法律程序	—	√	是	√	—

(二)典型案例的共性特征

从表1可以看出,这6起最高人民法院发布的环评典型案例中法院裁判理由与思路看,司法审查的重心是对评价单位编制环评报告和行政许可的程序是否合法进行审查。同时,根据SPSS软件对6起典型案例的裁判文书进行量化分析,得出环评司法审查案件的特征如下:

1.环评行政案件多发于基础设施建设项目和政府开发项目,最高人民法院的典型案例有2起涉及城市变电站建设,1起关于国家铁路建设,1起关于城市改造,2起关于公司、企业环境侵权,这些案件往往涉案人数众多,影响很大。(见图1)

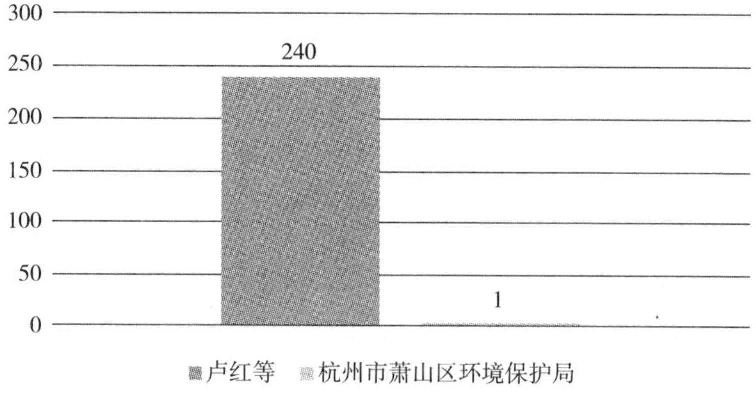

图1 环评行政案件原告人数众多

2. 从裁判结果上看,行政机关败诉的比例很小。从最高人民法院公布的这6起典型案例来看,判决行政机关败诉、撤销行政行为的只有2起。(见图2)

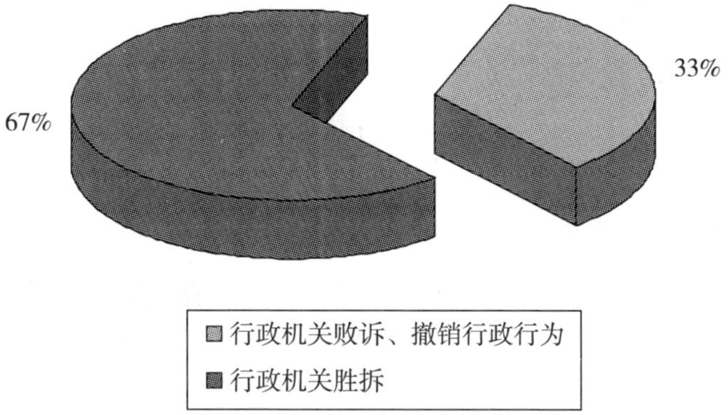

图2 裁判结果

3. 从判决效果来看,环评案上诉率比较高,一审当事人判息诉的只有2起。(见图3)

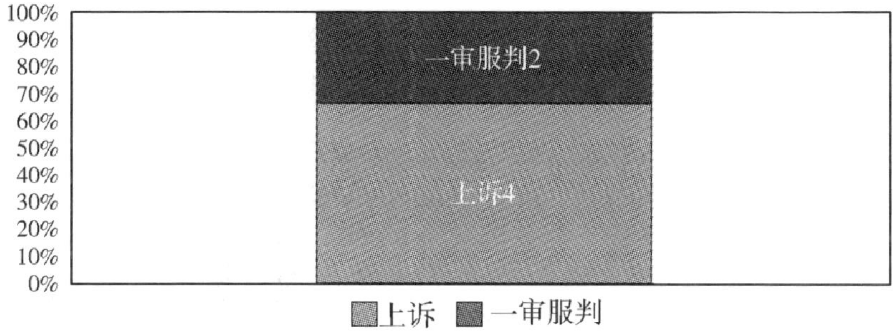

图3 判决效果

二、穷原竟委:综合因素并存增加司法审查难度

从上文对最高人民法院发布的这6起环评典型案例的量化分析来看,可以发现法院判决行政机关败诉、撤销行政行为的只占整个环评行政案件的很小的一部分。自从新修订的《行政诉讼法》实施以来,一方面是越来越多的民众通过环境行政诉讼的手段发起对行政审批项目的挑战,另一方面是

法院小心翼翼、轻易不肯越雷池一步的态度;一方面是法院判决行政机关败诉的比例很小,另一方面是一审判决后居高不下的上诉率和申诉率。结合上文的司法统计数据,本文认为环评案司法审查“难度大”有以下几方面的原因:

(一)环境立法模糊提升司法审查的难度

近年来,我国建立了比较完善的环境立法体系,但问题也不少。比如,环境法领域充满了原则性的规定和不确定的概念,需要法官根据具体案情确定。以4号张小燕等人诉江苏省环境保护厅案为例,该案的争议焦点之一就是变电站环境影响评价行政许可程序是否合法的问题。[5] 原告认为变电站属于重大行政许可事项,江苏省环保厅未经听证即作出《环评批复》,行政程序不合法。而江苏省环保厅辩称由于变电站建设项目环境影响较小,不属于涉及公共利益的重大行政许可事项,无须向社会公告并举行听证。根据《环境影响评价法》第16条的规定,如果变电站被定义为对环境“可能造成重大影响”的建设项目,那么镇江供电公司就需要编制环境影响报告书,对该项目举行听证;如果双井变电站被确定为“对环境影响不大”,则该项目不属于涉及公共利益的重大行政许可事项,只需要编制环境影响报告表,且不需向社会公告并举行听证。可见,关键在于如何界定“重大环境影响”和“对环境影响不大”,但“重大环境影响”是一个不确定的概念,欠缺明确行为准则,导致司法机关难以判断,法律的不确定给法院处理类似案件带来了不小的压力,对法院的审查能力是个严峻的挑战。

(二)环评领域涉及大量技术专业知识

由于环评不仅是针对现实发生的违法现象,而是要预见建设项目可能会对未来环境造成的损害,因此就不得不借助科学技术手段进行分析与预测,这就使得环境问题往往涉及相当多的科技知识,并伴随着科学上的不确定性。比如,在5号案中,[6]双方争议的焦点之一在于新建北京至沈阳铁路

〔5〕 张小燕等人诉江苏省环境保护厅案,详见江苏省高级人民法院(2015)苏环行终字第00002号行政判决书。

〔6〕 周锟等诉环保部案,详见北京市第一中级人民法院(2014)一中行初字第10172号行政判决书。

客运专线环境影响评估报告中的噪声评估标准、振动评估标准是否适用正确,该项目是否会造成噪声污染,此种判断需要法官具有高度的专业背景。

(三)利益多元化对司法审查带来的挑战

环评过程本身是企业、政府、民众多方利益主体博弈的过程。法官一旦处理这些纠纷,也会身处利益的旋涡之中。最高人民法院发布的几个典型案件都涉及政府、公众、企业等多方利益主体。面对不同主体之间彼此对立的利益和矛盾,迫切需要每一个法院和法官从案件的特殊情况出发,通过利益衡量寻求各方利益的平衡点,权衡利弊,审时度势,寻求法律效果与社会效果统一,这对法院的审查能力带来了严峻的挑战。

综上所述,诸多现实因素综合作用,给法院审理环评行政案件带来了难度。为此,研究最高人民法院公布的6起环评行政案件,分析提炼出现阶段环评司法审查的审查方式、分析方法和法律思维模式,是分析目前环评行政案件司法审查的现实路径。

三、批亢捣虚:明确环评行政案件司法审查重点

从这六起环评典型案例中法院的裁判理由可看出,法院始终围绕着正当程序原则来审理。[7] 主要是以下几点:

(一)对审批机关是否滥用职权进行审查

1. 滥用职权的认定

《行政诉讼法》规定了超越职权、滥用职权都是违法行为。超越职权往往指的是行政机关的审批超出了法律规定赋予其权限的范围。而滥用职权指的是有权的国家机关不正确行使职权,表现为对自由裁量权的滥用,其行政行为偏离正义的精神和要求。在行政诉讼实践中,我国人民法院偏重于对“超越职权”的审查,直接适用“滥用职权”作为判案直接依据的案件并不多,其原因在于人民法院对于行政机关“滥用职权”的行为很难认定。行政机关没有该项职权,却行使该项职权,这是违法行为,法院对此比较容易认定;但行政机关在没有违背职务行为合法性规定的情况下,是否违背了职务

〔7〕 关于正当程序的概念,参见章剑生:《现代行政法基本理论》,法律出版社2008年版,第43页。

行为的合理性就很难去把握。但由于环境问题的全局性和长远性，人民法院不能仅局限在审查司法环保部门是否有环评审批的权限，还应扩展到对审批行为是否符合程序正当原则，是否具有高度的合理性进行审查。

2. 法院审查的重点

现阶段我国法院审查的重点主要在于对行政许可实施机关的职权审查，如在1号夏春官等4人诉东台市环境保护局环评行政许可案中，法院首先审查该项行政许可是否有法律法规的明确授权。〔8〕其次，人民法院审查行政机关是否完整履行了自己的职责。《环境影响评价法》第17条第1款对于建设项目的环境影响报告书的组成部分作了详细的规定。〔9〕以周锟、张文波诉中华人民共和国环境保护部环评批复案为例，在该案中，人民法院主要审查环评报告的组成部分是否齐全，对于报告的内容则着重对环评采用的标准是否符合国家强制性规定，是否存在明显不合理等情形。对于环评涉及的专业性、技术性问题，则尊重行政机关基于专业性的裁量所作的判断与选择。〔10〕

3. 司法审查的不足

我国的环保部门在审批过程中增加了专家评审的环节，如在4号案中，关于变电站建设对于环境影响大小的争议，法院聘请了专家证人高级工程师对此作出专业分析，该意见与世界卫生组织的推荐意见相吻合，被法院所采用。但对于专家的产生及构成是否适当，专家是否与环评行政机关和相关机构存在有可能影响到公正评审的关系，是否应当回避，法院则没有进行审查。

（二）审查公众参与环评的成效

1. 提高公众参与环评成效的意义

提高公众参与环评的成效性是指公众依照法律规定参与一切环境影响

---

〔8〕详见江苏省盐城市中级人民法院（2014）盐环行终字第0002号行政判决书。

〔9〕《环境影响评价法》第17条第1款。

〔10〕在该案中，法院认为环评选用的标准符合项目地区的环境功能区划和《城市区域环境噪声适用区域划分技术规范》的标准。参见周锟、张文波诉中华人民共和国环境保护部环评批复案，北京市第一中级人民法院（2014）一中行初字第10172号行政判决书。

评价活动,从而在项目方与公众之间搭建一座沟通交流的桥梁,以提高环境影响评价的公开性和有效性。通过各种方式让公众参与其中,不仅能够集思广益,尽早发现问题并提供解决的思路,也能够监督、制约项目方和行政机关严格按照环境保护相关规定进行规划、建设和审批。1992 年的《里约宣言》中明确了公众有效参与原则。此后,许多国家的法律都规定了该原则。我国环境影响评价中的公众参与起步虽晚,但发展很快。目前,我国涉及公众有效参与原则的共有 10 多部法律法规和部门规章。国家环保总局发布《环境影响评价公众参与暂行办法》于 2006 年 3 月 18 日起正式施行。尽管立法中已经涉及公众有效参与原则,但如何确定公众参与的范围、参与的方式以及公众参与的法律效果及行政责任等,却没有详细的可操作性的具体规定,给规划、建设部门和行政机关的环评行为留下了大量的自由行动空间,从而造成环评行政案件之公众参与司法审查的困境。

2. 法院审查的重心

对于公众是否有效参与的判断,法院重点审查参与环评行政诉讼的公众范围是否合理,参与方式是否恰当以及公众意见是否被有效回应和吸纳。

(1)审查公众参与的范围。《行政许可法》第 36 条和第 47 条对公众参与的范围作了规定——同建设项目和开发类活动的实施有直接利害关系的个人或组织。[11] 但对于什么是“直接利害关系”,法律没有作出明确规定,为此人民法院必须有所作为,以法律解释弥补立法的漏洞。最高人民法院公布的环评典型案例的功能在于,应当在哪个刻度上形成“悬崖效应”。在现实生活中比较常见的利害关系是涉及申请人的相邻权。例如,在夏春官等人诉东台环保护局案中,法院认为:“第三人新建的项目……对四名原告的生活造成重大影响……不应排除在‘重大利益关系’之外。”

(2)审查公众参与的方式。实践中,法院往往是根据建设项目对环境影响的大小来判断公众的参与方式是否正当。比如,在第 5 号周锟诉环保部一案中,法院审查环保部对京沈客运专线项目的审批时,可以看到,在该案中,虽然法院最后认为被诉批复符合正当程序要求,但其对公众参与程序的审

〔11〕《中华人民共和国行政许可法》第 36 条。

查是相当严格的;[12]而在第4号案中,法院认为变电站项目不会对环境造成很大影响,只需编制环境影响报告表,依法不需要组织听证。

(3)审查公众参与的效力。为提高公众参与环评的有效性,行政机关应对民众意见逐一回应,这是政府尊重民众的表现。同时,行政机关或建设单位有必要向民众说明和解释项目可行的理由和依据,据此民众才能对建设项目发表有针对性的意见。比如,在3号案中,争议焦点在于在编制环评报告过程中,公众参与是否符合法定要求。法院审查后认为《环评报告》中对调查问卷的发放和分布,公众意见采纳和不采纳的原因都进行了详细说明,因此环评编制过程中公众参与活动符合法律法规的要求,原告的诉讼请求被驳回。

3. 司法审查的不足

以环评听证程序为例,由于我国行政听证制度采用的是分散立法的形式,使它很难作为一个系统的整体被贯彻在环评审批过程中。首先,虽然我国《环境影响评价法》第21条、《环境影响评价公众参与暂行办法》第12条都对公众参与方式作了规定,但在诸多方式中,在哪些情况下公众应采取何种方式参与环评,或者说应采用严格的听证会还是采用"咨询专家意见""座谈会"等其他方式,都由其等自行抉择。《环境影响评价法》第16条规定,对环境产生重大影响的项目,应编制环境影响报告书,举行听证会。但到底什么是"重大环境影响",法律没有规定。其次,即使举行了听证会,但无论是参加听证会的公众范围,还是听证会主持人选出程序,公众意见如何表达和

〔12〕 在该案中,法院认为建设单位与评价单位采用在现场张贴环评公告、在《中国环境报》上进行公示等方式,征求公众意见,亦在铁三勘察设计院的网站上公示了京沈客运专线环评报告书简本。在京沈客运专线环评报告书中设公众参与专章。该简本内容符合51号公告有关编制要求的规定。环保部亦在网站上公示项目名称、建设地点、建设单位、受理时间的受理信息,同时提供京沈客运专线环评报告书简本的链接。受理后,按照《建设项目环境影响评价文件审批程序规定》第11条的规定,由评估中心对京沈客运专线环评报告书进行技术评估。在作出批准决定前以及作出被诉批复后,均按照《建设项目环境影响评价文件审批程序规定》第15条的规定,在政府网站上予以公示。综上,环保部已经履行了公告有关环境影响评价报告书审批信息的职责,作出被诉批复符合法定程序。参见周锟、张文波诉中华人民共和国环境保护部环评批复案,北京市第一中级人民法院(2014)一中行初字第10172号行政判决书。

效用如何，都没有明确的程序规定，这就为法院的司法审查增加了难度。目前，人民法院也很难审查环保部门对于公众参与到底应采取何种方式，对包括听证会在内的公众参与方式具体实施效果更是难以把握。

（三）审查环评信息是否完全公开

1. 环评信息公开的意义

《政府信息公开条例》施行至今已 7 年有余。由于公众对于环境的信息与行政机关相比处于弱势，行政机关必须主动公开相关信息。在我国，环评信息公布的主体主要是政府和企业。判断环评信息是否充分公开主要取决于两点：一是公开的环评信息是否能满足公众的需求；二是环评信息的公开方式是否便于让公众获取。

2. 司法审查的重点

法院对于环评信息公开的司法审查主要是以下两方面：

一是审查公开的环评信息是否全面、真实。即使环评信息已公开，法院仍然要审查信息公开是否真实，是否只是部分公开。应该说，法院对此的审核也是非常严格的。在 5 号周锟、张文波诉中华人民共和国环境保护部环评批复案和 6 号威海阿科帝斯电子有限公司诉威海市环境保护局环保行政处罚案中，法院审查了相关部门和企业是否履行了让公众知悉的职责。[13] 在 5 号案的环评过程中，建设单位与评价单位通过在项目现场张贴环评公告、在报纸等媒体上进行公示、开展问卷调查、召开座谈会等方式征求公众意见，在相关网站上公示了环评报告书简本，简本内容也符合编制要求。环保部在受理环评申请后，也在网站上公示受理信息，并按照相关规定对环评报告进行技术评估，举行听证会听取公众意见，并将审批意见在自己网站上进行公示。法院认为环保部已经履行了公告有关环境影响评价报告书审批信息的职责，故作出被诉批复符合法定程序的判决。二是审查环评信息的公开方式是否便于让公众获取。而在张小燕等人诉江苏省环境保护厅环评行政许可案中，虽然法院认定江苏省环保厅对变电站的审批行为程序合法，变

〔13〕 威海阿科帝斯电子有限公司诉威海市环境保护局环保行政处罚案，详见山东省威海市中级人民法（2015）威行终字第 16 号行政判决书。

电站等建设项目对环境所造成的影响有限并且可控,但法院认为信息沟通问题依然要引起行政主管部门的关注,因此建议由镇江供电公司应当将双井变电站工频电磁场在线监测系统的显示屏置于更加醒目的位置,方便公众及时了解双井变电站边界电磁场的实时数据,使所有利益相关者能够实现知情决断,从而更为有效地预防矛盾纠纷。

3. 司法审查的不足

法院目前主要是审查相关责任主体是否已经按照环境影响评价文件对信息进行了公告,但对信息公告的方式却没有明确的规定,导致法院在审查时,很难去判断信息公开的方式是否足以让利益受影响者所知悉。

四、他山之石——改进司法审查方式的可能方向

环境影响评价制度在发达国家实施已有数十载,成效明显。为此,我们可以借鉴发达国的先进经验。

(一)引入严格检视的司法审查方式

随着我国依法治国、依法执政的日益推进,违反法律规定的环评审批只会越来越少。可以预见,在不久的将来,司法审查的重心将日益向合理性审查过渡。然而,由于环评司法审查的理论停滞不前,缺少创新、有效的司法审查方法,这使得人民法院在涉及环评的行政案件审理中止步不前,也容易招致公众的不满。美国法院在司法审查实践中,特别是在涉及自由裁量权的环评行政案件司法审查实践中,发展出一种新的司法审查方法——"严格检视"。"严格检视"的司法审查不同于传统的程序审查或实体审查,它偏重于过程性审查,要求行政机关必须对行政行为作出合理的解释,具体是指有管辖权的法院重点考察环评机关的决策过程,特别是其授予建设项目环评许可的推理过程是否具有合理性。"严格检视"的司法审查属于合理性审查的范畴。通过引入这种司法审查方式,不仅是一种司法审模式的创新,减少行政权力被滥用,还可以明确区分司法与行政的边界,不至于让司法权力过多干预行政决策,从而建构一个符合我国国情的、并行不悖的合法性审查和合理性审查标准体系。

（二）完善环境公益行政诉讼

美国保障公众参与环境影响评价的主要方式就是借助“公众诉讼”。[14] 其中以《清洁空气法》最为典型，其规定任何人均可以自己的名义提起诉讼。包括英国、瑞典在内的很多国家都有类似规定。贵州毕节市金沙县检察院将环保局告上法院，开启了我国检察院环境行政公益诉讼的模式。但这仅是一种补充，因为只有公民和社会组织才对于环境有着更为切身的感受，我们仍然要进一步落实公众的环境诉讼权益。

（三）法院设立环评技术专家库

由于环境问题的科学背景，环评信息公开的关键不仅在于信息全面、真实公开，还在于能够以让人理解的方式呈现信息之间的相互联系，即如何判断行为与损害之间的因果关系，如何去根据已公开的信息去预测和评估环境损害等。在这个问题上，几乎所有的发达国家都选择了依赖专家为环评案件司法审查提供科学依据。[15] 建议由最高人民法院或者各省（区）高级人民法院建立一个环境影响评价领域的专家库。专家库的专家可以由高等院校及研究机构推荐。具体操作是由各方随机从专家库中挑选专家作为专家证人，提供专业咨询意见，或作为人民陪审员直接参与案件审理。

---

〔14〕 参见纪纲：《公众参与与环境保护问题——国内外公众参与环境保护的比较研究》，载 http://www.crisismanagement.com.cn/research_show.aspx? id=2140，最后访问日期：2016 年 7 月 10 日。

〔15〕 参见张忠民：《国外环保法庭建设的几点启示》，载 http://www.cssn.cn/fx/fx_fjgg/201512/t20151216_2783931.shtml，最后访问日期：2016 年 7 月 10 日。

改革前沿

司法改革视阈下我国法官联席会议的差异与规范

成　靖*

近几年来新一轮司法改革在我国如火如荼全面展开,"完善主审法官和合议庭办案责任制,让审理者裁判,由裁判者负责"成为新闻媒体使用的高频热词。《四五改革纲要》首次提出这次司法改革的一项重要内容是完善主审法官会议和专业法官会议(以下简称法官联席会议)。追根溯源,该会议肇始于运作了十多年的审判长联席会议。法官联席会议可能是重塑法官依法独立行使审判权和分流过滤审委会讨论具体案件的一项承上启下的重要制度。全国各地法院试行的法官联席会议林林总总,在会议召集人、启动机制、人员组成和与审委会的衔接机制等方面都存在较大差异。如何深入分析法官联席会议内在机理,进而从实践中比较分析出法官联席会议的综合样态,供正在筹划试点的全国各法院参酌援用,成为当前司法改革研究的最前沿问题之一。笔者运用实证研究方法,搜集整理全国部分法

* 来宾市中级人民法院研究室主任。

官联席会议构建形态并提出设置法官联席会议的优化设置方案，以期对如火如荼的司法改革有所助益。

一、实证检视：全国各地法官联席会议样态不一

（一）法官联席会议运作的基本情况

1. 法官联席会议共同之处

（1）讨论范围基本相同。即讨论新类型案件和疑难、重大、复杂案件的定性和法律适用问题；确需提起讨论的其他事项。同时规定案件事实的认定原则上不予讨论。

（2）目标基本相同。归纳总结类型化案件审判经验，统一裁判尺度和法律适用标准，指导同类型案件审判工作。

（3）会议记录留存方式基本相同。会议记录装入案卷副卷存档备查。

（4）效用基本相同。法官联席会议讨论的意见和建议属于咨询性和参考性意见，不具有强制性，由合议庭或独任法官决定是否采纳。

2. 法官联席会议不同之处〔1〕

（1）组成人员各异

①必须由办案法官及邀请的法官组成。例如，遵义市凤冈县人民法院的《关于专业法官联席会议工作的规定（试行）》记载，为了保证法官联席会议的专业属性，其组成人员必须由办案法官组成。但依据案件讨论情况的差异，可以邀请其他审判人员参会。〔2〕

②法官助理可以参加。譬如，上海市高级人民法院规定，主审法官联席会议由主审法官组成。涉及跨专业领域和复杂、重大、疑难案件的法律适用问题，可吸纳相关审判业务领域的主审法官参加。审委委员、副院长和院长作为案件的合议庭成员可以出席会议。上海市高级人民法院还规定提交讨

〔1〕 笔者通过互联网百度搜索，收集全国部分试点法院有关法官联席会议的资料。可能会因信息遗漏或者词语歧义，出现部分信息与试行法院不完全一致的情况。

〔2〕 肖启远：《凤冈法院建立专业法官联席会议工作机制》，载新华网：http://www.gz.xinhuanet.com/2016-05/05/c_1118810972.htm，最后访问日期：2016年6月6日。

论案件的合议庭成员和法官助理应当参会。

③由院、庭长和法官组成。例如,江苏省镇江市扬中市人民法院规定由分管院长、庭长和主审法官构成法官联席会议成员,为主审法官和合议庭审理案件提供定案参考和智力支持。[3]

④立案庭长和审管办主任列席。三门峡市湖滨区人民法院出台的《民事主审法官联席会议制度(试行)》规定,主管业务院领导、立案庭庭长和审判管理办公室主任列席会议。[4]

⑤研究室主任参会。北京市第三中级人民法院的法官联席会议一般在民事和商事领域进行,出席会议的人员主要是主管业务领域的副院长、各审判业务庭庭长、研究室主任、部分资深法官及主办案件的合议庭的成员。除了该案件的书记员外,还配备有1名常任的书记员负责全过程记录。[5]

(2)启动机制

①提请庭长启动

上海市高级人民法院规定,审判长认为系复杂、重大、疑难案或合议庭有重大分歧的,由审判长提请庭长召开主审法官联席会议。庭长认为案件涉及矛盾纠纷敏感或社会极为关注等情形也可启动主审法官联席会议,但需在办案信息系统留痕并记录提请召开此会议的书面案卷材料。镇江市扬中市人民法院主审法官申请召开法官联席会议,庭长根据实际需要主持、召集法官会议研讨案件,为合议庭提供咨询意见。烟台市牟平区人民法院也有类似规定。[6]

②主审法官启动

贵阳市花溪区人民法院成立的法官联席会议是由主审法官构成的自治

---

〔3〕 翟敏、朱洁:《扬中法院机制改革激发审判生产力》,载江苏省镇江市中级人民法院网,最后访问日期:2016年6月7日。

〔4〕 方正:《推行民事主审法官联席会议制度成效显著》,载《河南法制报》2015年6月25日,第3版。

〔5〕 曹炜、熊静:《司法改革语境下的法官会议探析》,载《法律适用》2015年第9期。

〔6〕 佚名:《牟平法院建立主审法官联席会议制度》,载烟台市中级人民法院网:http://ytzy.sd-court.gov.cn/ytzy/389456/389418/1150968/index.html,最后访问日期:2016年6月8日。

组织。对于重大疑难或者新类型的案件,主审法官可以提请召开法官联席会议,邀请其他法官参与研究讨论。

(3)会议频率

①原则上一季度一次

遵义市凤冈县人民法院规定原则上每季度召集一次联席会议,共同研究如何统一裁判问题,如有具体案件或相关事项需要提请讨论的,可以及时召集。广州市花都区人民法院也规定每季度定期召开主审法官及法庭审判长联席会议。[7]

②双周例会

三门峡市湖滨区人民法院实行此制度。

③一周一次

天津市第一中级人民法院各业务庭至少每周召开一次审判长联席会议。[8]

(4)与审委会的衔接机制

①由合议庭决定是否提请本院审委会研究讨论

例如,遵义市凤冈县人民法院规定,在案件讨论过程中,法官联席会议觉得需要提请审判委员会进一步讨论的,应当在联席会议中提出相关建议,并由合议庭自行决定。除了具体案件外,如果发现有其他事项需要由审判委员会讨论决定的,由联席会议召集人决定是否报告院长提请审判委员会讨论。又如,贵阳市花溪区人民法院也规定,经过法官联席会议讨论后,如果法官还是感觉不能定案的,可提交审判委员会讨论。[9] 再如,山东省烟台市牟平区人民法院规定除依法报送审委会决定的以外,案件的最后处理结果由合议庭或者独任法官独立制作判决意见,并由合议庭或者独任法官对判决结果负全面责任。[10]

---

〔7〕 宁宇:《广州花都定期召开主审法官联席会》,载《人民法院报》2015 年 1 月 18 日,第 4 版。

〔8〕 祖先海、孙玲:《权力放下去,质效提上来》,载《人民法院报》2016 年 2 月 5 日,第 1 版。

〔9〕 李雅娟:《一个基层法院的司改实践》,载《中国青年报》2016 年 1 月 12 日,第 6 版。

〔10〕 佚名:《牟平法院建立主审法官联席会议制度》,载烟台市中级人民法院网:http://ytzy.sd-court.gov.cn/ytzy/389456/389418/1150968/index.html,最后访问日期:2016 年 6 月 8 日。

②法官联席会议复议后合议庭仍然不能达成多数意见应当提审判委员会讨论

譬如，湖北省襄阳市南漳县人民法院规定，对合议时能够达成多数意见的，可以将案件提请法官联席会讨论，其意见对合议庭无拘束力。主审法官对合议时不能达成多数意见的，应当把案件提请法官联席会议讨论并依据联席会议建议的意见对案件进行重新复议。经复议仍无法达成多数意见时，应当把案件提请审判委员会讨论。[11]

③由主管业务的副院长决定是否提请审判委员会讨论

主管副院长对业务庭长报送审核的案件，认为没有必要提请审判委员会讨论的，可以提出书面意见，建议合议庭重新复议；合议庭复议后仍然未达成多数意见或仍然持有异议的，依据院长的授权决定是否提交审判委员会讨论。[12] 湖北省荆门市东宝区人民法院也规定主审法官联席会不能达成共识的案件，分管副院长决定是否提请审委会讨论决定，分管副院长签署有关裁判文书。[13] 三门峡市湖滨区人民法院规定，联席会议产生的意见与建议拥有相对约束力，提供合议庭复议案件时参酌，但合议庭复议结论没有采纳法官联席会议的意见与建议的，应当向主管业务的副院长解释原因，并由主管业务副院长斟酌决定是否提请审委会讨论。

(5)法官联席会议召集人不同

①三门峡市湖滨区人民法院明确规定 6 名民事审判庭主审法官作为联席会议成员，选择 1 名主审法官为会议召集人。

②襄阳市南漳县人民法院规定，各审判庭的庭长作为本法官联席会议的召集人，牵头和主持法官联席会议具体事宜。

---

〔11〕 甘祝德：《南漳法院召开第一次法院联席会议》，载湖北法院网：http://hubeigy.chinacourt.org/public/detail.php? id = 28373，最后访问日期：2016 年 6 月 12 日。

〔12〕 邢世伟：《广东法院全国首推权力清单 案子主审法官说了算》，载中国法院网：http://www.chinacourt.org/article/detail/2015/05/id/1638829.shtml，最后访问日期：2016 年 6 月 9 日。

〔13〕 王就霞：《东宝区人民法院在全市率先建立主审法官办案责任制》，载东宝区人民政府网：http://www.jmdbq.gov.cn/Html/? 49312.html，最后访问日期：2016 年 6 月 9 日。

③湖北省荆门市东宝区人民法院规定由副院长召集并主持法官联席会议。

表1　全国部分法院法官联席会议动作情况

试行法院	组成人员	启动机制	会议频率	与审委会衔接机制	法官会议召集人	法源依据
凤冈法院	业务法官	团队负责人牵头	一季度一次或临时动议	合议庭决议	团队负责人牵头	《关于专业法官联席会议工作的规定(试行)》
上海高院	业务法官、法官助理	庭长牵头	临时动议	没有规定	庭长或授权副庭长	《主审法官联席会议规定》
扬中法院	院、庭长与业务法官	庭长牵头	一季度一次或临时动议	合议庭决议	庭长或授权副庭长	《法官联席会议制度(试行)》
湖滨法院	院领导、立案庭长、审管办主任、业务法官	主审法官	双周例会	副院长决定	主审法官	《民事主审法官联席会议制度(试行)》
北京三中院	院庭长、研究室主任、业务法官	副院长牵头	每月一次或临时动议	副院长决定	副院长或授权专委	《民商事法官会议工作规则(试行)》
花溪法院	员额法官	主审法官	一月一次或临时动议	合议庭决议	主管副院长	《法官联席会议制度(试行)》
天津一中院	员额法官	庭长牵头	一周一次	合议庭决议	庭长或授权副庭长	《法官联席会议制度(试行)》
牟平法院	员额法官	庭长牵头	一季度一次或临时动议	合议庭决议	庭长或授权副庭长	《主审法官联席会议工作规定(试行)》
南漳法院	员额法官	庭长牵头	一季度一次或临时动议	应当提请审委会	院、庭长	《法官联席会议制度(试行)》
东宝法院	员额法官	副院长牵头	一季度一次或临时动议	副院长决定	庭长或授权副庭长	《主审法官联席会议制度》

(二)法官联席会议的效果[14]

1. 开会少,效果好。截至2016年5月,河南省南阳市社旗县人民法院召开了6次主审法官联席会议,共提请讨论复杂疑难案件51件,其中召开1次全体主审法官联席会议、2次刑事主审法官联席会议、3次民事主审法官联席会议,其咨询建议意见被主审法官采纳率达95%以上,确保了司法公正,统一了司法尺度,有力地促进了司法能力和审判质效的提升。[15] 上海市第二中级人民法院行政领导以专业法官身份参会。2014年4~11月,上海市第二中级人民法院审结的7893件案件中,提请专业法官联席会议和主审法官联席会议的案件为182件,仅占2.31%。有55件案件是分管副院长以主审法官身份来参加法官联席会议的,占提请专业法官联席会议和主审法官联席会议案件的30.22%。

2. 开会多,效果好。天津市第一中级人民法院报道,审判长联席会议与专业法官会议为本院审判委员会过滤了大批案件。自2015年以来,审判委员会研究工作标准和各项规定12件,提请讨论案件数同比下降8.73%,审判委员会真正摆脱了频繁讨论具体案件,而其总结审判经验和加强监督管理职能作用得到优化和提升[16]。

二、现状反思:法官联席会议存在问题分析

依据《人民法院组织法》,合议庭只是一个临时性组织,案件审结后审判长因任务完成而自动取消。审判长联席会议功能定位一般有以下三种,即庭长的参考咨询机构;庭室讨论研究审判业务的参谋机构,但其建议对合议庭仅具参酌作用;讨论意见对合议庭具实际拘束力的小审委会。[17] 但自从2000年《人民法院审判长选任办法(试行)》颁行后,审判长就升格为一种通

[14] 联席会议效果分析,以报纸公开报道的事件为实证分析资料。

[15] 胡学朋、王新兵:《社旗县法院主审法官联席会议为疑难案件"把脉问诊"》,载南阳市中级人民法院网:http://nyzy.hncourt.gov.cn/public/detail.php?id=15657,最后访问日期:2016年6月8日。

[16] 方正:《推行民事主审法官联席会议制度成效显著》,载《河南法制报》2015年6月25日,第3版。

[17] 叶向阳:《试论审判长联席会议的运行机制及功能实现》,载《法律适用》2008年第7期。

过组织程序确认的资质和官阶。审判长作为一种相对固定的职位,优越于一般审判员,可以出席由审判长以上领导的会议,辅佐庭长讨论和决定一些相对重大疑难的案件,渗透着或明或暗层级化的与行政职位相对应的权力义务。运行多年的审判长联席会存在运行不够规范等明显缺陷,法官联席会议需“扬弃”地继承已有做法并推陈出新。

(一)法官联席会议行政色彩过浓

法官联席会议应当是我国司法审判制度强化司法民主、发挥审判人员集体智慧的交流互动平台。依据现行司法改革的逻辑推演和总体路径,改革地区法院遴选出员额法官以后,行使审判权的主体主要是员额法官。虽然在一定时期内还可能有非员额法官行使审判权的情况,但不难看出,随着一些思想觉悟强、业务能力好、办案水平高、审判实务经验丰富的法官入额后,他们具有高度专业化和职业化的司法能力,院、庭长实行监督的需求发生根本的改观。从另一个角度来看,员额法官专业化精英化以后,审判长的行政色彩应当完全抹除,主办案件的员额法官应当作为合议庭的审判长,不再需要规定庭长、副庭长在合议庭中当然成为审判长,回归审判长仅为案件审理过程中临时主持庭审活动的程序性角色,合议庭成员之间是一种平权型结构,对案件的话语权完全平等。从目前来看,有的法官联席会议还作为法院内的一种无法言明的政治待遇,其人员构成主要由院领导和业务庭、室负责人出任,缺少有不带“长”的法律经验丰富的法官参与。如前述的江苏省镇江市扬中市人民法院的法官联席会议就由分管院长、庭长和主审法官构成。这样的人员配置模式致使法官联席会议讨论案件时,严重存在听取并迁就行政职务更高法官的意见的不正常情况,导致法官联席会议平等评议集思广益的制度期望落空。

(二)合议庭和独任法官对部分案件的审理结果缺乏最终决定权

在现有的办案机制下,主办法官并不是裁判结果的最终决定者,提交审委会的案件基本由未经历庭审的审委会的法官来行使诉讼流程的判断决定权、案件事实认定和法律适用,就违反了直接言词原则等基本的司法规律,削弱了主办案件人的积极主动性,滋生了法院内部争功诿过、责权不清的习气,从而怂恿法官产生依赖思想,动辄向法官联席会议提请汇报案件,将审判权交给法官联席会议。新一轮司法改革必须牢固贯彻“谁审理、谁裁判、谁负责”的原则,因为出席会议的绝大多数员额法官没有参加庭审倾听原被告双方的诉求和抗辩,对案件的事实难以准确把握。不管法官联席会议组成人员的成色如何,也不管员额法官资格履历如何资深,从本质上看,法官联席会议不是一个具有审判权的法定机构,参谋咨询的性质是法官联席会议的天然本色。如果法官联席会议的意见对合议庭有某种约束力的话,又落入审委会的“审而不判、判而不审”的窠臼。对于襄阳市南漳县人民法院规定法官联席会议复议后合议庭仍然不能达成多数意见应当提审判委员会讨论,三门峡市湖滨区人民法院和荆门市东宝区人民法院规定由主管副院长决定是否提请审判委员会讨论,在主审法官负责制实施的前期尚有某种正当性外,在全面落实司法责任制以后,审委会审议案件的数量和范围大为减少,应当恢复合议庭自主决定是否提请审委会讨论的完整审判权利。

(三)案件讨论范围多寡不一

复杂、疑难、重大案件是法官联席会议讨论的案件范围,但由于具体认定标准尚无可操作的量化规程,容易导致扩大法官联席会议讨论范围。例如,天津市第一中级人民法院各业务庭至少每周召开一次审判长联席会议,而有的法院员额法官面临繁重的办案压力,还要作为其他案件合议庭成员参加合议案件,过多过滥的法官联席会议可能出现法官无力了解讨论案件的案情,发言针对性不强,参谋咨询效果不彰的情况。有的边远基层法院的诸如行政、审监等庭室甚至不能组成一个合议庭,难以召开本业务庭的法官会议。由于对司法改革的前景的忧虑和对延长法官工作年限的担心,大量司法经验丰富的老法官提前退休或转岗,无法正常召开法官联席会议或者召开会议过少。立案登记制以后,案件呈爆炸性增长,法官“各人自扫门前雪”,无暇去参加自己并不参审的案件,导致法官联席会议未达法定人数而推迟或取消召开,法官联席会议对年轻法官的“传帮带”的作用明显削弱。

三、完善路径:科学构建法官联席会议运行机制

正如法谚有云:“正义不仅应当被实现,而且应当以看得见的方式实现。”法官联席会议能否构建权责统一、权责明晰、配套齐全、监督有序的审

判权力运行机制，取决于其是否遵循司法规律。

（一）职能定位

笔者认为，法官联席会议属于业务庭内部的专业咨询和审判指导机构，参会法官对案件发表的意见和建议仅供合议庭复议时参酌，判决结果最后由合议庭复议决定并承担全部责任。为了在机制上进一步表明法官联席会议的参谋咨询作用，明文规定出席讨论法官可以表达具体意见和建议，或仅表达方向性、概括性和启发性的意见和建议，一并规定提请审委会讨论的案件并非一定要先经过法官联席会议讨论，案件提交审委会讨论时，也不单独表述法官联席会议的参酌意见，直接讨论合议庭的意见。法官联席会议的建议，合议庭可以采纳其多数建议，也可以采纳其少数建议，甚至不采纳其建议。法官会议本质上不具有任何审判权力，只是一个为合议庭提供辅助意见的研究组织。

（二）功能作用

1. 研究重大、复杂、疑难案件的法律适用问题

近几年来，随着我国经济社会的迅猛发展和司法改革快速推进方兴未艾，各种疑难、重大、复杂的法律关系和新类型案件不断涌现，人们的法治水平和权利意识也越发强烈，更加看重使用合法的方式去实现自己的相关权益，这不仅是公民社会和法治发展的体现，而且对法官要求更高，特别是部分社会强烈关注的疑难、重大、复杂案件的适用法律问题，不仅牵涉法条的适用问题，还牵涉政治、社会与法律等效果的统一。面临诸多挑战，仅依靠独任法官和合议庭自身的水平和能力有时难堪其任，极易出现承办法官把该类案件报请到审委会去讨论，造成浪费审判资源和拖延审判期限。由此可见，除了审委会，在法院内部还需要组成一个研究探讨重大疑难和新类型法律问题的机构。法官联席会议无疑为及时解决法律适用难题提供了一个智力支持平台，使这些案件实现法律效果、政治效果和社会效果的统一。

2. 统一裁判尺度和法律适用

追求“同案同判”，实现法律适用统一既是当前极易触发新兴媒体持续发酵的热点，也是严格公正司法的内生要求。在司法实践中，基于不同的法律理念、文化素养、生活经验和问题视角，法官不可避免会对相似的法律问题出现不同的诠释和解读，这对正在走向法治社会的中国是无法回避的现

象。但对正处于转型升级的中国来说，情形远比法治昌明的发达国家要严峻复杂，出现“同案不同判”的因素并不局限于认知差别，其背后隐藏着很多不为人知的因素。由此可见，如何在实现“审理者裁判”后建立统一法律适用的机制非常紧迫和必要，法官联席会议在这种背景下应运而生。虽然现行法律基本精神规定法官联席会议的意见和建议不拥有法律羁束力，但法官联席会议制度在一定程度上潜移默化地发挥着统一裁判尺度和规范法官裁量权的功效。[18]

3. 促进审判管理的民主化和专业化

由于体制性等诸多的因素，长期以来法院未按照司法规律去从事和管理审判活动，而是运用行政化的方式管理审判工作，如院、庭长的签批案件制度，阻碍了审判职能科学有效发挥。法官联席会议制度从过去的行政管理方式转变为目前的职业管理方式，从过去的审批方式转变为目前向合议庭提供参谋咨询和智力支持，这种转型基本符合合议庭和审判长改革目标，既维护了独任法官和合议庭的完整审判权，又能使庭室领导切实履行起相关审判管理职能。

（三）人员组成

虽然我国出任院、庭长的法官极大部分具有丰富的司法工作经验，经过反复锤炼后逐步走上领导岗位，从另一角度来看，法院大部分院、庭长等行政领导拥有相对丰富的监督和管理审判工作的经验，有利于发挥法官联席会议监管审判运行态势，提升审判工作经验天然优势。[19] 但是，由于主管审判业务的副院长和各庭室领导人如果没有实际参加庭审，就不符合司法“亲历性”原则。在法官联席会议中，只有作为主审法官或者旁听庭审或者观看庭审同步录音录像后了院、庭长才能出席会议。当下要迅速淡化法官联席会议的行政职务色彩，改变部分法院依据行政职务分配法官联席会议参会

---

〔18〕 马全耀、彭辰、孙幸冬：《主审法官联席会议机制研究——以审判权的科学规范运作为视角》，载上海市第二中级人民法院网：http://www.shezfy.com/view.html? id = 337979，最后访问日期：2016年6月13日。

〔19〕 叶青：《主审法官依法独立行使审判权的羁绊与出路》，载《政治与法律》2015年第1期。

人员的做法。必须充分尊重合议庭或者独任法官的主体地位，在召开法官联席会议时，要改变固定由院庭长作为召集人的做法，明确由承办法官作为主持人汇报案情主持会议。而三门峡市湖滨区人民法院从6名民事审判庭主审法官中选择1名主审法官为会议召集人，剥夺了院庭长过去习以为常的主持会议的当然权力，淡化了行政色彩，值得大力推介。

法官联席会议作为一个咨询机构，应当是一个开放包容的组织，诉讼参与人中的任何人包括法官助理和书记员都可以畅所欲言的发表自己对案件的看法而被法官联席会议如实记录存档备查。法官联席会议打造了不同合议庭、业务庭甚至全院法官之间研讨交流平台，开阔了法官裁判案件的视野，丰富了法官之间的相互学习模式，实现了法官之间的相互提升和优势互补，在思想火花的碰撞中促进了法官助理和年轻法官的学法适法能力。资深法官的言传身教和寓教于议，对于法官助理和年轻法官来说每一次会议都是观点的碰撞交锋和知识的汇聚融通，传承了宝贵的司法理念和经验，为审判事业的持续发展奠定了良好的基础。但从另一角度来说，没有证据支持年长的或者职位高的法官比年轻的或者职位低的法官拥有绝对强的判断力，法官联席会议中的法官做更为广义的理解。例如，上海市高级人民法院规定参加庭审的法官助理应当参加会议并可以畅所欲言的表达意见，弱化了法官的位阶和权力色彩。过去以知识优位和职权优级位的审判长联席会议转型为地位完全平等的法官联席会议，原来金字塔式的审判长、副庭长、庭长和副院长、院长，除了通过法定程序实施审判监督权外，其在法官联席会议中发言不具有任何强制性。院、庭长参加法官联席会议，除了他是案件的主办人，不应当作为会议的主持人而事实上还残留行政领导的影子。院、庭长除了受到合议庭的邀请，本能地拒绝参加法官联席会议制度而固化原已强大的行政制约关系。

法官联席会议以各业务庭的法官为主，中西部地区基层法院由于法官断层现象比较严重，可以组建民事、刑事和行政的法官联席会议，如民事方面的可包括民一和民二的法官参加，刑事和行政的法官人数相对较少，遇到疑难案件或者新类型案件时可邀请专家学者出席会议。在出现民刑交叉和行民交叉案件时，有必要召开跨界甚至全院性的法官联席会议，有效解决法官在知识储备上的不足。法官联席会议应当吸收研究室等综合部门法官参会,为学术论文实证研究、调研课题问题意识积累、指导性和参考性案例选材等提供了非常充裕的素材,实现了司法研究工作与审判工作的"双丰收"。而北京市第三中级人民法院邀请研究室主任出席会议,体现了法官联席会议的咨询和研讨的性质,有利于更大层面总结归纳审判经验,值得全国法院效仿。

(四)议事规则

法官联席会议制度设计的目标之一就是通过集体讨论集体决策体现群策群力。共同讨论并不反对分歧意见,从某个方面说,正是因为意见纷争,才能释放个体的最大潜能和张力。[20] 尽管法官联席会议是一个结构松散的非实体化组织,如果要使其功效最大化,也必须强化其规范化建设。

1. 规定法官联席会议研究案件的前置程序。列入法官联席会议讨论的案件,必须经过合议庭充分讨论,产生具体明确的书面意见并提前2天送达给参会法官,保证参与讨论的法官熟悉书面材料。

2. 规范法官联席会议讨论案件的范围。法官联席会议只讨论案件的法律适用问题,不讨论案件的事实问题,因为绝大多数法官没有参加庭审,没有亲历庭审倾听原被告双方的意见而掌握事实真相。如何理解"重大、复杂和疑难"案件,是一个见仁见智的问题。对下级法院的发改案件,对上一级法院都"重大"案件,在一定程度上会最终影响下级法院在年终质效考评中的排名,但这一种"重大"只是政治性的重要,并不一定体现法律上的重要性。法官联席会议在例行会议中也要总结出"复杂疑难"案件的量化标准,并根据时势的变化不断进行修订。

3. 明确法官联席会议发言的具体顺序。首先由承办法官介绍案情,合议庭其他成员补充发言,接着由参会法官提问和承办法官解答,参会法官再依次发言,确保每一位法官都充分顺利行使表达权。

4. 完善法官联席会议的辅助程序。在坚守不干预合议庭独立断案的前提下,合理利用法官联席会议的参谋智囊作用,提高合议庭和独任法官裁判

---

〔20〕 马全耀、彭辰、孙幸冬:《主审法官联席会议机制研究——以审判权的科学规范运作为视角》,载上海市第二中级人民法院网:http://www.shezfy.com/view.html?id=337979,最后访问日期:2016年6月13日。

案件的能力和水平。由于在会议中,每一个人不同的成长经历形成了对法律的不同理解。激烈的观点碰撞是无可避免的。以制度的理性舒缓人性的冲突。例如,会议后的一一握手,定期举行茶点座谈,相互倾听对某些案件事实和证据的不同看法,消除彼此的误解。

法官联席会议一般由合议庭参加庭审记录的书记员中指定一名临时出任法官会议秘书,承担安排会议、上传材料、记录会议、整理发言等事务性工作,并在办案系统留痕和副卷备查。

(五)会议发起

法官联席会议是法官自我服务、自我管理和自我提升的组织,服务于法官的裁判活动,鼓励、支持和保障但不干预合议庭和独任法官依法独立行使审判权。实行员额法官以后,进入员额法官的办案数量大幅增加。过多过滥的法官联席会议,会影响法官的参会积极性及法官联席会议功效的发挥。一般来说,本部门法官联席会议,在主办法官具备召开法官联席会议的前置程序后,可以随时召开。一般一个月召开一次例会,轮流由法官担任召集人总结审判经验和统一审判尺度。召开民事、刑事、行政领域的会议,由主管副院长把关;召开全院性的法官联席会议,由院长批准同意。

(六)衔接机制

在落实司法责任制以后,应当赋予独任法官或者合议庭完整的审判权。法官联席会议是一个纯粹的研究性和咨询性机构,不具有任何审判权,对于法官联席会议的意见和建议,合议庭或者独任法官既可以吸纳多数意见,也可以吸纳少数意见,或者不吸纳其意见。法官联席会议的意见和建议只具有参考价值,只能为合议庭或者独任法官裁判案件提供辅助性意见。合议庭在复议以后,如果合议庭认为有必要提请审委会讨论的,由合议庭自行决定。审委会改革以后,审议案件的数量大为减少。独任法官或者合议庭成为案件最终的决断人,审委会再也不能成为独任法官和合议庭规避或者弥散司法责任的机构。

结语

当下司法改革的总体路径是保证独任法官与合议庭依法独立行使审

判权，在我国比较崇尚实体公正的大环境且短期难以改观的背景下，提高法官综合素质是一个漫长与渐进的过程。突然全部放弃院、庭长的审判管理和监督权，可能导致因案件质量下滑而被迫中断甚至逆转艰难博弈而积累的改革成效。法官联席会议既能为独任法官或者合议庭在面临难以完全驾驭的疑难复杂和新类型案件时提供判案参考和智力支持，又能在一定程度上避免审委会“审者不判、判者不审”的弊端，最大限度确保法官依法独立行使裁判权。在这种管与放的艰难平衡中，法官联席会议体现了其存在的作用和价值。当然院、庭长在法官联席会议如何正确发挥事前监督的作用，尚需试点法院不断创新和及时总结，努力为司法改革不断供给更加优越的制度范本！

附件

法官联席会议暂行规定

为进一步落实司法责任制，保障、支持审判组织依法独立行使审判权，规范院庭长的审判监督权和审判管理权，提高案件审理质量，促进审判经验交流和人才培养，根据我区法院实际，特制定本规定。

第一条 法官联席会议是审判业务庭内的咨询性会议，主要负责讨论研究本业务庭内审理的重大、复杂、疑难案件，本业务庭各合议庭之间法律适用统一以及其他与审判业务有关的问题。

高、中院审判业务庭的法官联席会议可根据需要讨论辖区内的法律适用统一以及其他与审判业务有关的问题。

第二条 法官联席会议由审判业务庭内法官组成。涉及跨专业领域的重大、复杂、疑难案件，跨专业领域的法律适用等问题，可吸收其他相关审判业务条线的法官参加。院长、副院长、审判委员会委员可以以主审法官的身份参加法官联席会议。

第三条 参加会议的庭长、副庭长以及其他法官有下列情形之一的，应当自行回避：

（一）是讨论案件的当事人或者当事人的近亲属；

(二)本人或者近亲属和讨论的案件有利害关系;

(三)是讨论案件的诉讼代理人近亲属的;

(四)与讨论案件的当事人或者诉讼代理人有其他关系,可能影响案件公正处理的。

第四条 案件由不同审级法院审理时,参加会议的庭长、副庭长以及其他法官曾经担任过原审案件合议庭成员的,或案件经原审法院审判委员会讨论决定时担任原审法院审判委员会委员参与讨论的,在法官联席会议中不对该案件发表意见。

第五条 合议庭审理的案件,独任法官或者合议庭认为系重大、复杂、疑难案件,或合议庭评议意见有重大分歧,以及案件具有其他需讨论情形的,独任法官或者合议庭可以提请和主持召开法官联席会议。

第六条 庭长发现案件审理中有下列问题之一,可以按程序要求决定召开法官联席会议:

(一)矛盾纠纷敏感、激化或社会广泛关注的;

(二)涉及重大、复杂、疑难问题或者法律适用统一;

(三)认为确有必要提请讨论的其他情形。

庭长按前款规定召开法官联席会议,应向会议说明理由,留存有关书面材料,并在办案信息系统中输入相关信息。

第七条 全区三级法院审判业务庭可以结合实际情况,规定本庭可以提请法官联席会议讨论的案件范围。

第八条 提交法官联席会议讨论的案件,合议庭应当经过充分评议并形成明确的意见,研究案件应当提交书面审理报告,审理报告的内容应当包括:合议庭已经查明的案件事实,当事人诉争焦点,合议庭评议意见,需要研究讨论的问题以及相关的法律适用依据(包括相关法律和指导性文件的规定,相关理论观点以及具有指导性、参考性案例)。审判庭法官会议的材料可以根据案情需要适当简化。

法官联席会议设置常任秘书,常任秘书应当至少在会议召开前两天,确定参会人员并将审理报告、裁判文书等材料发送至参会人员,临时召开的法官联席会议不受此限。

第九条 法官联席会议由主办法官主持召开。跨审判业务庭的法官联席会议由院长或分管副院长同意后,由主办法官主持。法官联席会议召开时,提交讨论案件的合议庭成员、法官助理应当参加。

第十条 法官联席会议讨论案件时,可先由主持会议的主办法官说明决定召开会议的有关情况,全面介绍案件情况、合议庭评议意见,合议庭成员发表补充意见,其他合议庭成员可以发表补充意见,然后再由与会的其他人员发表意见。主办法官最后再归纳会议讨论情况以及主要观点或意见。

法官会议参加人员的发言效力一律平等。

第十一条 法官联席会议讨论案件时应当全程记录,会议参加人审阅本人意见并签名。会议记录以及按本规定第六条留存的书面材料归入案件副卷存档。会议讨论的主要观点或意见、合议庭复议情况以及案件最终处理意见均需输入办案信息系统。会议秘书应当每半年交法官联席会议的讨论记录予以整理汇编。

第十二条 法官联席会议讨论案件的结论属于参考性、咨询性意见,是否采纳由合议庭复议决定。

第十三条 法官联席会议除讨论与案件有关的事项外,还可以讨论庭长提交的下列有关审判事项:

(一)对本庭涉及审判领域的新情况、新问题进行研究;

(二)总结审判经验,促进法律适用统一;

(三)其他需要提请讨论的审判事项。

第十四条 对于法官联席会议的意见和建议,合议庭或者独任法官既可以吸纳多数意见,也可以吸纳少数意见,或者不吸纳其意见。合议庭在复议以后,如果合议庭认为有必要提请审委会讨论的,由合议庭自行决定。

第十五条 参加法官联席会议的人员应严格遵守保密规定,不得泄露案件讨论内容和其他涉密内容。必要时,可以在讨论案件时隐去当事人的信息。

第十六条 本规定适用于G自治区三级法院。人民法庭的法官联席会议参照本规定执行。

第十七条 本规定由G自治区高级人民法院审判委员会负责解释。

第十八条 本规定自公布之日起试行。

法官员额制改革下未入额法官协助办案制度构建

蓝苑榕*

职业化是世间各行各业实现改善、发展和不断进步的必由之路,因为正如亚当·斯密所言:提高效率必然要求分工和专业化,对从业人员而言即意味着职业化。同样,这一原理也适用于司法领域。[1] 现阶段法官员额制改革,以创造和培养正规化、专业化、职业化的法官队伍为目标导向,配置我们的审判人力资源,符合司法规律的要求。法官员额比例的严格控制,使得长期以来现行司法运行机制下产生的法官队伍因这一改革出现了新的困扰,特别是对一部分人"未入额,怎么办"的思考,一部分法官面临因改革而未能入额的问题,是改革的阵痛之一。其实早在 1999 年,最高人民法院曾经颁布《人民法院五年改革纲要(1999~2003)》,提出"随着审判长选任工作的开展,结合人民法院组织法的修改,高级人民法院可以对法官配备法官助理和取消助理审判员工作进行试点、摸索经验"。也就是说,未入额法官担任法官助理,其所依托的法官助理制度的确立与改革,有

* 河池市中级人民法院民四庭法官助理。

〔1〕 参见姚中秋:《技艺理性视角下的司法职业化》,载《华东政法大学学报》2008 年第 6 期。

前人的实践经验得以参考。但是在新的历史条件下，应当看到法官助理制度本身的独立性及其价值，[2]改革过程中应当注重法官助理的独立价值，以及制度化构建，才能真正实现未入额法官的有效管理，达到员额制改革的目标质效，最终实现审判运行机制的改革，实现法治目标。

一、脱去旧日光环——员额制改革下的未入额法官

（一）法官助理制度的历史沿革

法官助理是指协助法官从事审判业务的辅助人员。[3] 法官助理制度源起于美国，1882年美国联邦最高法院的一位大法官为了减轻自己的工作压力，出资雇用一名助理协助其办案，此后，美国开始为各级法院法官配备法官助理并逐渐形成制度化模式。事实上，如今法官助理制度在很多国家普遍存在和实行，是法律化、制度化的模式。比如，法国的准备程序法官、英国的主事法官、日本的司法辅助官，各国称谓不同，但上述英美法系国家大量聘任法官助理的目的有两个：第一，专职辅助法官完成繁杂的事务性工作，使法官能高效专注于审判；第二，另从法学院应届毕业生身上获得新鲜的精神给养，因为他们对于法律问题更有新鲜见解和创新精神。[4] 目前，司法改革中提及的法官助理与英美法系中的法官助理的产生原因、管理机制和职业前景不同，前者是在法官员额制度推行下因员额限制而未能入额的法官所任命为的法官助理，有着“脱去旧日光环”的味道，无论是从心理层面的考虑还是制度设计层面，在参考舶来制度经验时，必须要立足中国的审判规律、诉讼模式和社会主义制度的司法实践。

随着我国司法制度改革的不断深入，自1999年开始的法官助理制度就不仅是学术界的研究观点。上文提到的最高人民法院《人民法院五年改革纲要》，第一次拉开了法官助理制度探索的帷幕；2004年9月，最高人民法院

---

〔2〕 参见张太洲：《法官助理，应是个什么角色》，载《人民法院报》2015年5月10日，第2版。

〔3〕 参见《最高人民法院关于在部分地方人民法院开展法官助理试点工作的意见》第4条第1款规定：法官助理是协助法官从事审判业务的辅助人员。法官助理、书记员在法官指导下工作。

〔4〕 参见刘茵、宋毅：《法官助理分类分级管理和职业化发展新模式研究——以北京市第三中级人民法院司法改革试点实践经验为基础》，载《法律适用》2016年第5期。

颁布《关于在部分地方人民法院开展法官助理试点工作的意见》，确定在北京市海淀区人民法院、广东省深圳市中级人民法院等18个法院试行法官助理制度。2007年，最高人民法院决定从2008年起在西部12省（自治区、直辖市）800余个基层人民法院试行法官助理制度，目标是完成法院工作人员的分类管理。直至2014年6月，中央深改组会议通过《关于司法体制改革试点若干问题的框架意见》，最高人民法院亦出台了《关于司法体制改革试点中有关问题的意见》，其中就包括了司法辅助人员管理问题的内容。目前，全国各地以点带面铺开试点，法官助理制度的进一步深化改革也将逐步的探索、发展、变化和成熟。

（二）未入额法官担任法官助理的职业特点

法官员额制度推行下产生未入额法官，担任法官助理，这一制度设立的初衷，是为了让在现有审判模式下的法官从一般性事务中解脱出来，集中最优势的审判资源专司审判，以提升办案质量，提高办案效率。从国外的法官助理制度来看，英美法系国家的法官助理是一份独立职业，其法官助理来源渠道单一，定性也单一，在职法官任用的法官助理几乎都来自高校的法学院优秀毕业生，如美国规定其法官助理从获得法学博士的毕业生中择优选拔和任用，而英国的法官助理则由资深律师来担任。大陆法系国家规定的法官助理渠道来源具有多样性，如德国、日本没有严格规定法官助理应该从何处选任，但要被聘任为法官助理必须经过规定的司法考试和专门的培训。从大多数英美法系国家的实行情况来看，国外法官助理是由法官个人意愿所选择的司法辅助人员，与选任其的法官形成一对一或多对一的服务配备模式，其职业前景，基本上是经过助理的工作积累经验之后从事律师或者其他法律职业，通过担任法官助理进入法官员额的可能性基本为零，这主要是受其一元制法官选任制度的影响。而我国的法官选任制度与长期以来实行法官员额法定的国家不同。截至1997年年底，我国已有法官25万余名，分布在全国3000多个法院之中，按当年的全国总人口计，每6000个左右的人中便有1名法官。这与西方发达国家如英国大约每11万人才有1名全职法官相比，应该说，我国的法官人数实在是太多了。[5] 我国生涯制或者说官僚制这一特定的法官选人模式下导致我国现阶段产生的法官助理有着特殊的职业特点。

1. 审判权持有状态的转变

原有审判运行模式下，拥有审判员、助理审判员职称的总人数都是司法体制下的法官，法官队伍数量庞大，但事实上，很多拥有法官职称的人却并不从事或很少从事审判。“案多人少”的矛盾，除了日益增长的案件量是客观因素之外，就“人少”而言，一是存在拥有法官职称的人未能发挥审判职能，二是法官未能集中精力专心办理案件、未能提高审判效率。传统模式的“一审一书”是两点一线，相当于一个杠杆，作用有限；而增加法官助理后将改变这种局限，三点构成一个平面，一个平面可以支撑一个系统，通过统筹协调发挥团队作用，应对大量诉讼案件，远比“一审一书”更有效率。[6] 员额制改革下，现阶段法官助理的产生，是未入额法官被任命为法官助理，由原来独立享有审判权的审判员、助理审判员变为法官助理，探索参与协助法官办案的模式，这也是我们有别于国外法官助理概念的重要特点。

2. 未入额法官所任的法官助理职业晋升方向是法官

英美法系国家选任法官助理是以法官的个人意志为核心，与之不同，我国法官员额制度推行下产生的法官助理仍旧是司法体制中的在职在编人员，也是法官队伍的后备储蓄库，所以必须重视对于这部分人群的人员管理和职业培养。在新的审判模式试运行过程当中，要注意树立法官的独立性、权威性，强化法官助理的辅助职能，法官好比审判组合的“头”，指挥和调动着法官助理、书记员这两只“手”和“脚”开展工作。[7] 但是，法官与法官助理之间的关系不能太过于紧密，否则可能会对案件的公正审理造成影响，也会对法官助理今后的培养和发展造成影响。为此，对法官助理的考察应当由法院相应部门来完成，法官对法官助理的考评意见仅作为其工作考评的

---

〔5〕 参见佛法研：《法官助理与法官员额问题研究》，载《人民司法》2002年第8期。

〔6〕 参见刘斌：《从法官“离职”现象看法官员额制改革的制度逻辑》，载《法学》2015年第10期。

〔7〕 参见刘斌：《从法官“离职”现象看法官员额制改革的制度逻辑》，载《法学》2015年第10期。

依据之一,而不是主要依据。

3. 未入额法官担任法官助理的相对独立性

审判权重置下,审判事务和辅助事务的分离,未入额法官担任法官助理从事审判辅助工作也需要更为专业和高效,故在实践中,无论是能够独立办案、有限制审判权的法官助理,还是不能独立办案、专职辅助事务的法官助理,其限制审判职能的发挥和辅助事务都需要得到尊重,尤其是在审判核心地位的法官,应当尊重协助其办案的法官助理工作的独立性,对任意分配不属于其职责范围的工作给法官助理,对法官助理从事辅助事务时产生的法律意见和独立判断,也不应随意干涉或者介入,否则可能会影响法官助理的职业认同感,无法感受其独立价值,导致无法形成有效的、分工明确的审判组织新设定。所以,在法官员额制度实行后形成的审判组织中,审判机制改革中法官助理制度的设立必须也要保证法官助理的相对独立性。

二、未入额法官办案制度改革中的困境

(一)未入额法官助理办案制度的主要实践

对未入额法官任用为法官助理,这一角色如何定位,协助办案的职责如何划分,从笔者目前所掌握的情况来看,各地试点法院的认识和做法并不统一,最主要是各法院根据本院实际,试图构建的审判组织模式不同,故而对未入额法官选任法官助理后的职责分工相差很大。目前,实践中主要有以下四种模式:(1)审判长核心模式。例如,深圳市福田区人民法院在推行审判长负责制改革的同时,也推进了法官助理制度改革,按照“1+2+3+4”的模式构建新型审判团队。(2)合议庭核心模式。例如,北京市房山区人民法院将法官助理配备到合议庭,试行“3+N+1”模式,根据辅助人员的储备情况,法官和法官助理的职责划分、合议庭审理案件的性质来确定法官助理配备的人员。N是指法官助理的人数。(3)主审法官核心模式。例如,深圳市盐田区人民法院根据实际情况确定法官助理数量与一线办案法官数量比例为1:1。再如,四川省泸州市中级人民法院将法官助理配备给具体的法官,在该名法官的指导下工作,一名法官可以配备1~3名法官助理。(4)混合模式。例如,深圳市罗湖区人民法院建立的“大立案”与“3122”兼容审判运行机制,由

立案庭集中管理法官助理,个案处理在法官的具体指导下完成。[8]

（二）制度运行中的问题

1. 未入额法官选任法官助理的现实阻力

现行审判模式下,先行司法体制下的审判员是经过各级人大常委会任命产生,审判员的免除也是符合法定情形的情况下才能免除。而员额制的推行,不管各地法院遴选方式如何,未能进入员额制内的法官,任之以“法官助理”的身份,并不符合免除其法官职称的法定事由。目前,《法官法》《人民法院组织法》中没有关于法官助理的规定,法官助理的法律地位和法律职责在法律规范中是空白,所以法官助理制度实行起来,不免会与现行法律的规定发生冲突,关于助理审判员的职责是否需要修改和废除,及法官助理的职责怎么区分,法官助理的工作职责和书记员的职责如何界定,实行法官助理制度,与现行诉讼法律制度的规定,也存在一定矛盾和问题。所以,我们首先需要从法律规范层面来规范法官助理协助办案的制度;其次,未入额法官从依法独立享有审判权的状态突然没有了审判权,或者审判权限制在特定事项范围内,非常容易出现反对的声音,更有甚导致内部矛盾的产生,“助而不理”的情况有时发生,影响法院的正常运转;最后,未能进入法官员额的审判员不一定是审判能力弱的法官,相反,这部分人身上的审判经验十分丰富,但新的遴选方式让一些可能因为年龄大、不善于考试的审判人员落选,将之选任为法官助理,从事辅助性事务,某种程度上造成了审判资源的浪费。

2. 职责定位不明,晋升渠道模糊

是否应当赋予法官助理审判权?最高人民法院在此问题上的态度也是摇摆不定。从是否赋予法官助理审判权的角度,试点法院有两种不同做法,一种是赋予法官助理限制性审判权,如可以参与合议庭以自己的名义进行审前调解,对自己草拟的法律文书有签发权,这样的做法,实际上也只是“换汤不换药”,改革的意义就淡化了。而有些法官助理负责草拟法律文书,但

---

〔8〕 参见王岩:《双类型法官助理模式的设想与制度构建》,载 http://tjnkfy.chinacourt.org/article/detail/2015/04/id/1578449.shtml,最后访问日期:2016年6月30日。

是其拟制的司法文书都需要其所协助的法官进行审核和签发,而法官助理并不是审理案件的合议庭成员,其姓名列席在书记员旁边,法官助理的审理身份问题如何解决。另一种是没有审判权力的法官助理,专职于协助法官办理辅助性事务,如诉讼释明、诉讼保全、组织庭前证据交换等,与书记员的辅助职责相区分,这类法官助理从事的辅助工作是智识类辅助事务,[9]与书记员的纯粹辅助性事务如开庭记录、整理卷宗等不同。然而在实践中,却导致了两种结果,或是法官助理与法官的职责出现混同,或是法官助理和书记员的职责混同,法官与法官助理之间的工作关系协调不清,更谈不上默契配合。此外,法官助理与书记员之间的分工也不明,职责不清,可能会造成两者的工作重复,或者推诿责任,难以做到高效、专业地完成审判业务。达不到法院人员的分类管理和合理分工的要求,反而影响了审判效率的提高。未入额法官仍是司法体制中的在职在编人员,担任法官助理应以何种考量方式、由何考量主体对其进行考核,考核的依据也尚未制定标准,这让未入额法官在从事法官助理工作的过程中,无法得知明晰的职业发展方向,对于其本身职业素养的提高、对其协助能力的提升,缺乏一个原动力。

3.“案多人少”的矛盾无法解决

随着法官员额制度的推行,法官人数必将逐步减少。现有的审判运行机制下,审判员、助理审判员组成合议庭,确定主办人之后,“合而不议”的现象确实存在,一审审判程序中,陪审员“陪而不审”。即合议庭的合议制审判功能长期以来并未得以充分发挥,合议庭如何组成一个更高效的审判团体,是一个难以回避的现实问题,特别是审判长责任制、独任审判员选任制确立后,实际上合议庭的作用会逐渐弱化。大量的案件仍然需要用普通程序来进行审理,普通程序审理需要法官组成合议庭,在员额制改革后,法官数额锐减,而法官助理并不都具有审判权,势必不能参加合议庭审理案件,在此种情况下,法官的工作量会急剧增加,法官人手紧缺,导致办案效率低下,大量案件积压,与改革的初衷相悖,也是对法官助理资源的一种浪费。所以,实行法官助理的同时也要改革现行的审判组织形式。

---

〔9〕 参见杨太兰:《法官助理制度若干问题探讨》,载《人民司法》2006年第6期。

三、未入额法官协助办案制度改革的策略

(一)确立法官助理法律保障制度

虽然英美法系和大陆法系国家的法官助理制度有很多方面存在不同,但是法官助理在审判运行机制的功能发挥中所扮演的角色一致,对于好的经验和方法我们可以参考和借鉴。笔者认为,首先法官助理的身份、地位和待遇应当以法律规范的形式加以明确。

未入额法官担任法官助理,其概念本身与职能,与现行制度下的助理审判员,是完全不同的两个概念。法官助理在审判运行机制中起着承上启下的作用,是联系法官与书记员之间的纽带。其在工作中,既要接受法官的业务指导,又担负责协调、指导书记员开展工作的职责。〔10〕员额制改革后,全新的法院人员产生模式和分类管理模式全面实行,故而原有的《人民法院组织法》《法官法》规定的由书记员—助理审判员—审判员的法官培养模式应当被取代。需要从法律上明确规定,法官助理的司法审判业务辅助人员的法律地位,其与法官为核心的团队完成审判工作,其工作职业围绕开庭和裁判的中心开展,但同时,法官助理不完全依附于法官,具有自身相对的独立性。对于法官助理的物质保障,应当注意,未入额法官在选任法官助理时,其原有待遇的保留是基础,因其工作的特殊性,其今后的待遇,也应有别于其他公务公职人员。

(二)合理规范未入额法官助理的职责和配置模式

审判权的行使主体是法官,特别是如果要推行和实现法官责任制,就务必要保证每一位行使审判权的法官的独立性,单个法官能独立办案是保证司法独立的必要条件,每一名法官对自己主办的案件负责,以实现司法责任。“由审理者裁判,由裁判者负责”是一般司法规律,所有形式的改革都要是司法活动朝着司法规律靠拢而非远离司法规律。法官助理制度的改革,也是如此。法官助理在行使限制审判权或者独立审判权的情况下,其草拟

---

〔10〕 参见张仲侠、于颖颖:《法官助理制度:中国法官职业化的必由之路》,载《人民司法》2006年第12期。

的法律文书由所协助的法官签发,不符合“权责统一”的原则规律,为此,法官助理承担审判事务值得商榷,笔者认为其应承担的应该是非审判核心事务。上海试点法院设计的司法体制改革方案,法官助理的职责包括:审查诉讼材料、组织交换证据、接待诉讼参与人、准备案件有关参考资料、草拟法律文书等。在《上海市高级人民法院司法体制改革试点工作实施方案》中,法官助理有调解职责,且其调解在性质上是法官调解,不是非法院外调解。赋予法官助理调解权,由法官助理主持法院调解,如果调解成功,那么调解案件由谁来负责,存在一个缺乏权力来源的问题。特别是就地方法院、基层法院来说,在案件中,法官助理所应分担的协助工作比法官承担的审理和判决工作更为繁重是不妥当的,具体地说,比如对案情的掌握和分析、证据的审核认定、庭审的推进、裁判文书的制作等应该由法官实质参与的工作,不宜交付给法官助理来完成。

国外的法官助理,大致上是以法官为单位,选任法官助理,配置法官助理的数额,即规定一名法官可以配备的法官助理人数。比如,德国一名法官与其法官助理的配置比例是1:2或者1:3,而法国的比例大约为1:4。法官助理的配置额度,是借鉴国外以法官为单位来选任,还是以部门为单位来设置,是在法官助理办案制度设计中需要考虑的问题。审判辅助人员的人数必然会比法官的人数多,为实现员额制改革的目标质效,从实现法官队伍的职业化长远目标来看,我国也可以考虑借鉴,以法官的人数为基准,配置法官助理的人数。但是我国存在特殊性问题,一是各地法院硬软件设施情况差异很大,二是不同审级法院受理案件时的对象、审理程序不尽相同。所以可以考虑采取灵活的方式,根据各院实际情况,设计与各院实际相配套的法官、法官助理配置比例。比如,基层人民法院和中级人民法院,尤其是基层人民法院,一审案件需要法官助理从事大量的协助性工作,以协助法官完成审判业务,可以考虑以1:2的比例来配置法官助理,而高级人民法院、最高人民法院,相对于基层人民法院和中级人民法院,辅助性工作量相对不是很多,法官助理与法官的比例可以考虑按照1:1的设计。所以,在各地法院确定好每个审判业务庭室所要配置的法官名额后,再按照比例确定法官助理的人数。未入额法官助理还存在一个编制问题需要考虑,也可以暂时按照

1∶2的比例来设置，等到各项制度完善、条件成熟后，再逐步增加。

（三）明确法官助理考核标准和晋升通道

法院宜设立一个专门的法官助理考评机制和考评机构，对法官助理进行考核，考核内容包括年中考核、年终考核。在对法官助理的工作考核时，法官对其法官助理的评价意见作为一项依据，但分量不应太重，应综合评定其优劣，根据考核情况对法官助理以奖惩、晋升和任免。在目前没有独立的法官助理考核标准和考核机构下，可以考虑由法官考评委员会暂时管理这项内容。

在对法官助理进行考核时，根据其工作表现、工作能力晋升职级，但对法官助理的任期，笔者认为不需要作出任期限制，但可以设定一个最低限期，即法官助理在任职一定年限后，通过考评进入法官员额。在法官助理具备足够的法律实践经验、法官选任条件时，应当考虑其可以优先晋升法官，使法官助理在工作中既能定心工作，又有清晰的职业晋升通道，从而不断进取。

（四）扩展法官助理任用渠道，解决"案多人少"矛盾

未入额法官担任法官助理的同时，可以参考英美法系，选任法学院优秀毕业生，或者以聘用制方式，设置一定条件，向社会招募聘用制法官助理。

法官员额制改革后，成为法官的方式也许变得多元化。受职业前景发展优势、待遇水平不够高等原因影响，一些优秀法律人会选择放弃法官助理这一职业，转而选择从事其他职业。同时，他们还要考虑地方因素的影响，如当地的教育水平、通过司法考试的比率等问题。因此，为了招聘到更多符合法官助理职业特点的适格人员，同时降低用人成本，可以考虑适当放宽法官助理的选任条件，降低就业门槛，改革招聘法官助理的人员性质、招聘适当比例的合同制或聘任制法官助理，不必须将通过司法考试或者高学历作为硬性条件，这样能够切实缓解人才供给与办案人力资源需求之间矛盾。

结语

法官员额制改革下，建立法官助理制度是审判运行机制改革的必然要

求,有助于实现未入额法官的职业保障,实现法官助理的独立价值,也有助于今后选拔高素质的法官,建立以法官独立审判为中心的审判管理模式。当下员额制改革事业逐步全面试点,由此显现出来的问题、矛盾、纠结和阻力不可避免,同时也能让我们作出评估和反思,让下一步计划更有的放矢。作为法官职业化建设的一个重要方面的法官助理制度,在实践中慢慢总结和升华,司法改革应当注重法官助理办案制度本身价值的构建及其制度化,重视法官助理的培养,给予法官助理相应的职业尊荣感,在坚持法官助理制度独立价值和功能定位结合考虑的大方向下,从实际出发,有步骤、分层次逐步推进。

调查研究

罗马尼亚、波兰水资源立法保护与法官管理情况考察报告

广西壮族自治区高级人民法院
赴罗马尼亚、波兰考察团

2017年3月23日至30日，广西壮族自治区高级人民法院副院长梁梅率6人团对罗马尼亚、波兰两国的水资源环境与水资源立法保护情况进行了考察。考察团先后走访了罗马尼亚布加勒斯特上诉法院、波兰格但斯克地区法院，与两国法官进行了深入友好的交流，详细了解了两国在水资源立法保护方面的情况。在访问过程中，考察团也对罗马尼亚、波兰的法官管理作了一些了解。为了增加我们的感性认识，罗马尼亚布加勒斯特上诉法院还特地安排我们旁听了两起刑事、一起民事案件的庭审。现就考察情况及借鉴意义报告如下：

一、罗马尼亚、波兰水资源立法保护的有关情况

（一）罗马尼亚水资源立法保护情况

罗马尼亚曾是社会主义国家，后在体制上引入市场经济模式，与我国有相似的经济发展背景。罗马尼亚境内有4864条河

流，大多汇入多瑙河，水资源丰富。罗马尼亚在1924年通过了第一部水法，1974年通过了第二部水法。1989年开始政治和经济转型后，罗马尼亚为了加入欧盟，与欧盟有关水资源的法律与政策的衔接成为罗马尼亚制定水资源法律与政策的重要方向。1995年罗马尼亚制定了《1995年环境保护法》，1996年罗马尼亚又制定了新的水法，即《1996年水法》。目前，《1995年环境保护法》《1996年水法》是罗马尼亚开发管理利用水资源的基本法。《1996年水法》确定了罗马尼亚水资源开发与管理的总体目标为：水资源的节约，防止水污染和改变水资源、河床或流域的特性，恢复地表水和地下水水质，水生态系统的保护，保证饮用水的供应，水资源的经济价值，防洪，保证农业、工业、发电、航运、养殖、旅游以及人类活动对水的需求。该法对用水和防治水污染进行了规定，规定罗马尼亚实行用水许可制度，地表水和地下水的使用以及排污都需要获得许可证；规定生活用水具有最高的优先等级。同时规定，在每一个流域都要建立流域委员会；水工程必须依据水管理许可建设。该法还规定要建立一个用水付费、奖励和处罚的激励机制以促进水资源的合理利用；所有的用水者都需要支付取水费，取水费由罗马尼亚国家水公司收取。在管理体制方面，目前罗马尼亚涉及水管理的机构主要有水、森林与环境部，农业与食品部，罗马尼亚国家水公司以及地方环境保护检查局四个机构。水、森林与环境部负责制定国家水资源管理与保护的战略和政策。农业与食品部负责灌溉工程、排水工程、侵蚀控制工程、沿多瑙河的防洪水坝和堤防的建设与管理工作。罗马尼亚国家水公司是国有公司，负责国家水管理战略的实施，包括防止水质污染，防洪和抗旱，监测水环境的质量和数量，向流域分配预算资金。它通过建立在11个流域的分支机构和地方办公室实施其管理职责，费用通过水费弥补。地方环境保护检查局负责颁发环境许可证以及检查和控制水质及污水排放。

罗马尼亚水资源保护立法方面，有两个较为突出的地方：(1)承认生态环境用水及其优先权。罗马尼亚水法承认生态环境的用水权利。为了保障生态环境的用水权，罗马尼亚水法规定了维护河流生命、保持水生环境生态系统平衡需要的优先用水权。它规定，“达到人们的水需求应该优先于其他目的的用水。其次，除消防用水外，适用于动物的需要，恢复水储量的需要，以及保持水生环境生态系统平衡的需要，比其他用水具有优先性”。可见，在顺序上，生态环境用水处于相当优先的地位。(2)生态环境用水的具体保护措施。第一，以行政干预措施保障生态环境用水。根据罗马尼亚《1996年水法》的规定，政府可以采取行政干预措施，保障生态环境用水。例如，罗马尼亚《1996年水法》规定了“为了公共卫生利益，尤其为了避免社区福利的重大损害时，水管理许可证的修正和暂停是必要的；为了预防和控制洪水影响，或者为了避免公共安全遭受危险；避免水生态环境的危险，尤其是水体环境保护不协调的一些危急情况；由于水体的自然变迁，在绝对必要的情况下，或者在水用户装置出现自然灾害的情况下”等这些情形，政府的发证部门可以修正和废除水管理许可证并且不予补偿。此外，还规定当出现威胁到人们的健康或者产生严重生态破坏的重大水资源的意外污染时，水管理许可证可以不作补偿地被暂停，直到污染事件消除为止。在水污染防治方面，规定在水表面、支流河床或保护区的任何行为，包括航行、筏运、漂流、矿产开发和收割芦苇以及钓鱼等应该确保不能对河岸及河床产生不利影响；在任何情况下，不允许水质的恶化；任何有害于水生态系统的行为都将受到水管理部门的禁止。对轻微违法案件由行政部门进行处罚，对严重违法行为，构成犯罪的，由法院追究刑事责任。第二，罗马尼亚通过权利激励的方式调动公民的积极性，保障生态环境用水。例如，《1996年水法》第77条规定：除了干旱、洪水或其他特别情形，水、森林和环境保护部保护地表水和地下水以及确保水供应所采取的措施，如果影响到水用户、河岸居民或者公众的利益，要求要将拟采取措施的通知在报纸上发布，并把该通知送达给水用户、河岸居民以及可能影响到的任何人。还要求在作出最后决定前审查相关利益人所有的意见和建议，并把最后决定和解释提供给公众。

(二)波兰水资源立法保护情况

波兰海岸线长528公里，属海洋性向大陆性气候过渡的温带阔叶林气候，水资源丰富，也经历过与我国类似的工业发展导致水体严重污染的情况。20世纪30年代，波兰水法强制实行污水排放登记，在河流集水区颁布卫生政令；1932年颁布渔业法律，禁止对捕捞造成危害的水污染，并要求设立地表水污染容忍水平的标准；1962年实施新水法要求政府设立开阔水域的水质类别。20 世纪 90 年代是独立时代，波兰对水资源立法保护迅速发展起来，1997 年 4 月，波兰国民大会通过新宪法。新宪法确立了三权分立的政治制度和以社会市场经济为主的经济体制，对水资源的立法保护更加完善和规范。波兰的水资源管理主要由环境部负责。从波兰水资源保护的法律政策来看，波兰在对地下水的开发保护力度特别是水污染防治以及水资源的合理优化配置、保障和改善民生方面有严格的水资源法律监督制度。在法律规定中明确到具体技术细节，具有极强的可操作性。例如，它对城镇和企业的取水、水处理、用水和废水排放标准都有明确的规定，对违法情形处罚也非常严厉。此外，波兰和罗马尼亚一样也是通过权利激励的方式调动公民的积极性，保障生态环境用水。比如，波兰政府鼓励居民截留雨水，与住户签约，将雨水利用起来。波兰现已有 300 个屋顶花园，共计 24 公顷。这样的花园就能使 80% 的自然降水留在花园。波兰政府利用职务截留高速公路雨水，使土地在充足的时间里获得充足的水分，对老百姓自行修建贮水设施的费用，只要不连接下水道，均给予退费鼓励。

二、罗马尼亚、波兰法官管理有关情况

考察团在详细了解两国水资源立法保护情况的同时，也向两国参加座谈的法官了解了法官管理方面的一些情况。

波兰 1997 年宪法确立了立法、行政、司法三权分立的国家制度，建立了司法独立和审判独立的司法制度。首先，设置了宪法法院。宪法法院独立于普通法院体系，不受最高法院领导。宪法法院的主要职能是监督审查议会、政府制定的法律、法规和其他文件是否符合宪法，审判和裁决违宪案件。其次，设立普通法院。普通法院分为四级：(1)地方法院（地区法院）；(2)市级法院；(3)高等法院（上诉法院）；(4)最高法院。实行四级三审制。

在法官管理方面，波兰法官实行终身制。法官一经任命就终身为法官。在法官任职生涯中，他们注重法官知识的专业化，工作岗位的横向交流很少，上级法院的法官一般是遴选的，由低而高，往往是终身从事某一方面审判工作。波兰对法官的遴选条件十分严格，至少要获得法律学士学位，还要通过国家司法考试。最高法院的法官一般是逐级遴选的，要有 10 年以上从

事法官的经历，多是来自各高级法院的法官，因此最高法院法官年龄一般都在 40 岁以上。法官的离职年龄不论性别，均为 65 岁，但最高法院的法官可任职到 70 岁。法官身份和地位是终身的，尽管法官离职后不在工作岗位上，但仍然具有法官身份，享受原工资的 70%，并且终身不得从事任何其他的社会兼职或参与任何政治党派。波兰设有国家法官委员会，法官委员会的主要职责是对法官进行考核，法官缺员时提出任命建议，同时实行对法官的监督。国家的法官委员会由 25 人组成，成员由议会代表、法官代表、总统代表等组成，任命法官须经委员会提名并由总统任命，全国的法官统一由总统任命。

罗马尼亚在法官的任职资格方面，规定要成为罗马尼亚法官，首先必须经过大学教育，毕业于法学院。法官最初是从两年的见习期开始法官生涯的，见习期满后，必须参加资格考试，通过资格考试的法官经过两年培训后有权按照等级选择一审法院空缺的法官职位，提升为法律法院的法官须工作 6 年，提升为上诉法院的法官须工作 10 年，提升为最高法院的法官须工作 18 年，升任法院的某些领导职务则要更长的工作年限。

三、启示与建议

1. 通过对罗马尼亚、波兰等国水资源的立法保护情况考察，使我们深切体会到健全的法制是基础，严格依法管理，是科学高效管理水资源、促进水资源可持续利用的关键，而制定完善和可操作性强的流域水资源管理配套法规是一项重要的基础工作。特别是完善详细和可操作性强的流域水资源管理法规条款是执法管理的基础。我国目前将水资源作为独立调整对象的法律有《水法》《水污染防治法》《水土保持法》《环境保护法》《防洪法》等，尽管我国对水资源的立法已渐成体系，但是立法的更新往往滞后于我国发展变化的实际，而罗马尼亚、波兰水资源立法条款的详细性、极强的可操作性值得我们在制定水资源保护有关法律政策时学习借鉴。

2. 我国现行《水法》协调用水的立法理念在实际生活中导致大多数地区将有限的水资源优先分配给能产生更多经济效益的工业或者农业，没有兼顾生态环境用水的要求。中国应借鉴罗马尼亚在法律中明确生态环境用水的优先地位，采用流域管理模式统一管理流域整体生态系统，并分别利用经济激励机制和行政干预措施来保障生态环境用水权。

3. 学习波兰，严格水资源法律监督制度，加强对地下水的开发保护力度，注重水资源的合理优化配置，保障和改善民生。在我国，应分阶段、有层次地进行立法设计，以人性化的法律进行规制，而辅以严格的制度管理。而立足我国“城乡一体化”的目标，应该加大实现“农村供水城市化、城乡供水一体化”的力度。而要实现这一目标，除了政策上要调整水价，限制排污以外，还得以法律法规为依托保障水资源利用城乡一体化的妥善实施。

4. 改变司法公开理念，加大司法公开力度。考察团在拜访罗马尼亚布加勒斯特上诉法院、波兰格但斯克地区法院时，发现法院都是开放式的，所有人只要通过安检，就可以自由进出法院听审。在罗马尼亚，法庭的门口均设置有反映案件审理状态的电子公告栏，对正在庭审的案件、等候庭审的案件、已经结束庭审的案件，分别用绿色或蓝色或红色进行标注，案件的庭审状态使人看了一目了然。此外，当事人和律师还可以通过网络查询到案件的全部流程信息。在我国，旁听、参观等被当作“许可”的行为，在这种理念下，在一定程度上阻碍了司法公开原则的落实。罗马尼亚、波兰两国的司法公开理念、程度和力度均值得我们借鉴参考。

5. 简化庭审程序，提高审判效率。考察团在罗马尼亚布加勒斯特上诉法院旁听了 2 起刑事、1 起民事案件的庭审。庭审给我们的感觉是，庭审的效率非常高，繁简得当，短短半个小时就开完了 2 起案件的庭审。刑事案件的庭审，纠问色彩较浓，以法官发问、当事人应答为主，当事人回答法官的提问非常简洁。法庭中不设座席，站着诉讼。我国的庭审普遍存在程序烦琐、庭审效率低的问题。在当前大力提高审判质效、解决“案多人少”这一突出问题的背景下，建议借鉴罗马尼亚简化庭审程序的做法。

6. 增强法官审限意识。波兰的诉讼法中没有案件审限的规定，法院内部更无对法官审理期限进行监督和考核的制度和机构，案件何时开庭、何时宣判，完全由主审法官决定，靠法官的自觉意识和自我监督。由于罗马尼亚、波兰法官的个人素质普遍较高，往往不会拖延审理案件，所以很少发生当事人投诉。虽然没有审限，但是对于刑事案件往往还是优先审理的。座谈中我们了解到，罗马尼亚有2000万人口，全国有5000名法官，每人每年办理案件约100件；波兰有3800多万人口，全国有1万名法官，我们所拜访的波兰格但斯克地区法院，该院有100名法官，每年总受案3000多件，每人每年办理案件30多件。在罗马尼亚、波兰不存在“案多人少”的问题。与罗马尼亚、波兰不同的是，在我国“案多人少”，在诉讼法中对案件的审理期限进行明确是非常必要的。虽然诉讼法中有审限要求，但是超审限审理案件的现象时有发生，究其原因主要还是一些法官审限意识不够，因此，我们应当学习波兰法官那种自觉和自我监督的意识，杜绝法官因审限意识不强导致的超审理期限审理案件的情况发生。

7. 将调解从法院剥离出去，在诉讼之外设置专门调解机构进行调解。在罗马尼亚、波兰的法院，传统的司法理念认为法院的职能就是裁判，法院进行调解首先在于当事人和公众对于法院的期待有所变化，一些民商事案件的关键不在于输赢，而在于平衡双方利益。因此，罗马尼亚、波兰建立了诉讼外由专门的调解组织进行调解的制度。该制度与我国调解制度的区别在于：一是如果当事人愿意调解，主审法官便中止审理，将调解工作交由专门的调解组织进行；二是调解员不注重是非输赢，而是寻找双方利益的平衡点，找出双方接受的方案；三是调解员与主审法官完全不沟通，有意地防止相互影响。为了突出我国法院裁判的职能，提高审判效率，可借鉴两国的上述做法。

8. 提高法官入职和选任标准。从罗马尼亚、波兰两国对法官入职和选任标准来看，对法官的学历、学识、工作年限以及职业培训比较注重。建议在新一轮司法体制改革中，在施行法官员额制基础上，建立两年制的预备法官训练制度，将完成预备法官职业训练并考核合格作为法官的法定任职条件。因为只有提高法官入职和选任标准，才更有利于提升法官素养，确立司法公信，赢得司法权威，进而为提高法官待遇打下制度基础。

9. 要时刻注重个人形象，保持好的精神状态。此次考察，罗马尼亚、波兰法官的衣着打扮、言谈举止、精神状态给我们留下了深刻印象。他们都十分注意个人形象，每个法官的微笑都让人感觉到了发自肺腑的真诚，人与人之间的相互尊重、礼让也值得我们学习。

全面推进广西法院信息化建设研究*

南宁市青秀区人民法院课题组**

2015年7月1日,最高人民法院周强院长在全国高级人民法院院长座谈会上指出:"信息化是法院又一场深刻的自我革命,已成为司法能力和司法体系的重要组成部分,已成为新的审判方式。"他强调,各级法院要大力推进信息化建设转型升级,力争到2017年年底建成全面覆盖、移动互联、跨界融合、深度应用、透明便民、安全可控的法院信息化3.0版,把中国法院建设成为"网络法院""阳光法院""智能法院"。为贯彻落实周强院长的讲话精神和要求,进一步推进人民法院信息化建设工作,南宁市青秀区人民法院选择《全面推进广西法院信息化建设研究》为课题,组成课题组进行了研究。

一、人民法院信息化的基本情况

1997年召开的我国首届全国信息化工作会议提出,信息化是培育、发展以智能化工具为代表的新的生产力并使之造福于社会的历史过程;《2006~2020年国家信息化发展战略》认为,

---

* 本文为广西法院2015年重点调研课题成果,项目编号:GXGY(2015)A01(02)。

** 课题主持人:林中材;课题组成员:覃福晓、雷震、徐玫、何明波、梁为锋、尹胜、黄小洛。执笔人:徐玫、何明波、梁为锋、尹胜。

信息化是充分利用信息技术，开发利用信息资源，促进信息交流和知识共享，提高经济增长质量，推动经济社会发展转型的历史进程。我国人民法院信息化大致经历了四个阶段：

（一）人民法院信息化起步阶段（1996～2001年）

1996年5月，最高人民法院召开全国法院通信及计算机工作会议，确定北京、上海、江苏、辽宁、河南、海南、广东、福建8个高级人民法院及其所辖法院作为全国法院计算机网络系统建设的试点单位，制定了《全国法院计算机信息网络系统建设规划》和《全国法院计算机信息网络建设管理暂行规定（试行）》等指导性文件，标志着人民法院信息化工作的起步。

（二）人民法院信息化全面推进阶段（2002～2009年）

2002年召开的第一次全国法院信息化建设工作会议，标志着法院信息化工作进入全面推进期，多个全国性应用系统先后上线运行。2007年6月，最高人民法院印发《最高人民法院关于全面加强人民法院信息化工作的决定》。《2006～2020年国家信息化发展战略》这一涉及国家信息化长远发展的规划性文件颁布，将法院信息化的推进工作列入国家信息化发展层面，视频会议系统、数字化法庭系统、电子签章系统、数字化诉讼档案等逐步开始普及。

（三）人民法院信息化2.0版建设阶段（2010～2015年）

2010年，最高人民法院开始实施"天平工程"，[1]标志着全国法院信息化建设进入2.0版时代。《人民法院信息化建设五年发展规划（2013～2017）》进一步明确了"天平工程"的建设任务，提出构建业务全覆盖、网络全互联、资源全共享、系统高效应用、信息确保安全的法院信息化体系。2015年，中国法院已经建成以互联互通为特征的人民法院信息化2.0版，基础设施建设基本完成，信息化与各项审判业务的良性互动格局初步形成。

---

〔1〕"天平工程"是"国家司法审判信息系统工程"的简称，是最高人民法院向国家发展和改革委员会申报，全国各级人民法院协同建设的电子政务工程，其主要内容包括制定规范化标准，开发应用软件，完善网络和存储环境，提供庭审支持、门户监管、系统安全等保障措施，建设全国统一的司法数据库等。

（四）人民法院信息化3.0版建设阶段（2015年至今）

2015年同时也是人民法院信息化3.0版的开山之年。当年，最高人民法院开始编制《人民法院信息化建设五年发展规划（2016～2020）》。同年2月4日，作为司法改革的纲领性文件，《最高人民法院关于全面深化人民法院改革的意见——人民法院第四个五年改革纲要（2014～2018）》（法发〔2015〕3号，以下简称《四五改革纲要》）中65项改革任务中有35项不同程度地依赖于信息化技术手段。同年7月召开的全国高级人民法院院长座谈会提出，司法改革和信息化建设是人民司法事业发展的车之两轮、鸟之两翼，要求各级人民法院充分认识大数据时代法院信息化建设的重要性，进一步增强责任感、使命感、紧迫感，强力推进信息化建设转型升级，建设具有中国特色的人民法院信息化3.0版。

《人民法院信息化建设五年发展规划（2016～2020）》对这一阶段的建设目标修正表述为：到2017年年底，基于科学、合理、可行的人民法院信息化顶层设计，全国法院总体建成以数据管理平台为中心，以专有云和开放云为支撑，以五大网系为纽带，以23类应用为重点，以安全、运维和人才队伍为保障的人民法院信息化系统，总体建成具有中国特色的人民法院信息化3.0版，这是当前法院信息化建设的第一阶段目标。第二阶段的目标是：到2020年年底，人民法院信息化顶层设计进一步丰富完善，以大数据管理和服务平台为中心，以专有云、开放云和涉密云为支撑，以全流程、全业务应用平台为重点的人民法院信息化系统，向中基层法院延伸拓展，人民法院信息化3.0版持续深化完善。

二、广西法院信息化2.0版建设的成效

广西法院历来重视信息化建设，经过全区法院共同努力和多年的实践探索，逐步形成了符合广西法院实际的“一盘棋”和“统一领导、统一规划、统一设计、统一标准、统一实施”的发展思路。在广西壮族自治区高级人民法院（以下简称广西高院）的领导下，全区法院以高起点定位、高标准谋划、高要求实施、高速度推进信息化建设，最终于2015年基本建成以互联互通为主要特征的人民法院信息化2.0版。

（一）网络框架基本建成

根据要求，全区各法院均组建成内部网络，安全防护、网络带宽、地址分配均按照高级人民法院的要求安装，各项服务于审判执行工作的软硬件均能通过四级网络高速运转，网络架构合理、规范，逐步形成了以办公内网、法院专网、外部专网、互联网为纽带，网内互联互通、类型较为齐全的信息网络基础设施。

1. 信息化基础网络功能比较全面

（1）法院专网成为日常办公办案不可或缺的平台。截至 2015 年，全区法院二、三级专网分别提速至 200M 和 100M，派出法庭专网提速至 10M，网速提升为原有带宽的 5 ~ 10 倍，各级法院局域办公内网广泛使用并接入法院专网。通过使用单向网闸，初步实现法院专网与外部专网、互联网之间的跨网非涉密数据交换。

（2）外部专网成为部门联动、信息共享的主要渠道。广西高院通过租用电信 2M 专线，与公安、检察院、国土、住建、工商、人民银行等 23 个部门以及广西区内 22 家商业银行进行点对点连接，初步满足信息报送、信息共享、执行查控和信用惩戒等业务的需要。

（3）互联网成为司法公开、诉讼服务的便捷通道。依托互联网统一建成了法院政务网、阳光司法网、诉讼服务网、诉讼资产网、裁判文书公开网等网络集群。当事人还可以通过相关法院的互联网 APP 平台、微信公众号等办理立案、提出申请和提交证据材料等。

（4）云服务功能成为提升信息传输和数据应用的新方向。

（5）依托网络的应用平台不断研发、投入、使用并显现功效。

2. 信息化基础设施不断完善

（1）机房基础建设水平不断提升，功能日趋完善。广西高院和部分中级人民法院建成了标准化机房。

（2）科技法庭基本覆盖全区各级法院，覆盖全部派出法庭。截至 2015 年，广西法院已建成科技法庭 882 套（分布情况如图 1），其中高清数字法庭 293 个；科技法庭覆盖全部派出法庭并在 2015 年进行了普清转高清的升级改造工作，基本满足开庭过程的全程录音录像。

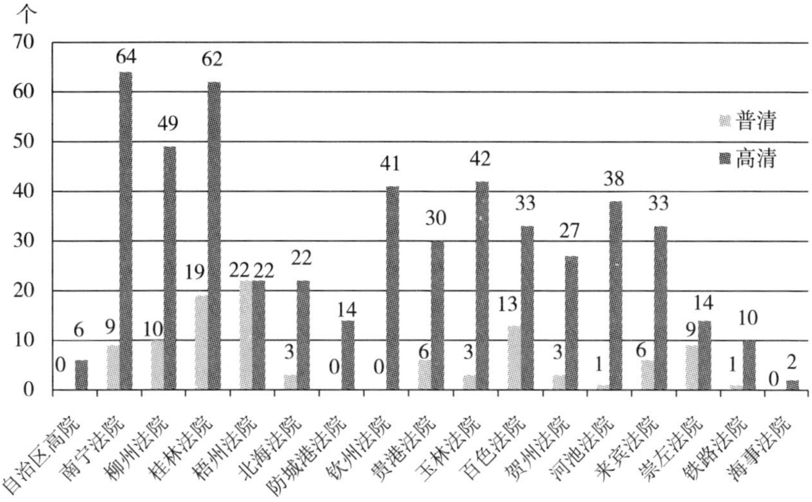

图1　广西法院科技法庭数量情况分布图

(3)远程音视频系统全面覆盖。第一,数字化会议系统建设完成,实现全区会议零距离。广西高院认真整合全区法院音视频资源,统一接入高级人民法院音视频管理平台,实现数据互联互通、信息共享。各级法院基本建成高清视频会议系统,满足三级法院实时召开视频会议的需要,减少法院干警在途时间,极大节约了时间及人、财成本。(见图2)

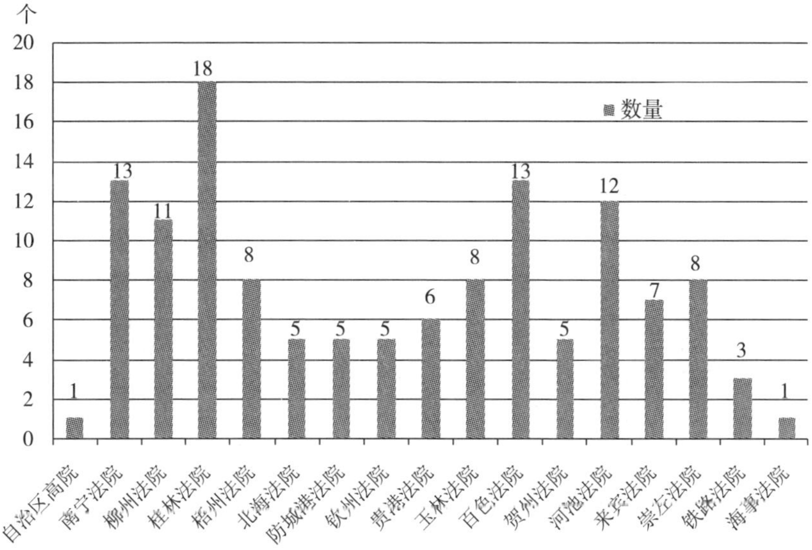

图2　广西法院高清视频会议系统数量情况分布图

第二,远程提讯系统功能凸显,优化庭审意义重大。该系统有效解决了路途遥远及用车用警方面的条件限制,降低了押解被告人的在途风险,提升了刑事审判效率,节约了司法资源。(见图 3)

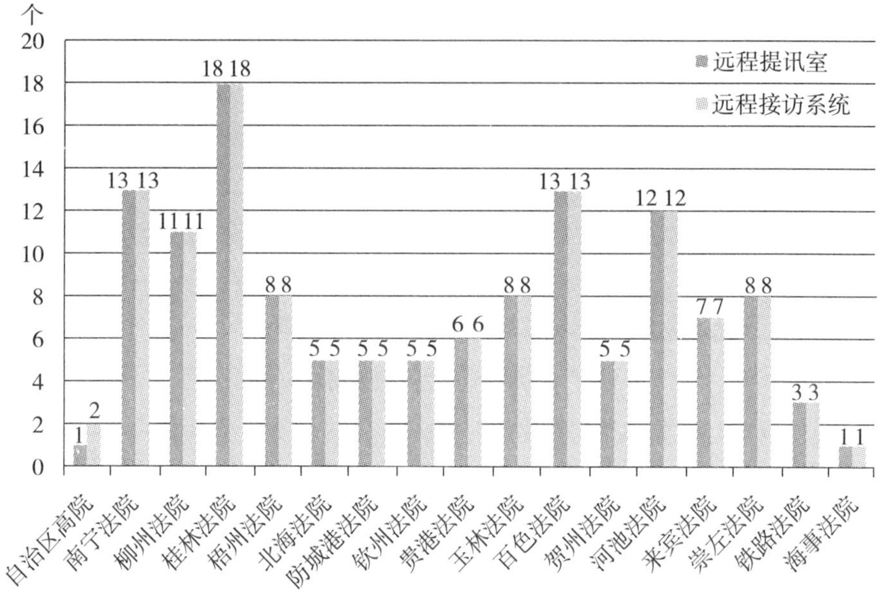

图 3 广西法院远程音视频建设情况(截至 2015 年 12 月 31 日)

3. 执行指挥中心基本覆盖全区法院

根据广西高院的计划及部署,截至 2015 年年底,全区 16 个中级人民法院均完成执行指挥中心的建设工作。

4. 管理系统不断优化升级

(1)部分法院建成集控中心项目。例如,桂林市中级人民法院首先建成了集控中心项目,南宁市中级人民法院的集控中心设置 $36m^2$ 的无缝融合高清背投屏幕,河池市中级人民法院的信息化集控中心可用于视频会议、庭审直播、监控安保、执行指挥等。(2)法院安保系统实现升级改造。(3)档案数字化建设逐步推进。(4)移动办公系统建设逐步加快。(5)司法信息安全存储与安全传输项目有序推进。

(二)应用系统成效初显

广西法院信息化建设坚持“五个统一”的思路,在广西高院统一管控应用系统的架构下，基本实现了信息化应用技术服务于司法公开、审判执行、司法管理 3 个层面的需求。

1. 广西法院综合应用管理平台运行良好

全区法院依托广西高院开发的广西法院信息化综合应用管理门户网站，全面推行司法办案、综合政务、决策分析、队伍管理、诉讼服务五大平台的应用，实现三级法院司法应用系统及司法数据互联互通，信息资源共享，以单点登录实现“一点接入、全程服务”。广西法院信息化综合管理门户网站的建立，标志着全区法院信息化建设迈向一个新台阶。

图 4　广西法院综合应用管理平台

从图 4 可知，广西法院综合应用管理门户主要栏目包括审判系统、执行管理、信访系统、视频管理、法律法规、执行查控、审判支持、公文处理、内部邮件、通知公告、手机短信、工作流、公车管理、领导活动安排和报餐管理等，也可以按照司法办案、诉讼服务、综合政务、队伍管理和决策分析几类功能进行更细致的二层次分类。这些应用系统有的以服务人民群众为核心，有的以服务审判执行为核心，还有的以服务司法管理为核心。

2. 扩展应用不断延伸发力展实效

广西各级法院基本都开通了官方微博、微信平台，各级法院广泛利用微信、微博、短信等服务平台，试点微信、微博立案、QQ 调解等新方式，积极利用信息化技术手段，加大司法宣传工作的力度，得到群众一致好评，庭审直播工作不断推进。

此外，各级法院还积极建设、租用电子显示屏或者与相关单位、媒体合作，在繁华路口、车站、机场、广播电视等平台发布通知公告、开展法制宣传、公布失信人员信息等。

（三）保障体系日趋完善

1. 组织保障及队伍建设不断完善

2015年被定为全区法院信息化水平提升年，广西高院成立高院领导挂帅的领导小组，制定《全区法院开展“信息化建设提升年”工作实施方案》。为了统筹信息化建设，全区各级法院成立了信息化建设领导小组，各中级人民法院均成立有编制的司法技术管理科，基层人民法院均有专门的技术人员负责信息化技术的维护及管理。截至2015年年底，全区三级法院共有信息化技术人员280人，其中在编的204人，聘用人员76人，详见图5。[2]

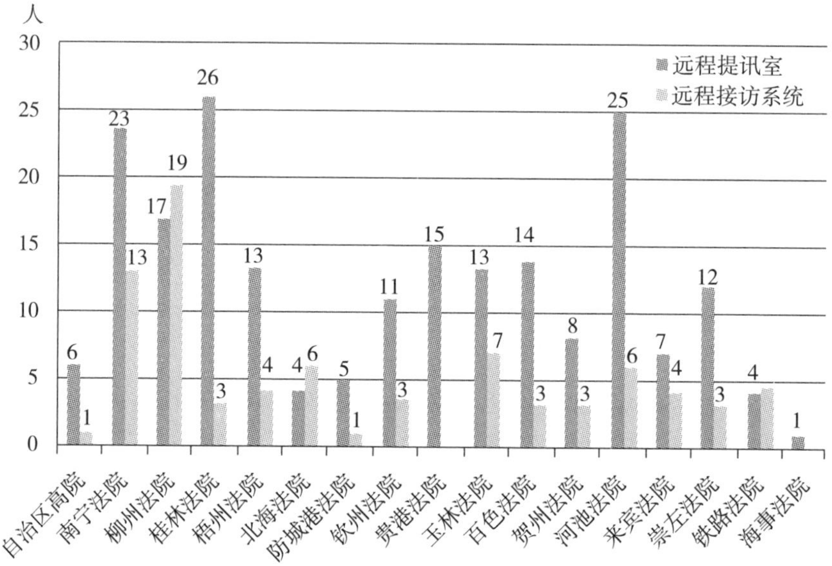

图5 广西法院信息化技术人员数量统计

2. 资金投入不断加大

法院信息化建设是法院司法改革的重要方面，而资金投入是法院信息化建设得以顺利完成的重要保障。在信息化建设中，广西法院在经费预算上落实资金、重点保障，进一步加大对信息化建设的资金投入力度，将信息

〔2〕 数据来源：广西壮族自治区高级人民法院技术处。北海海事法院有其他技术人员1人。

化建设经费和运行维护经费纳入年度重点支出项目，列入法院业务经费预算，以保障信息化建设顺利进行。其中，高级人民法院拨付每个中级人民法院200万元专项资金，专门用于加强执行指挥中心建设。

3. 以基础设施和应用为重点的运维保障体系基本形成

2015年，广西法院出色完成全国执行会议、全国高级法院院长座谈会等重要会议保障，做好全国人大代表、自治区人大、政协代表视察和重大要案审判活动等技术保障，标志广西法院信息化运维管理保障能力进入全国前列。[3]

4. 信息安全保障体系建设不断优化

广西法院遵循“同步规划、同步建设、同步运行”原则，建设完善的信息安全保障系统，加强信息安全的监管和保护。在广西高院的统一部署下，全区各级法院在内网计算机上安装桌面360认证客户端，推行审判管理系统的CA身份认证应用，全面限制移动硬盘在内外网数据传输中的使用，从根本上杜绝存储介质的交叉使用，确保办公专网与互联网的充分隔离，确保办公专网的信息安全。部分法院为进一步提升网络安全，自行采购安全应用系统，如南宁市中级人民法院采购360天擎客户端、行为管理器，梧州市中级人民法院采购有终端保密检查系统、介质信息消除系统、360安全卫士套装等。桂林市中级人民法院建成了“云计算”中心用于法院内部信息存储，防止失密泄密事件发生。

5. 统筹规划及制度建设不断健全

为保障信息化建设的有序进行，广西高院制定了多个规范性文件，如印发《关于常态化使用现有音视频设备的通知》，明确信息化设备的使用、管理，切实促进音视频设备使用。广西各级法院从信息采集、录入、维护、使用、管理等环节入手，根据自身情况及发展特点，制定了相应的制度规范。

（四）公开便民全面推进

广西法院不断强化司法公开及便民服务，赢得良好社会反响。

1. 三大平台建设快速推进，信息公开率朝着100%努力

2014年，在自治区高级人民法院统一部署安排下，广西阳光司法网正式

---

〔3〕《2015年广西信息化建设汇报》。

开通运行,审判流程公开、执行信息公开、裁判文书公开三大平台同时启用,截至2015年12月31日,全区法院通过阳光司法网向社会公众公开案件信息24748条,公开裁判文书6097件,公开执行信息663条;截至2016年10月27日,向社会公众公开案件信息55785条,公开裁判文书17972件。[4]

2.统一开通"12368"诉讼服务平台和热线电话

在广西高院领导下统一建设全区各中级人民法院"12368"诉讼服务平台和热线电话,提供自动语音和人工服务,并不断扩展便民服务功能;建设诉讼服务网和律师服务网,解决群众"立案难"问题。

3.开通律师服务平台,提高专业服务效率

为了应对立案登记制实施后案件数量激增,法院排队立案效率较慢的情势,2015年12月,律师服务平台率先在南宁、柳州、玉林三市的两级法院试运行。全区登记在册的律师可以通过登录该平台,上传立案材料,等待法院审核立案,足不出户、一键式完成立案工作。

三、广西法院信息化2.0版建设存在的问题及原因分析

针对分析广西法院信息化存在的问题,课题组主要从当前广西法院信息化建设的资金投入、整体推进情况、干警满意度和与全国及发达省区的对比等角度进行。

(一)信息化建设资金不足

一般而言,法院开展信息化建设主要有两方面的资金来源,一是中央转移支付资金即预算内的财政拨款,二是辖区财政拨款,且第二种方式是主要的资金来源。广西法院信息化建设资金投入逐年增长是事实,但资金投入不足的状况仍未改变:一是由于地方经济水平较其他省市落后,财政收入较少;二是由于地方政府对法院信息化建设的重视和支持的力度不够。

1.各中级人民法院对信息化建设资金的反馈

课题组搜集了广西13个中级人民法院2015年度关于信息化建设的简报,

---

[4] 数据由网站后台管理技术公司(北大法意)提供,2015年7月以后的执行信息由华宇公司负责管理,但未能搜集。

经济相对较好的南宁、柳州、桂林等地市法院都普遍提到了信息化建设资金不足的问题,部分法院基础建设跟不上信息化建设的需要,制约了审判执行等工作。

2. 县(区)法院对信息化建设资金的反馈

各地对法院信息化建设的资金投入不平衡。就层级而言,中级人民法院资金比基层法院更充裕;就地域而言,经济发达县区比经济欠发达县区充裕,同一地级市的城区法院比县法院充裕,同城各区法院所获得的资金也各不相同。课题组搜集的广西部分县区法院2014年以来的信息化建设资金投入情况表明,各县区法院的投入很不平衡(详见表1)。

表1　广西部分基层法院信息化建设资金统计情况　(单位:万元)

数据对象	2014年	2015年	2016年上半年	合计
1	35.7	139.037	29.94	177.2
2	48.64	74	18.9	141.54
3	81.05	70.4	15	166.45
4	90	150	36	276
5	26	90	61.2	177.2
6	26	90	61.2	177.2
7	54	79	35	168
8	170	278.74	223.94	672.68
9	15.53	2.68	19.43	37.64
10	9.85	7.55	3.63	21.03
11	72	28	84	184
12	43	46	51	140
13	86.25	66	49.5	201.75
14	124	146	97.92	367.92
15	92	90	85	267
16	145	81	44	270
17	71	216	缺失	71
18	129.85	76.37	缺失	206.22
19	42	46	60	148
合计	1361.87	1560.777	975.66	3870.83
平均数额	71.68	86.71	57.39	203.73

（二）顶层设计前瞻性不够

我国各级法院信息化建设“存在顶层设计不够、发展规划对建设的指导作用相对薄弱的情况”,[5]广西法院的信息化建设也不例外,各自为政开展信息化建设的现象还很突出。

1. 技术装备难以实现统一配置

尽管广西高院在许多方案中均强调信息化建设要统一领导、统一规划、统一设计、统一标准、统一实施,但实际效果不够明显。广西高院在设置最低标准的同时,允许各地根据自身情况进行发展建设,这其实是对信息化技术发展趋势的前瞻性预计不够,部分设备、信息系统难以连接,生成的信息资源难以共享。由于部分设施设备、系统与上级法院及其他法院连接困难,以及部分设施设备和系统存在“边采购边落后”的问题,部分法院不得不重新采购新的设施设备或完善系统,浪费原本已明显不足的信息化建设资金。

2. 核心应用系统更换过于频繁

由于原有系统功能的不足,火炬系统、锐新系统和华宇系统3个系统在短短数年内快速更换,这也反映出广西高院在核心应用系统设计上的前瞻性不足,毕竟这些系统均是在广西高院的主导下更换的。而且,这种更换并不是系统的升级,而是没有做好衔接的整体变更,老系统尚未用熟,新系统马上出现。

（三）减负提效的效果不佳

广西法院信息化建设水平总体上在不断提升,但尚未有效地减轻审判执行一线法官和辅助人员的工作负担,主要表现为:多种平台重复操作耗费人力,系统运行不稳定、速度不快、功能不全等影响提效减负。课题组问卷调查结果显示,在回收的85份问卷中(见图6),仅有16.5%的人认为现行审判管理系统运行良好、满足工作需要,而绝大部分人都认为该系统存在问题,反映最多的是系统响应速度慢,影响工作效率,以及系统不稳定,经常出现掉线、运行中断等问题,分别占76.5%、65.9%。

---

[5] 中国社会科学院法学研究所、国家法治指数研究中心、法治指数创新工程项目组:《中国法院信息化第三方评估报告》,中国社会科学出版社2016年版,第85页。

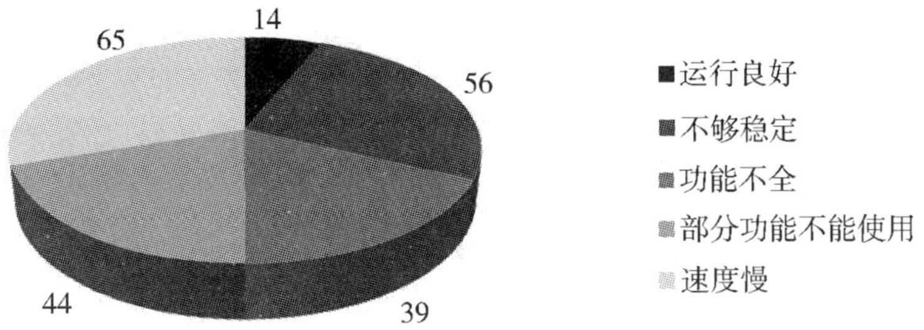

图6 对新锐新系统运行情况的意见(单位:人)

1.网络信息安全与工作便捷性的冲突

调研数据显示(见图7),34名干警(占40%)所在法院完全禁止使用移动存储设备,50名干警(占58.8%)所在法院经授权后可以使用移动存储设备,只有1名干警(占1.2%)所在法院可以自由使用移动存储设备。这表明,为了保护审判执行案件秘密,防止信息外泄,广西绝大多数法院都已经禁止或限制移动设备连接办案电脑,仅有少数法院未予以限制。

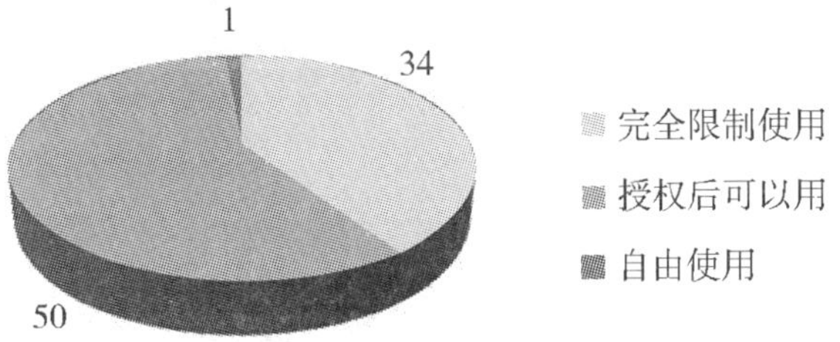

图7 办公网络对移动终端的限制情况(单位:人)

2.重管理轻服务倾向突出

广西法院信息化建设中的很多功能尚处于试用阶段,为了完成测试系统运行情况所需的数据考验,不得不在很多重复、简易的工作中投入大量的心血和精力,仍存重管理、轻服务的突出倾向。

(四)信息化技术水平不高

1.法院信息化队伍人员不足、水平不高,高层次人才偏少

第一,广西法院普遍欠缺专门技术人员,高学历、在编、在岗时间较长的技术人员更少。课题组调研的47家基层人民法院仅有108名技术人员,平

均每家法院仅有2.3名。在课题组进行的问卷调查中,85名受访者有71名(占83.5%)也认为所在法院的信息化方面的工作人员不足。

第二,复合型人才少,往往懂信息技术的人不熟悉法律,而熟悉法律的又不通晓信息技术。在针对从事信息化工作的85名工作人员的调查中发现,仅有17名在业务庭工作过。

第三,技术人员流动性高。全区法院从事信息化工作超过3年的技术人员仅有70名,人员流动性超过35%。

上述原因使得很多法院的信息化专业队伍力量薄弱,难以及时解决干警使用信息化系统设备产生的问题,甚至无力解决这些问题。

2.法官及辅助人员信息化应用积极性不够高

"审判执行应用在'可以'基础上距'易用'尤其是'好用'还有很大差距,部分应用系统一定程度上加重了法官负担",〔6〕广西各级法院在不断推进信息化建设过程中也面临同样的问题。应用系统的友好性不足,更新换代过快,新旧系统页面、操作差异大,法官及辅助人员经常要不断地去学习、适应,这些都在一定程度上打击了干警使用新系统的积极性。

(五)协助体系实效性不强

法院在办理审判执行时,需要协助机关对法院的调查和办理事项给予协助,特别是对案件当事人的相关情况或财产进行查询、冻结、查封、划拨以及对当事人进行限制这些需要频繁操作的事项,纯粹的人力外出执行已经不太可能,必须要有强大功能的查控及数据交换系统。

(六)与全国及发达省市信息化建设水平差距较大

广西法院信息化2.0版建设的成效与自身纵向对比有了质的飞跃,但横向上与北京、上海、广东、天津、福建等信息化建设较为先进的法院比还存在较大差距,有许多建设项目和应用功能需要完善。全国及发达省区的信息化建设优于广西法院2.0版的主要表现是:

1.综合办公办案平台建设更为稳定、全面,数据及时生成

上海、北京、天津、广东等地法院作为信息化建设的先进法院,其中一个

〔6〕 参见《人民法院信息化建设五年发展规划(2016~2020)》,载《中国审判》2016年第5期。

突出的特点即是系统统一、稳定、功能齐全,各类审判数据均能在系统内提取,各项数据能够及时生成,各法院自行开发的子系统注重与综合系统的融合。比如,北京法院“信息球”系统融合了全市三级21个法院,600个业务庭、处、室,8500余人员以及500余万例案件信息,以最高人民法院公布的31项质效评估指标和北京法院“三横三纵”审判质量管理体系为标准,形成了160万组分析图表,实现“人中有案、案中有人”,按法院、指标、时间、人员4个维度对北京市三级法院、各法院之间、各法庭之间,具体到各法官之间,对完成审判管理的相关数据进行统计。具体到每项指标,如具体到结案均衡度这项指标,能对全国、全市、全院、全庭的相关数据进行比较。各项信息交互比对,为各级法院领导提供了数据对比排行、统计图表、文字分析和趋势预测等量化管理手段。实现系统自动从案件信息管理系统提取数据,自动生成新的司法统计报表,同步生成各项继续指标和法院案件质效评析数据,从法官录入数据到完成质效考核,形成互为关联的数据链条,实现了法官审判绩效的“按日生成”。比较而言,虽然广西法院的综合办案平台也包括类似模块,但很多模块的功能都还不具备或不完善,数据无法及时生成。

2.“12368”诉讼服务平台建设成效突出

“12368”是最高人民法院确定的、全国法院系统通用的司法信息公益服务号码。“12368”司法服务热线首个试点单位——北京法院“12368”司法服务热线于2009年1月7日正式开通。之后,全国各地法院先后开通“12368”服务热线。以上海法院的“12368”服务热线为例:上海市高级人民法院自2014年1月2日正式开通“12368”诉讼服务平台以来,在上海市高级人民法院设总平台,下设22个分平台,集电话、短信、传真、微信、邮件、APP、网站等于一体,并与各法院诉讼服务中心、执行事务中心实时对接联动。平台整合了联系法官、案件查询、诉讼咨询、心理疏导、投诉信访、意见建议、社会评价、督察考核八大功能。而广西法院的“12368”平台建设尚处于起步阶段,中级人民法院正在筹备建设,基层人民法院尚未开通此项服务。

3.移动办公平台自主开发进度较快

北京法院的“北京法院智汇云”手机APP移动办公平台很好地适应了当前移动办公的趋势。该平台包括即时通信、法院信息、案件管理、数据服务、日程管理、工作审判、信息查询、人事服务、云服务等移动终端服务。广西各级法院尚未能开发此类功能,或仅有小部分功能在少量法院中适用。

4. 紧密对接群众司法需求,信息化便民平台更加注重"用户体验"

信息化建设是一个系统工程,在服务好审判工作的同时也需要服务人民群众的需求。北京市高级人民法院从2015年1月起正式启动诉讼服务自助平台项目建设,在充分调研和试用的基础上,开发出具有12项诉讼服务功能的自助终端平台。该平台包括"公共信息""诉讼服务""我的案件"三大功能模块。截至2016年4月,北京市高级人民法院已在全市23家法院和63个人民法庭部署了100台诉讼服务自助终端,通过这台类似"ATM机"的自助终端,当事人可跨区域查询到案件信息,实现诉讼材料递交、给法官留言等多项诉讼服务。广西法院目前尚无此类建设,甚至法院工作人员在系统内都无法查询其他法院的相关案件信息。

5. 根据审判实际需求,自主研发各类软件

根据审判实际与各项工作需要,信息化建设先进的法院多强化法院工作辅助软件规划和设计工作,打造法院大数据库。例如,北京市法院根据各自需求研发各类软件,如发布涵盖全市法院的移动办公平台,基层人民法院如北京市西城区人民法院,自主研发了数字审委会系统、人民陪审员管理系统、审判绩效管理系统(具有专题数据统计分析功能、每个案件均有案件督察功能)、执法记录仪管理系统(记录仪拍摄到的画面均能及时上传并与执行案件相关联)等共计60多项管理系统。广州市越秀区人民法院研发的短信平台办案助手,采用全自动模式发送,有效避免漏发、误发情况,业务范围包括当事人领域及办案辅助领域。广州市中级人民法院研发的远程视频庭审系统,统一建设远程视频庭审系统,实现"双远程"功能,当事人家属或其他旁听人员可在法院的远程视频法庭旁听。厦门市思明区人民法院,截至2016年4月已累计开发64款软件,涵盖"队伍建设""审判执行""后勤保障"三个方面,广西各级法院此类建设较少。

6. 注重与司法改革功能协调

信息化要做到与时俱进就要体现司改需要。作为信息化建设的先进地区,同时作为司法改革的第一批试点法院,上海法院在其综合信息系统的审

判管理信息系统的设计中就体现了司改需要,其主系统中包含专门的“司法改革系统”,同时在六大子系统的下设系统的设置中均体现《四五改革纲要》的要求。目前,广西的司法改革尚在进行中,我们可以借鉴先进地区的经验,在系统设置中体现司改需求。

广西法院与先进地区法院在硬件设施建设进度上存在一定差距。但发达地区法院信息化建设的路径也为广西法院信息化建设指明了方向,值得我们借鉴。

四、推动广西法院信息化3.0版建设的一些思路

本文主要从转变和提升法院信息化建设理念、吸收和运用先进的经验和技术等方面进行思考,对广西法院信息化3.0版的建设提出一些理论性的思路。

(一)立足全局,加强顶层前瞻设计能力

1.坚持把信息化建设作为“一把手工程”来抓

广西法院一贯重视信息化建设这项“一把手工程”,各级法院均成立以院长为组长的信息化工作领导小组,把信息化工作列入党组议事日程。在司法改革进程中,广西高院应继续充分发挥好信息化建设的领导和指导职能,制定形成符合广西法院实际,全面涵盖基础设施、应用系统、日常办案和管理、司法公开等各项工作的信息化规范标准体系,以标准找差距、促建设,有步骤、有规划地从核心主干工程到各项应用全面推动。

2.站在巨人和前者肩上推动广西法院信息化建设

法院信息化建设是全国信息化建设的组成部分,要把广西法院信息化建设过程中发现的问题和形成的经验纳入全区、全国法院信息化建设的大局中,争取自治区党委和政府及其各部门、最高人民法院对广西法院信息化建设的支持,特别要加强对广西地方和全国法院及发达省区法院的先进建设经验和建设成果的学习和借鉴,甚至可以直接将先进法院的信息化建设经验和成果引入广西法院信息化建设工作中来,尤其还要把他们先进的理念运用到广西法院信息化建设过程中,既避免建设冲突又开创建设特色,把广西法院的有限资金和资源用在信息化建设的关键之处。

3. 科学谋局规划，坚持从办案实际需求寻找突破“瓶颈”的思路

广西法院应当坚持上下一盘棋的思路，坚持“统一领导、统一规划、统一设计、统一标准、统一实施”的工作指导原则，强化顶层设计，制定有较强指导性、约束性、可操作性和便于各级法院遵守执行的原则性、框架性的发展规划，明确建设需求和技术方案，统一建设技术标准和应用产品标准，把孤岛信息连成岛链，并逐年根据建设实际评估修订相关规划。参考浙江省高级人民法院每年年末就对下一年度整个浙江的信息化建设规划实行网上公示的做法，让各级法院合理安排资金，既完成上级交办的任务，又能开发个性化需求。[7]

4. 提升干警的信息化水平和参与信息化建设的积极性

广西法院的信息化建设需要全体干警的广泛参与，应当通过信息化建设的实效宣传、绩效考核和各项专门的学习考察、培训教育，以及信息化建设过程中的建设能力和应用能力考核，帮助干警转变观念、提高认识、增强能力，推动干警自觉提高信息化水平和参与信息化建设的积极性。

(二) 围绕中心，抓好信息化建设的关键

信息化建设的关键就是信息和数据，包括信息和数据的连接、共享、存储、处理、应用和安全。以审判为中心作为司法改革的重点任务以及人民法院信息化建设的重要依据和基本目标，要求我们必须从审判执行的前端至末端，发掘和推动法院信息和数据的应用水平不断提升，以更好地提高广西法院信息化建设的质量和效率。

1. 加强广西法院信息和数据集中汇聚能力，形成大数据信息港

针对广西法院信息化系统中的数据相对不足的状况，要加快整合包括案件数据、办公数据、诉讼服务数据、运维监控数据、电子档案数据、科技法庭数据、外单位共享数据、媒体资产数据、其他视频数据九大类数据资源，实现全区三级法院数据共享、全系统运行和处理。只有在系统中处理办公办案，才能更好地通过系统运用的紧迫性推动广西法院信息化建设的进程速度。

---

〔7〕 参见郑多见:《搭建信息化平台助力阳光司法——人民法院信息化建设的思考与探索》，载《法制与社会》2011 年第 36 期。

2. 增强信息和数据的存储能力，提升办案和管理的信息化质量

传统的信息和数据存储方式即便通过增容也已经难以满足现实的需要。面对海量信息和数据，必须在传统存储有保障、有提升的情况下，加快推进云存储技术的开发利用，建设具有足够承载能力的法院专有云、开放云和涉密云，解决计算和存储的灵活扩展、动态调配，切实保障法院内部网络、外部网络和办案办公系统的高效处理的需要。

3. 增强信息和数据的应用处理能力，提高用户满意度

（1）扩大网间数据交换系统的应用，优化内外网信息双向互通。实现跨系统数据的传导和应用，要加强法院外部数据的摄入和内部数据的对外传输，形成内外部数据互通共享。一是加强与政法委、检察院、公安、司法、监狱、看守所等各政法部门的现有业务系统平台的连接，搭建全区政法系统数据共享交换平台，初步实现政法系统各部门之间信息互通和数据共享。二是推进与党委、政府、人大、政协及其相关职能部门、社会团体的信息共享，实时传递重大工作事项、重大敏感案件、法制宣传教育等信息，推动部门之间、地区之间、系统之间协调联动。实现内外网的数据传输运用，实现由内网向外网传送信息和数据的效果，法院制作的法律文书及证据材料，在审判系统中可以向特定当事人进行电子送达和证据交换等，也可以通过内网上传裁判文书和信息材料供当事人在外网查用；法院庭审和外出执行的数据均可实现实时上传、直播。当前，广西法院已在使用的短信平台、文书直报系统等都是内网与外网的网间数据传输和应用的例子。

（2）提高查控系统的综合效能，实现执行办案的网络化。广西高院可以联合各中级人民法院，加快与房产、车辆、工商、证券等部门的对接，早日实现网上全查询和全查封、冻结、划拨，利用公安等单位的系统实现线上线下同步对被执行人本身及其车辆等财产实时控制。同时，通过查控系统及失信被执行人名单库，实现纯系统查询和限制失信人员的高档消费、出行、融资信贷、投资理财、市场准入、招标投标、资质认定等，对失信被执行人进行有效限制，严厉打击“老赖”的拒不执行行为和碍于人情、关系或不熟悉业务等拒不协助执行行为。

（三）强化重点，建设实效型法院信息化

我们在建设广西法院信息化3.0版的过程中必须强化解决重点任务，迎头赶上，加快建设实效型法院信息化。

1. 坚持服务型导向推动法院信息化建设

推动法院信息化建设有利于提高办案效率和办案质量解决“案多人少”的问题，也有利于满足社会文明对司法公开、高效、为民的需求。因此，广西法院信息化建设应从这两方面推动信息化3.0版建设。（1）好的服务才能为更好地管理提供帮助。根据干警的需要——提高办案效率、减轻工作负担——开展法院信息化建设，要让干警的每一分付出都体现在信息化的成果中而不显多余、不再重复。（2）好的服务更有利于树立司法公信。当事人及其代理人能够及时通过信息化建设的“12368”平台或其他方式快速掌握案件进程、提供或取得相关文书材料，就没有必要频繁与主办法官及书记员进行不必要的沟通，影响法官正常办公，也不会因为效率不高和知情权难以满足等问题而对司法公正产生怀疑。

2. 审判案件管理系统和执行办案系统是法院信息化建设的重点

审判案件管理系统和执行办案系统是审判、执行两类案件的运转核心。无论我们加载多少附属功能，都要以这两个主系统为基础。系统首先具有规范的作用，而广西法院两套系统的功能未实现全面规范，只能在系统中按一定的流程补充信息，无法将案件的全流程体现在系统中。前面述及的文书规范化不足是一方面，另一方面是流程和节点的合理化不够。就单个系统而言，审判案件管理系统无法实现全案及全系统的智能化，将全部文书及全系统同类案件对比从而帮助法官及其助理、书记员提高办案效率，如庭审语音智能转写、文书撰写辅助等功能不足；执行办案系统的关键是执行查控系统的网络化程度明显不足，应加快推进效率。

广西农村土地流转改革立法构建及司法审判现状

王　星*

土地是社会生活最不可缺少的生产资料，是人类最必须珍惜的自然资源，农村土地就是农民赖以生存的命脉，任何的土地流转和变动都与农民的利益息息相关。在国家大力保障和促进农村发展的前提下，在党的十八届三中全会关于土地改革方案的指导下，农村土地流转势必会向纵深化和科学化发展。本文通过梳理广西土地流转现状、广西法院审理土地流转纠纷的司法实践，整理出土地流转纠纷审判实践中的疑难问题，提出了一些立法构建和司法审判的建议，以期能引起相关立法部门对农村土地流转现状的重视，尽早出台专门的地方性法规，加强和规范农村土地流转市场管理，保障农村社会的稳定，促进农村经济的发展。

一、广西农村土地流转现状及特点

随着广西全区城市化进程的加快以及第二、第三产业的快速发展，农村外出务工人员增多，广西农村的土地流转速度加快，土地流转市场日益活跃。

* 南宁市兴宁区人民法院民二庭审判员。

(一)广西农村土地流转现状

根据广西壮族自治区农业厅的相关数据统计,截至 2016 年 12 月底,全区农户承包地的流转面积已经达到 860 万亩,全区农村承包地总面积为 3338.65 万亩,土地流转面积占承包地总面积的 25% 以上。[1] 农村土地流转涉及农户 338 万余户,全区总农户数为 950 万余户,流转涉及农户数占全区农户总数的 35.62%。[2]

表 1 广西农村土地近 7 年流转状况[3]

截止 年月	流转面积 (万亩)	占总承包面积 百分比	涉及农户数 (万户)	占全区总农户数 百分比
2008	243	7.37%	—	—
2009	289.5	8.67%	—	—
2010.05	334.9	11%	120.05	14%
2011	402.7	12.06%	—	—
2012	480	14.38%	—	—
2013.10	520	15.66%	178	18.07%
2014.06	628	18.81%	196	19.9%
2016.10	860	25%	338	35.62%

(二)广西农村土地流转的特点及趋势

1. 广西农村土地流转呈快速增长趋势

2008 年年底,广西全区农村土地流转面积有 243 万亩,占全区农村土地总承包面积的 7.37%。2012 年广西全区农村土地流转面积有 480 万亩,而至 2014 年 6 月广西全区流转面积即达 628 万亩,与 2008 年同比增长近 2

---

〔1〕 数据来源详见“广西六成农村土地实现确权”,载广西农业信息网:http://www.gxny.gov.cn/,最后访问日期:2017 年 3 月 1 日。

〔2〕 数据来源详见“广西农业新型经营主体带动 338 万余农户更快增收”,载新华社:http://news.xinhuanet.com/local/2016-10/23/c_1119770429.htm,最后访问日期:2017 年 3 月 1 日。

〔3〕 数据来源详见广西农业信息网:http://www.gxny.gov.cn/,最后访问日期:2017 年 3 月 1 日。

倍。广西农村土地流转速度持续加快、涉及农户数逐渐增多的趋势十分明显。

2. 广西农村土地流转形式多样化

广西农村土地的形式多样化,主要有以下几种方式:转让、转包、出租、入股、其他方式。根据广西农业厅的相关数据,以 2013 年广西农村土地流转情况为例,2013 年年底广西全区农村土地流转面积为 520 多万亩,各种流转方式的情况如表 2 所示:

表 2 广西 2013 年全区农村土地流转方式占比

流转方式	流转面积(万亩)	占流转总数百分比
转让	8.52	1.63%
转包	95.5	18.37%
出租	350.05	67.32%
入股	5.76	1.11%
其他方式	60.17	11.57%

如表 2 所示,虽然广西农村土地流转方式有多种形式,但主要还是以出租和转包这两种较为传统的流转方式为主。

3. 土地流转细碎化,大规模流转相对较少

由于广西大部分区域属于山地地形,人多地少,人均耕地不足 1.4 亩,农户承包到的土地面积小、分布散,加上部分群众依赖土地心理较为严重,因此广西农村土地流转以小规模流转为主,大规模流转较少。根据广西农业信息网所公布的数据显示,2013 年全区连片承租农户承包地达 200 亩以上、租期 10 年以上的企业或大户只有 2370 家,总承包面积为 175.3 万亩,只占了全区农村土地流转面积的 33.71%。

4. 股份合作等较高层次的农村土地流转方式成为发展趋势

自 2008 年以来,全区农村土地流转中的主体逐渐由农户和其他主体转变为企业和专业合作社,后两者的比例在全区流转主体中的比例以每年 2% 的速度得到不断增加。知名企业、新型农民合作社、家庭农场等逐渐成为全区农业新型经营主体,截至 2016 年年底,已登记注册的以农民合作社为代表

的新型农业经营主体总共有40643家,这些新型经营主体总承租的土地面积为369.8万亩,占全区农村土地流转面积的43%。广西N市C村以农村土地股份合作化的方式招商引资,将全村土地成片集中、整地流转给企业,全村村民享受每年的土地租金分红、工资收入以及各种补贴等。由此可见,较高层次的农村土地流转方式成为土地流转的发展方向,广西农村的土地流转方式和结构逐渐趋于合理。

5. 土地流转缺乏监管机制,仍未形成规范化

根据我国《物权法》《民法通则》《土地管理法》《村民委员会组织法》《农村土地承包法》的相关规定,农村土地为农民集体所有,具体可以划分为3级,即乡镇一级、村一级、村内小组所有的集体土地,而分别代为行使所有权的组织分别为乡镇集体经济组织、村集体经济组织或村民委员会、村内集体经济组织或村民小组。自农村体制改革与家庭承包制推行以来,除沿海地区的东部农村还存有集体经济组织外(且大部分都已改制成股份制企业),我国中西部很多农村地区的集体经济组织或者是根本没有建立起来或者是名存实亡,广西区域也是如此,现实中农村集体土地所有权大部分都是由村民委员会来行使的。由此对农村土地流转带来的问题是,由于村民自治流于形式,土地流转是由村委会操控的时候并没有一个相应的机构来对此进行监督,因此土地流转或是背离村民的意愿或是流转形式不规范,面临较大的法律风险。

二、广西农村土地纠纷的司法审判实践基本状况:数据与案例分析

由于农村土地流转涉及不同集团之间的利益博弈,各参与主体利益多元化,这导致了土地流转过程中容易陷入困境,在司法审判实践中更是表现得更为具体。[4] 如前文所述,由于广西农村土地流转速度的加快及流转本身存在的特点,近年来农村土地纠纷也不断增多,主体及类型多样化,审判难度也在加大。笔者以"农村土地流转"为关键字在中国裁判文书网上搜

〔4〕 参见刘润秋:《中国农村土地流转制度研究——基于利益协调的视角》,经济管理出版社2012年版,第24页。

索，广西 2013～2016 年在该文书网上公布的该类纠纷生效裁判文书有 55 篇，从历年数据来看受案数在总体上呈现出不断增长的趋势。这类土地流转纠纷案件中，有土地承包合同纠纷 38 件、转让纠纷 4 件、其他承包方式纠纷 11 件。[5]

再以 N 市 X 区法院 2012～2016 年受理农村土地流转纠纷案件的审理情况如下文表 3 所示的内容为例：

表 3 N 市 X 区法院 2012～2016 年受理农村土地流转纠纷案件的审理情况

年份	土地纠纷案件	案件类型	审理结果	上诉数量
2012	11	承包、出租	判决、撤诉	2
2013	14	出租、其他方式	判决	3
2015	18	承包、出租、其他方式	判决、撤诉	5
2016	22	承包、出租、转让、其他方式	判决、撤诉	8

从以上数据可以看出，目前法院审理的土地流转纠纷案件有如下几个特点：

1. 数量上升，案件类型复杂。土地流转纠纷案件虽然在民事案件总数中所占的比例较小，但是在总体上呈现出不断递增的趋势；案件类型虽然总体上以承包合同纠纷为主，但是类型逐渐变得丰富，出租、转让、其他方式等类型在逐渐变多，正如上文所述，随着土地流转方式向较高层次的农村土地流转方式发展，日后法院受理的土地流转纠纷案件类型会变得更多、更复杂。

2. 案件审理的难度大，法律适用较为复杂，且存在不少立法空白。现行管理农村土地流转的法律规定存在立法上的缺陷性和滞后性，和农村的现实情况不相符，在土地流转实践中存在诸多“变通”“擦边球”行为。法院对农村土地承包经营权的发包主体、发包客体、发包程序、合同效力认定等多方面的法律问题解决上缺乏直接依据，案件审理难度较大。甚至因一些不同法律间冲

---

〔5〕 数据来源详见中国裁判文书网：http://wenshu.court.gov.cn/，最后访问日期：2017 年 3 月 1 日。

突,往往令审判部门陷入难以抉择的尴尬境地。如下文案例所示:

甲村村委会于2007年1月与乙公司签订了一份《厂房租赁合同》,该合同约定,甲村村委会将本村的占地面积为20亩的原农具厂废旧厂房租赁给乙公司使用,该合同约定租赁期限自2007年1月20日至2022年1月20日,每年租金为4万元,按年支付租金。该废旧厂房的土地已于2002年取得了土地管理部门颁发的集体建设用地使用证,土地用途为工业农地。2012年,甲村的新一届村委会以原村委会与乙公司签订的《厂房租赁合同》违反《土地管理法》第63条的强制性规定为由起诉到法院,请求法院判令该合同无效。乙公司抗辩称该合同有效,《土地管理法》第63条所禁止的是农村集体农用地的流转,而本案所涉土地属于非农建设用地使用权,并不是该法律规定所禁止的对象,因此要求甲村新一届的村委会继续履行合同。

该案中要判断该案双方签订的租赁合同是否有效,关键在于厘清农民集体所有的建设用地能否发生流转,现有法律没有明确规定。《土地管理法》第63条规定:"农民集体所有的土地的使用权不得出让、转让或出租用于非农业建设……"但《土地管理法》第2条第3款规定:"任何单位和个人不得侵占、买卖或者以其他形式非法转让土地。土地使用权可以依法转让。"《国务院关于深化改革严格土地管理的决定》第10条规定:"在符合规划的前提下,村庄、集镇、建制镇中的农民集体所有建设用地使用权可以依法流转。"相关法律法规并没有禁止农村集体建设用地的合法流转,所以在司法审判实务中由于法律规定不明确,导致裁判意见不统一。

3. 土地流转引起的案件,因其当事人农村农民的法律意识普遍较低,涉及人数众多等因素,审理效果较难获得普遍认可。因土地流转在短期内可以增加乡村集体收入,亦容易被树为地方的形象工程,很多农民在不知情的情况下其手中的土地被强制流转,而由于市场风险的不确定性,由此更容易引发大量矛盾尖锐的纠纷。[6] 在司法实践中,土地纠纷案件审理难度大,协调撤诉率低,大部分案件以判决结案为主,上诉率较高。农村土地流转案件往往由于涉及整个村集体的利益,涉案人数众多、矛盾激烈,特别是村委会

[6] 参见陈成文等:《农村土地流转——一个阶层分析的视角》,人民出版社2012年版,第14页。

在未经村民同意的情况下擅自发包给本村集体成员以外的人,则矛盾会更激烈。农村土地流转纠纷案件处理不当,往往会引起大规模的群体上访事件和暴力性冲突事件,由于这类案件关乎农村社会秩序的稳定问题,法院在审理时经常可能会遇到政府重视、党委过问、人大要求汇报等外部因素,审理压力较大。

例如,2012 年 N 市 X 区人民法院受理了一起因农村土地流转引起的案件。原告甲公司诉称,2009 年 3 月,甲公司与乙村 6 个村民小组(村民共约 500 人)采用招标投标方式签订了《承包经营合同书》,6 个村民小组将其依法拥有的 2597.2 亩林地发包给该公司承包经营,承包期限为 50 年,承包费为每亩每年 55 元,以后每年递增 10%,发包方不得擅自收回土地,否则应支付该公司总承包金 20% 的违约金和逾期利益损失。2009 年 11 月,政府因修建铁路需要,决定征用 82.5 亩承包土地作为临时施工场地,并发放了 500082.6 元的补偿款。乙村部分村民看到其中的利益后,认为今后政府也许还会继续征用土地,于是想收回土地,并开始阻挠甲公司继续经营。为此,甲公司将 6 个村民小组和村委会作为共同被告告上法庭,要求继续履行合同并支付违约金 1744178.2 元。在法院审理过程中,甲公司提供了 6 个村民小组 2/3 以上村民捺手印的附件作为证据,据此认为承包合同有效。被告 6 个村民小组抗辩合同无效:(1)发包的土地是林地,根据法律规定,林地只能以家庭承包的方式承包,以其他方式承包合同无效;(2)合同签订没有严格依照《招标投标法》的程序进行,违法了法律强制性规定应认定无效;(3)村民认为在附件上签名时并不知晓是对外发包土地,部分村民由其他村民代签名的未经本人授权,土地发包未经过 2/3 以上村民同意,发包程序违反民主议定原则无效。

该案件涉及发包主体、发包客体、合同效力认定等问题,由于涉案人数众多、当事人之间矛盾尖锐,尽管历经了一审和二审程序,但当事人对审理结果并不满意。该案件由于涉及该村全体村民利益,易引起大规模的集体上访或暴力性事件,因此该案件也引起了当地政府的关注,法院在审理该案件时面临不少的压力。

三、农村土地流转纠纷司法审理实践中的法律困境

由于现行关于农村土地的法律规范存在以及自身就存在的制度构建上的失衡和立法滞后性问题，法院在审理农村土地流转纠纷过程中存在以下疑难问题：

1. 农村土地流转合同的主体问题。近几十年来，地方的土地流转实践中出现了许多的制度创新，在流转模式上也出现了主体多样化的问题。〔7〕例如，地方政府为了招商引资，发展农业和农村经济，政府会作为合同一方分别同企业与村委会签订合同，这个合同主要是针对土地流转的条件、土地优惠政策、企业用地模式等作出一个概括性的约定。在此种情况下，村民不同意土地流转而引起纠纷，则政府同企业签订的合同、政府同村委会签订的合同的主体该如何认定？是否可以必然地认定合同无效？如果认定合同无效，企业签订合同后对流转土地已做出投资无法收回，是否违背了公平原则？

2. 未经民主议定程序发包的农村土地合同效力问题。根据目前的相关调整、管理土地的法律规范，民主议定程序是将土地发包给本村集体经济组织以外的企业或者个人必须要经历的程序，民主议定程序是法律强制性规定的，如果未经民主议定程序，发包合同无效。然而，现实中的情况是，大部分发包给本村集体以外的组织或者个人的土地流转都并未经民主议定程序，这些合同是否必然就应当认定无效？在合同已经履行一段时间后，或者是承包方已经对其所承包的土地做出大量的投入时，合同的效力因发包时未履行民主议定程序而认定无效，是否有违公平原则？

3. 农村土地承包经营权入股的效力问题。法律没有对土地承包经营权是否能入股有限责任公司或者股份公司作出规定。对于村集体经过全村村民的同意将以其他方式承包的土地经营权入股企业时，且该入股符合全村村民的意愿时，该入股合同的效力问题应如何认定？随着土地流转方式向着更高层次的流转方式发展，以及随着农业经济和农业技术的进一步发展，日后以承包土地经营权入股的合同将会越来越多，此种类型的纠纷也会越

---

〔7〕 参见凌斌：《土地流转的中国模式：组织基础与运行机制》，载《法学研究》2014 年第 6 期。

来越多,因此关于土地承包经营权的认定也是在审理农村土地流转纠纷案件的疑难问题之一。土地承包经营权入股还存在土地承包经营权是否因入股而转化为企业资产的问题,以及当企业发生亏损而引发破产时,入股土地经营权是否可以作为企业资产的问题。

4. 合同约定期限超出土地承包合同法定期限的问题。根据《农村土地承包法》等法律规定,农村土地承包经营权是有期限的,但是若农村土地流转合同的双方当事人对土地流转合同约定超过这个法定期限时,当合同履行一段时间后,双方发生纠纷时,法院就会面临合同效力应如何认定的问题。

5. 金融制度创新下农村土地流转所产生的若干法律问题。随着国家对农村经济的大力支持,农村的金融制度也不断创新,在此种情况下进行的土地流转也产生了一些法律问题,如土地承包经营权的抵押贷款、土地流转收益权质押贷款等各种创新担保方式。但现有的相关农村土地法律规范都没有做出较大的修改,立法上存在滞后性,因此在审理此种涉及金融创新担保方式的土地流转纠纷案件时,法院的审理难度较大。例如,经济较发达的农村地区已经开始了农业产业化经营,此种经营方式需要大量的融资,这可能会产生以家庭承包经营权抵押的方式来获取金融机构的融资,而现行法律只允许"四荒"土地的承包经营权可以抵押。由此产生的纠纷,往往会成为法院审理土地流转纠纷的疑难案件。

四、检视与反思:农村土地流转立法构建及对如何发挥司法审判功能的若干建议

(一)立法建议

1. 国家层面上的立法。农村土地流转中存在的各种问题,最根本的解决方式是回到制度层面上来,特别是在于国家层面上对于制度的立法构建。[8]建议国家以制定单行法的形式出台一部专门的农村土地流转法律。如上文所述,农村土地流转市场的快速发展需要一个成熟、完善的土地流转

〔8〕 参见罗玉辉、林龙飞、侯亚景:《集体所有制下中国农村土地流转模式的新设想》,载《中国农村观察》2016 年第 4 期。

法律规范体系来对其加以指引与调整。农地流转在现实中运行的某些超前模式已经超出了《土地管理法》等相关土地法律规范的规定,有可能会导致这些超前模式在现实中面临"合法性存疑"或者难以为继的情况。[9] 目前我国关于农村土地流转的相关法律规范具有零散性、模糊性和滞后性,导致了大量农村土地流转纠纷的出现。为进一步规范农村土地流转市场合法、有序的发展,维护农民的利益、保护土地使用权人的合法权益,促进农村经济社会和经济的稳定发展,因此完善相关土地流转的法律法规就尤其重要。

关于如何完善农村土地流转法律规范,法学界和司法实务界主要有两种观点:第一种观点是通过修改目前调整农村土地流转的《农村土地承包法》《物权法》等相关法律规范来完善农村土地流转的法律体系;第二种观点是以制定单行法的形式出台一部专门的农村土地流转法律,如有学者建议制定农村土地承包经营权流转法来完善土地承包经营权流转法律制度,[10] 目前持第二种观点的占绝大部分。

由于目前调整农村土地流转的相关法律规范都零散地分布于各个单行法之中,如果采取第一种立法方式,对涉及土地流转的相关法律法规都进行修改不仅会耗费较大的立法资源,而且也不具有可行性。制定专门的农村土地流转法不仅能全面地规定土地承包经营权和土地承包合同的各种法律制度,也能弥补现行农村土地流转法律规范的不足,对土地流转中出现的各种新流转形式和新现象予以规范和调整,使农村土地流转朝着健康、有序的方向发展。制定专门的农村土地流转法,有利于进一步推动农村社会生产力的解放和发展,使目前自发性、零碎性的土地流转形式朝着经营大户、专业合作社和农业股份公司的方向发展,形成规模化、产业化的农业经营体系。[11]

制定专门的土地流转法时,应特别注意以下两个法律问题:(1)农村土

---

〔9〕 参见李忠夏:《农村土地流转的合宪性分析》,载《中国法学》2015年第4期。

〔10〕 参见丁关良:《农村土地承包经营权流转存在的法律问题与对策建议研究》,载《法治研究》2009年第8期。

〔11〕 参见黄建水:《农村土地承包经营权流转制度立法研究》,载《河南大学学报》(社会科学版)2011年第1期。

地流转法首先必须要解决的问题是集体土地所有权的法律性质问题、所有权主体问题、农民集体成员权的资格问题。(2)由于农村土地里的耕地涉及国家粮食安全和农村社会稳定的问题,土地流转法的制定应该要明确限定农村土地可以流转的对象,确保耕地安全。

2.进行地方性立法。建议广西抓住土地流转市场处于起步阶段的特点,加快出台地方性法规,通过有针对性的地方性立法引导规范流转市场,为农村土地流转市场的发展扫除障碍,发挥"后发优势",实现赶超跨越。广西农村土地流转市场正处于起步阶段,这个时候更需要完善的法律规范体系来对其进行调整和规范。在缺乏专门的土地流转法律规范和相关法律规定具有模糊性时,地方性法规的制定可以对农村土地流转的法制环境奠定一个基础。广西目前并没有《农村土地承包法》实施办法,也没有相关调整广西农村土地承包经营权流转的地方性法规,而这些地方性法规的出台对于进一步规范广西农村土地流转市场,加强土地流转的管理,明确农村土地承包的各项管理职责,建立和健全广西农村土地流转体系,做好广西农村土地流转纠纷的调解以及仲裁工作具有重要的作用。为规范广西农村土地流转市场,应该尽快出台《农村土地承包法》实施办法和相关调整广西农村土地承包经营权流转的地方性法规。

笔者认为,制定调整农村土地流转的地方性法规,应该要着重解决以下几个问题:(1)由于目前农村土地规模化流转并没有具体的相关法律规定,因此在土地流转过程中如何规范规模化流转行为、保证土地用途、保障耕地安全是该地方性法规应该要重视的问题。(2)正如前文所述,农村自治权的流于形式造成了部分农村土地流转背离村民的意愿与利益,因此该地方性法规应该注重完善以农村自治权的形式来规范农村土地的流转,保证民主议定程序,保证农民集体的利益。(3)伴随着金融体制创新而带来的农村土地流转的相关法律问题,由于并没有具体的上位法来加以规范和调整,金融体系进入农村土地流转面临着合法性的障碍,因此,在不背离《土地管理法》《农村土地承包法》等相关土地法律法规规定的前提下,地方性法规可以对这些问题作出指引和规范。(4)由于《农村土地承包法》等相关农地法律法规对农村土地流转准入的规定太笼统,存在受让人的资格标准有可能无法得到有效实施的情况。[12] 因此，广西在制定地方法规时，可以根据实际情况构建相应的广西农村土地流转准入制度。此外，由于公司加农户等土地流转形式成为广西目前一些较发达地市较为青睐的农村土地流转形式，这种形式是由政府牵线，企业再和农户签订流转合同，此种政府统一主导的农村土地流转形式所面临的法律风险，如合同主体的问题以及如何控制这种政府主导的土地流转行为也应当成为制定地方性法规所应关注的重点。

(二)司法审判建议

随着国家政策对农村土地流转的深入推进和农村土地流转市场向纵深化方向发展，法院将会面临越来越多的土地流转纠纷案件和纠纷类型。通过笔者分析以往农村土地流转引发的案件，关于法院在处理如上文所述的各项疑难法律问题方面，可以从以下几个原则来处理：

1. 将调解原则贯穿于审理土地流转纠纷案件的始终。众所周知，法律并不是万能的，一纸判决书更不是定分止争的“灵丹妙药”。对土地流转纠纷而言，就更是如此。由于土地是农民的命脉，涉及全村人的切身利益，农村土地流转纠纷稍有处理不当就会导致矛盾更加尖锐，引发暴力性事件或是大规模上访事件，这类案件往往也成为法院审理过程中最敏感的案件。法院在审理这些案件时，要把农民利益放在重要的位置来考虑，要把坚持保护各方当事人权益和维护农村社会稳定统一起来，将调解原则贯穿于案件审理过程，积极调解，利用基层调解组织和农村基层组织的作用，平衡各方当事人利益，将土地流转纠纷矛盾化解在各方当事人的相互谅解当中，争取案结事了。

2. 以法律为准绳，但应兼顾政策与历史。法院在处理农村土地流转纠纷案件时，必须要依照法律的规定查明案件事实，在法律规定的范围和尺度内寻求解决矛盾的方式和办法。但是，在法律缺位的情况下，农村土地流转的各项政策如果没有错位、越位，与法律相冲突，这些政策也是法院审理案件的重要裁判依据。此外，有些农村土地流转纠纷是由于其独特的历史原因造成的，如果一味地依照法律来裁判此类案件，并不符合历史和农村的传

---

〔12〕 参见张明涛：《我国农村土地流转准入的法律制度构建》，载《中州学刊》2016 年第 1 期。

统,法院在审理此类案件时,应该兼顾法律效果和社会效果的统一,在运用法律解决纠纷时兼顾历史背景,综合权衡各方当事人利益,妥善解决纠纷。

3.审慎行使自由裁量权。正如前文所述,由于调整农村土地流转的法律规范具有模糊性和滞后性,法院在审理土地流转纠纷案件时不可避免会运用到公平正义、诚实信用、公序良俗、情势变更等原则,法院在运用这些原则处理纠纷时应审慎行使自由裁量权。具体而言,例如在审理违反民主议定程序的土地流转合同纠纷时,出于公平公正原则,违反民主议定程序的土地流转合同并非必然无效。但在认定此类合同是否有效时,必须要注意合同的签订是否违背了大多数村民的意愿,是否损害了村民集体的利益,是否得到村民内心的确认和认可。法院应该要注意考虑民主议定程序设定的初始意义,并结合相关的客观情况,兼顾土地流转双方的利益。法院在运用这些原则处理案件、行使自由裁量权时,不仅要注重不违背相关的法律法规,更要注重尊重农村现实生活,注重运用经验法则。

4.注重司法导向作用,发挥判决的普法功能。目前大部分的农村土地流转案件都是相类似的,往往一个案件的判决结果能对村民日后的土地流转起到具体的指导和导向作用。法院在审理此类案件时,要注意司法效果和社会效果的统一,注重司法导向作用,通过这个判决强化相关当事人的法律意识,发挥判决的普法功能。法院可以和相关职能部门建立联动机制,加大判决的执行力度,使多个部门共同配合规范和完善农村土地流转行为,减少农村土地流转纠纷。法院也可以根据案件的审理情况,将一些普遍性的问题总结归纳,向地方政府或相关部门、农村基层组织等作出司法建议书,促进这些相关部门加入规范农村土地流转的过程当中。

结语

在城乡二元分化越来越大和新一轮农村农业经营体制大变革的现实国情下,外出务工的农村人员将会越来越多,农村土地流转将会进入飞速增长的时期,农村土地流转形式也将会进入一个创新发展的时期。在这样的背景下,由于调整农村土地流转法律规范的不足和滞后,法院将会面临更多数量和类型的土地流转纠纷案件。这需要立法部门尽快突破现有的法律框架,以适应农村现实社会发展的农村土地流转法突破现有不合理制度对农村土地流转的束缚。而司法部门也应该注重梳理土地流转纠纷案件的法律适用问题和司法政策,发布典型性案例对审理疑难的土地流转案件进行指导和引导。相对农村土地流转才刚刚起步的广西而言,尽早出台地方性法规来规范广西农村土地流转市场,来大力推进广西农村土地流转是当务之急和重中之重。

刑事案件繁简分流机制现状检视与路径完善

黄志凡*

当前我国正处于社会转型期，犯罪数量呈上升趋势，犯罪形式多样化，新型犯罪层出不穷，而“案多人少”是法院普遍面临的突出矛盾，在司法资源有限的条件下实现裁判的公正与效率成为刑事司法改革的目标。完善刑事案件繁简分流机制是新一轮司法改革亟须推进的任务。最高人民法院出台的《关于全面深化人民法院改革的意见》提出：“明确被告人自愿认罪、自愿接受处罚、积极退赃退赔案件的诉讼程序、处罚标准和处理方式，构建被告人认罪案件和不认罪案件的分流机制，优化配置司法资源。”〔1〕繁简分流之目的是实现简案快审，疑难案精审，把有限的司法资源更多地投入在重大疑难有争议的案件上，从而实现司法资源配置效果的最佳优化。本文将考察我国刑事案件

* 河池市中级人民法院刑事审判第一庭助理审判员。

〔1〕《最高人民法院关于全面深化人民法院改革的意见》，载最高人民法院网：http://www.court.gov.cn/fabu-xiangqing-13520.html，最后访问日期：2016年6月29日。

繁简分流机制的现状，指出存在的问题，在此基础上提出相关完善的建议。

一、刑事案件繁简分流机制的现状之考察

（一）审查起诉阶段的分流机制：相对不起诉

在审查起诉阶段，我国已经确立了相应的繁简分流机制，即法定不起诉、存疑不起诉、相对不起诉三种。其中，法定不起诉、存疑不起诉是因法定事由或者证据标准而不能提起公诉，即使提起公诉也将面临指控失败的风险，因此这两类案件往往不能进入审判程序。而相对不起诉是对犯罪情节轻微，依照刑法规定不需要判处刑罚或者免除刑罚的案件，人民检察院可以作出不起诉的决定。相对不起诉赋予了检察机关运用起诉裁量权将轻微刑事案件排除出刑事审判程序，由此可见，在三种不起诉制度中，相对不起诉承载着案件分流的功能。

相对不起诉将轻微的刑事案件在审查起诉阶段“剔除”，使案件不能继续流转至审判阶段，这在一定程度上实现了诉讼经济的原则，也阻止了大量的轻微刑事案件涌入法院，缓解了法院的办案压力。除了节约司法资源外，相对不起诉更是符合非刑罚化的处理方式，对预防犯罪和恢复性司法有着积极的作用，[2]因此，对某些犯罪而言，对被追诉人施予刑罚并不是理想的选择。从社会学的角度来看（而不是仅看到表面上的刑期的合理设定），不加区别地进行刑事追诉、适用刑罚（尤其是监禁刑），在许多情况下往往使一个犯罪人终身为其恶性负债。但应当注意的是，相对起诉制度的设置初衷是很好，但在司法实践的适用率很低，据笔者统计，从2013年、2014年、2015年全国检察机关提起公诉和因情节轻微不予起诉的数据分析，相对不起诉率分别为3.73%、3.61%、3.52%，[3]从上述数据可知，相对不起诉率偏低，这意味着绝大多数的案件将流入审判阶段。

---

〔2〕 在我国社会，如果一个人被定罪量刑，意味着背负“刑事污点”，丧失很多学习、工作的机会，影响日常生活，特别是一些未成年人的轻微刑事案件，很容易在服刑期间造成“交叉感染”，一味追求刑罚并不能实现很好的社会效果。相对不起诉可以让更多轻微刑事案件的被追诉人有重新做人的机会，无论是节约司法资源还是治病救人，都是很好的选择。

〔3〕 参见2014年、2015年、2016年最高人民检察院工作报告。

（二）审判阶段的分流机制：简易程序

1996 年我国《刑事诉讼法》首创刑事简易程序，改变了我国刑事审判程序平面化的结构，刑事案件繁简分流机制得以确立。由于适用案件范围窄、被告人诉讼权利缺乏保障等原因，简易程序的适用率低，没有能够实现繁简分流、节约司法资源的目的。为了激活简易程序的功能，最高人民法院、最高人民检察院、司法部于 2003 年 3 月 14 日颁布施行《关于适用普通程序审理“被告人认罪案件”的若干意见（试行）》（已失效），该意见明确了“普通程序简化审”的审理范围、适用的条件以及简化审理的方式，随后，最高人民检察院于 2006 年 12 月 28 日通过《关于依法快速办理轻微刑事案件的意见》（已失效），继续配合普通程序简化审发挥案件分流的功能。从实践效果来看，其改变了 1996 年简易程序“束之高阁”的局面，有效促进了案件在审判阶段的繁简分流，提高了诉讼的效率。

2012 年我国《刑事诉讼法》在吸收司法实践成果的基础上对简易程序作出重大改革，扩大了简易程序适用的范围，规定了被追诉人适用简易程序的选择权。基层人民法院对事实清楚、证据充分，被告人认罪且犯罪事实无异议，并同意适用简易程序的案件，即可适用简易程序。新《刑事诉讼法》修改后，简易程序发挥了繁简分流的作用，提高了诉讼效率，节约了司法资源。但不容忽视的是，有些学者对简易程序的适用做了实证研究，认为简易程序适用率不高，如 2013 年 1～10 月，河北省公诉部门出庭简易程序案件法庭 5884 件，占基层院办理案件的 28.48%，〔4〕从东北三省的适用情况来看，多数地区在 10%～45% 的低比率区间运行，〔5〕可见，简易程序并没有达到修改《刑事诉讼法》的预期目的。

（三）处于试点探索阶段的分流机制：刑事速裁程序

2014 年 6 月 27 日，第十二届全国人民代表大会常务委员会第九次会议

---

〔4〕 参见樊崇义等：《河北检察机关新刑诉法实施调研报告》，载《国家检察官学院学报》2014 年第 3 期。

〔5〕 参见闵春雷等：《东北三省检察机关新刑诉法实施调研报告》，载《国家检察官学院学报》2014 年第 3 期。

通过了《关于授权最高人民法院、最高人民检察院在部分地区开展刑事速裁程序试点工作的决定》，授权“两高”在北京市、上海市等18个城市开展刑事案件速裁程序试点。从试点中期评估情况来看，运行平稳，诉讼效率提高，保障被追诉人的合法权益，社会效果良好。截至2015年12月31日，各地确定基层法院、检察院试点212个，适用速裁程序审结刑事案件31086件32188人，占试点法院同期判处一年有期徒刑以下刑罚案件的33.13%，占同期全部刑事案件的15.48%。速裁案件当庭宣判率达95.94%，10日内审结的占92.77%，附带民事诉讼原告人上诉率为0，被告人上诉率为2.13%，检察机关抗诉的只有1件。[6]

目前，正在试点中的刑事速裁有别于简易程序，从价值取向来看，简易程序是公正与效率兼顾，而刑事速裁是以效率为导向，建构刑事速裁程序的关键是被告人认罪协商、诉辩协商制度，[7]从涵盖面来看，简易程序仅涉及检、法两个机构，且内容单一，而刑事速裁程序涵盖了公安非羁押性强制措施、检察机关的诉辩协商及量刑建议制度、审判机关的简化庭审制度等、法律援助值班制度、被告人认罪认罚从宽制度，这些配套措施需要公、检、法、司分工协作，可以说，刑事速裁程序的建立，将会促进案件在每一个刑事诉讼流程中提速，提高诉讼效率，对案件的繁简分流具有积极意义。

二、现行刑事案件繁简分流机制的不足之分析

（一）分流机制运行状况欠佳

在侦查阶段，我国《刑事诉讼法》没有设立有效刑事案件繁简分流机制，对违法行为的处理，要么适用《治安管理处罚法》加以规制，要么启动刑事司法程序，把案件已送审查起诉、审判，可以说，在侦查阶段，刑事案件繁简分流没有“第三条道路”可走，没有能够将轻微的刑事案件分流，导致大量的案

---

〔6〕 参见最高人民法院刑一庭课题组等:《关于刑事案件速裁程序试点若干问题的思考》，载《法律适用》2016年第4期。

〔7〕《积极探索 科学论证 推动刑事案件速裁程序试点健康深入开展——试点中期评估论证会专家意见摘编》，载《人民法院报》2015年9月9日，第6版。

件流转至检察机关和审判机关。

在审查起诉阶段，如前所述，相对不起诉承担了案件分流的任务。但相对不起诉的适用率比较低，它的分流功能并不理想，其原因有，在大众观念方面，有罪必罚根植于我国民众的传统观念中，若适用相对不起诉，意味着犯罪嫌疑人免于自由刑、生命刑，被害人很可能不接受，其会通过上访等方式来表示不满；在内部审批程序方面，为了防止滥用相对不起诉及上访的压力，公诉机关对相对不起诉的适用设置了严格的审批程序，绩效考核机制这个“指挥棒”也限定适用相对不诉的数量；在工作量方面，为了适用相对不起诉，承办人要做双方当事人的思想工作、进行社区调查等，这些烦琐的程序承办人不愿意去办理，与办理普通程序的案件相比，相对不诉的案件花费的精力有时更多。基于上述原因，相对不诉的机制“表达”与“实践”不一致，它分流功能发挥很有限。

在审判阶段，由于侦查阶段缺少分流机制、相对不诉机制运行不理想，大量的刑事案件涌进法院。考察审判阶段的分流机制，我国现阶段在制度设计上只有简易程序。简易程序在司法实践中提高审判效率、合理配置司法资源、缩短诉讼期限发挥很大的作用。但不可否认的是，正如樊崇义等学者实证调研指出的那样，我国简易程序在实践中的适用率还是很低。英国按简易程序审理的案件占全部刑事案件的97%；在日本，达到94%，在美国，按辩诉交易处理的案件占全部刑事案件的90%以上。[8] 可见，与域外相比，我国简易程序适用比例还是很低，未能发挥提高诉讼效率，促进案件繁简分流方面应有的作用。

为什么我国简易程序适用比例偏低呢？一方面，检察机关适用简易程序的积极性不高。在实际操作中，大多数适用简易程序审理都是检察机关建议的结果，若检察机关未建议，法院审查后决定适用的比较少。在简易程序适用的认识方面，检察院与法院也有分歧，检察机关认为适用简易程序不利于发挥其监督职能，导致检察机关对简易程序进行审理的积极性不高。另一方面，法院适用简易程序积极性不高。一是法院内部审批程序使得简

---

〔8〕 参见陈光中主编：《刑事诉讼法》，北京大学出版社、高等教育出版社2005年版，第346页。

易程序并不简易;二是适用简易程序审理的案件,法院受理后20日内审结,如果还需要内部行政审批,就会出现超期限的问题;三是基层人民法院审判人员因怕承担责任,不愿独任审判,更愿意三人组成合议庭共同承担责任。由此可见,简易程序的立法初衷与实际运行有一定的差距。

(二)分流机制的配套措施不完备

在司法实践中,刑事案件繁简分流机制没有相应的“骨架”支撑,导致运行不顺畅。在此重点探讨审判阶段分流机制的相应配套措施缺位情况,具体表现:(1)立案环节分流机制的缺失。检察机关已送立案庭的案件没有标识繁案、简案,法院也没有在立案庭开通“绿色通道”将简单的案件快速移送刑事审判庭,导致简案、繁案留滞在立案庭一段时间。(2)刑事审判庭分流机制的缺失。案件移送至刑庭后,没有专门人员负责分类哪些案可以快审,何种案件要适用普通程序,也没有专人负责审理简案。(3)审批权限制约分流机制的运行。在司法实践中,裁判文书是由庭长或者分管副院长签发,审判长没有权限签发文书,这会导致案件审结效率的低下。(4)法院与公安机关、检察机关、司法行政机关联动不充分,制约案件分流的效率。

(三)分流机制尚未充分体现被追诉人的诉讼主体地位

考察我国现有的刑事案件繁简分流机制,我们可以发现,在相对不起诉、简易程序以及正在试点的刑事速裁程序中,被追诉人对程序选择权处于“被动”地位,缺少程序的选择权。以简易程序为例,我国《刑事诉讼法》第208条规定被追诉人对适用简易程序没有异议是适用该程序的必要条件,换言之,简易程序是检察机关、法院依职权启动,我们称为职权主义,而被追诉人并没有启动简易程序的权利。这种权力主导下的分流机制通常是由司法机关单向决定案件的分流与否。虽然依职权主导刑事案件的繁简分流,能够提高司法效率,节约司法成本,但不利后果是忽视了被追诉人权利的保障。以域外为参照,大多国家和地区都赋予被追诉人对简易程序的自愿选择权,具体分为两种类型:一是事先征得被告人同意,如意大利、日本等国;二是裁决作出后被告人可以提出异议,异议的提出导致适用普通程序,法国是采用这种类型的典型,[9]程序的选择是被追诉人自由意志的结果,导致的后果也由本人自己承担。经过比照,我们可以发现在我国的案件繁简分流过程中,被追诉人在诉讼中的主体地位没有充分的体现。

三、完善刑事案件繁简分流机制的必然性

(一)犯罪轻刑化与犯罪数量的增长必然要求

由于劳动教养制度的废除、《刑法修正案(八)》《刑法修正案(九)》的出台,在刑事司法领域呈现犯罪轻型化的趋势,犯罪案件数量的增多与有限司法资源的张力越发明显。考察2014年、2015年的司法数据,2014年“全国法院刑事一审收案104.04万件,比上年上升7.09%,占刑事一审、二审、再审案件总数的89.32%……判决生效被告人118.5万人,上升2.24%”。[10] 到了2015年,“各级法院审结一审刑事案件109.9万件,判处罪犯123.2万人,同比分别上升7.5%和4%”。[11],可见一审刑事案件案件数量是逐年增加。针对犯罪案件增多的趋势,必须通过案件繁简分流,简案快审,繁案精审,改变以往的审查起诉、审判方式以适应刑事审判新常态。

(二)员额制改革的必然要求

法官员额制改革后,办案人员专业化、职业化会增强,但“案多人少”的矛盾在一定程度上有增无减。按照改革方案,设定法官33%,审判辅助人员52%,司法行政人员15%的员额比例。这意味着法官人数比之前减少,入额法官的办案压力会增加。在这样的条件下,案件繁简分流是破解这一难题的有效办法,经过分流,法官可以把简单的案件分给法官助理承办,疑难复杂的案子由法官办理,这样既可以给未入额的法官提供办案实践的机会,又可以减少法官大量的工作量。

(三)庭审实质化的必然要求

“以审判为中心”是本轮司法改革的重点,笔者认为,以审判为中心应当

---

〔9〕 参见陈光中、严端主编:《中华人民共和国刑事诉讼法修改建议稿与论证》,中国方正出版社1995年版,第30页。

〔10〕 参见《中国法律年鉴》(2015年)。

〔11〕 参见2016年最高人民法院工作报告。

区分繁案、简案,简案快速审理,把更多的精力用于疑难复杂的案件,这样才能确保案件的质量,才能体现庭审为中心的实质效果。若所有案件都依照死刑案件的标准来审理,这不符合诉讼的经济原则,也会使得以审判为中心徒具形式。而审判为中心的核心在于实现庭审的实质化,最高人民法院副院长沈德咏在《略论推进以审判为中心的诉讼制度改革》一文中指出,推进法庭审判实质化,必须着力完善相关配套改革措施,包括完善繁简分流制度。因此,对于无争议的案件可以简略审理,利用更多的司法资源保证部分案件实现庭审实质化,诚如龙宗智教授认为"在提高庭审程序公正性的同时,法庭审理的实质性展开会不可避免地导致庭审效率的下降。因此,为推动有争议案件的庭审实质化,需要进一步加强案件的繁简分流,将多数无争议或争议较小的案件交付简易程序审理"。[12]

四、完善我国刑事案件繁简分流机制的具体构想

(一)建构刑事案件繁简分流侦、诉、审、司联动机制

1. 公安机关

我国现行《刑事诉讼法》并没有把案件繁简分流贯穿到侦查阶段。由于公安机关享有强大的侦查权,特别是强制措施实施权,担负着破案的职责,如果要求公安机关提高办案速度,以效率取代质量不可避免地出现刑讯逼供、诱供、滥用权力的情况,导致冤假错案的发生。立法者可能基于上述考虑,没有把繁简分流机制延展至侦查阶段。那么,在侦查阶段就绝对不能进行案件分流吗?笔者认为,在现行的刑事诉讼法框架下,公安机关是可以分流出一些轻微的刑事案件,快速办理此类案件,如危险驾驶、小额盗窃、交通肇事、轻微伤害等。有的刑事速裁试点的地方,法院、检察院机关、公安机关联合制定了《轻微刑事案件(简案快审)证据收集指引》,[13]把收集证据种类明细化,列明需要收集的证据种类,公安机关就根据指引去收集证据材料,包括有罪、无罪、罪轻、罪重的证据,这种方法的优点在于统一公、检、法的证

---

〔12〕 龙宗智:《庭审实质化的路径和方法》,载《法学研究》2015年第5期。

〔13〕 G省W市W区的法院、检察院、公安局联合制定,这是简案快审经验中的一个亮点。

据标准,提高公安机关收集证据材料目的性,从而提高侦查的效率,特别是对一些没有办理刑事案件经验的派出所起的作用非常大,另外,也可以减少退补充侦查等程序回流的情况。这是公、检、法在案件分流措施上的有益探索。因此,有学者认为应当把分流机制扩展至侦查阶段,对于一些轻微刑事案件可以快速处理,[14] 笔者较为认可该观点。

2. 检察机关

公安机关将案件移送检察院后,审查起诉阶段的案件分流在繁简分流机制上起到调节器的作用。法定不起诉程序、相对不起诉终止刑事诉讼程序的继续进行,部分案件不能流转至审判机关。对于公安建议简案快审程序的案件,检察机关受理后应当迅速审查案件,决定是否适用简案快审程序。对于适用简案快审程序的,迅速审查之后,应当向审判机关发出《适用简易程序建议书》附卷移送。检察机关向审判机关提出判处缓刑或者管制刑罚量刑建议的,在提起公诉前委托犯罪嫌疑人居住地的县级司法行政机关进行调查评估,并标明属于快速办理的案件。

3. 审判机关

法院对检察机关建议适用简案快审程序审理的案件立案后,立案庭认为可以适用的,或者检察机关没有建议适用但经审查符合简案快审条件的,可以启动简案快审程序,迅速将案卷材料移送刑事审判庭。经刑庭法官审查确认可以适用的,书记员应迅速送达起诉书给被告人、公告送达等庭前准备工作。庭审结束后,无特殊情况的应当当庭宣判。审判机关认为被告人可能被判处缓刑、管制刑罚的,在开庭后应当立即委托被告人居住地的县级司法行政机关进行评估调查,并建议快速办理。对于在押被告人,在判决生效日将执行通知书送法看守所,交付执行。

4. 司法行政机关

在刑事诉讼中,司法行政机关负责法律援助、社区矫正、社会调查报告等事务,对保障被追诉人的权利起到非常重要的作用。在简案快审的刑事案件中,如果被追诉人申请法律援助,对于符合法律援助条件的,法律援助

---

〔14〕 参见吴思远:《刑事程序分流机制:困境的突破与超越》,载《犯罪研究》2016 年第 2 期。

机构收到指定函后，应立即确定承办律师并函告公安机关、检察机关、审判机关。承办律师接受指派后，应迅速联系办案单位办理相关手续，办案单位应当予以配合，能快捷地为当事人提供法律援助。另外，司法行政机关收到检察机关、审判机关社会调查函并标识快速办理的，应当在短时间内完成调查评估，并向委托机关提交书面调查评估报告，确因特殊情况不能完成评估、调查工作的，应当书面委托机关，说明理由。

（二）建立认罪认罚案件的诉前协商机制

认罪认罚案件诉前协商是指在刑事诉讼的审查起诉阶段，人民检察院与犯罪嫌疑人及其辩护人之间，就犯罪嫌疑人自愿认罪认罚，人民检察院行使不起诉裁量权、减轻指控或向人民法院提出从轻量刑意见等事项进行的协商。认罪认罚案件的诉前协商是认罪认罚从宽制度的关键环节，而认罪认罚从宽制度〔15〕旨在建构被追诉人认罪和不认罪案件的分流机制，优化司法资源的配置，将认罪认罚的案件纳入简案快审的程序，而不认罪的案件导入普通程序审理，从而提高简易程序的适用率，以及节省司法资源。

1. 诉前协商与辩诉交易制度的关系

诉前协商机制与英美法系的辩诉交易制度有诸多的相似之处，这是否意味着在我国推行诉前协商机制就要移植辩诉交易呢？众所周知，辩诉交易制度是美国处理刑事案件的主要方式，90%以上的刑事案件是以辩诉交易来结案，即通过定罪量刑的商谈，以被追诉人的认罪达成某种协议换取从宽处罚的结果。但应当注意的是，辩诉交易在英美法系国家适用案件的范围很宽，交易的内容包括罪名、罪数、量刑。而我国的诉前协商是建立在被追诉人有罪的前提下，因认罪而得到量刑上的优惠，禁止罪数、罪名的交易。诉前协商与辩诉交易在某些方面体现了刑事司法的共性，但不意味着诉前协商与辩诉交易可以等而视之，因为二者是成长在不同的法系里，我国的诉

〔15〕 全国人大常委会授权部分地方开展认罪认罚从宽制度的试点，也是响应了党的十八届四中全会提出的“完善刑事诉讼中认罪认罚从宽制度”，其目的还是要解决“案多人少”矛盾，这也是笔者在本部分论述政策、实践的前提。

前协商制度是根植于我国刑事司法实践，与国民的传统观念相契合。如果生吞活剥地把诉辩交易制度移植到中国本土，反而适得其反。

2. 诉前协商机制的核心——量刑激励措施

认罪认罚从宽制度实施的关键在于“从宽”，这意味着对于被追诉人认罪认罚的情形，必须保障其可以获得相应的从宽处理结果。从宽结果必须是可期待的利益，这样被追诉人就会自愿以认罪认罚为条件“交换”获得从宽处理的结果，如有学者认为“往往对程序存在一个预期结果，并以自身的整体利益来衡量这一结果，所以被告人是否选择认罪答辩实质是一种预期利益的选择”。“从宽”激励被追诉人认罪认罚，在司法实践中，最高人民法院的《量刑指导意见》对规范法官自由裁量权及检察官的量刑建议具有积极意义。但存在的问题是，认罪认罚与没有认罪认罚的量刑幅度没有拉开很大幅度，因而造成被追诉人存在认罪认罚与没有认罪认罚一个样的心理，这往往会挫伤被追诉人认罪认罚的积极性。笔者建议，控辩双方对检察机关认定犯罪事实确认一个基准刑，就量刑情节达成一致意见，并进行量刑计算，对于认罪认罚需要判处有期徒刑的案件，应当比照不认罪案件在量刑上减轻10% ~20%的刑期建议法院量刑；对于可能被判处拘役的，可以不起诉或者建议法院适用缓刑。

3. 诉前协商机制的流程操作

侦查阶段不适用诉前协商机制。因为认罪协商机制的前提是事实清楚、证据确实充分，若把诉前协商前置到侦查阶段可能会导致公安机关不去收集犯罪嫌疑人无罪、罪轻的证据，过于依赖犯罪嫌疑人的口供定罪可能会出现刑讯逼供、诱供，导致冤假错案的发生。从试点的情况来看，适用诉前协商机制主要在审查起诉阶段，具体操作流程如下：(1)检察机关在侦查机关移送案卷材料后，通过审查案件的证据材料，讯问犯罪嫌疑人了解其认罪认罚的主观意愿，并向其解释适用认罪认罚从宽机制对处理案件带来的利害。(2)若犯罪嫌疑人同意诉前协商，协商的主要内容是：①不起诉协商，对于犯罪情节轻微，主观恶性小，并真诚悔罪或与被害人达成刑事和解协议的，控辩双方可以就是否提起公诉进行协商；②量刑协商，对于提起公诉的案件，控辩双方商定公诉人在出席法庭发表公诉意见时，建议法院对被告人判处的刑罚及刑罚的执行方式。(3)检察机关提起公诉时应随卷移送认罪认罚协议书,提出认罪认罚从宽处理程序建议书,根据案件的不同情形采用速裁程序、简易程序或者普通程序审理。

(三)推进庭审方式的改革

1.完善庭前准备程序

庭前准备程序是连接提起公诉与开庭审理的中间程序,其本身具有对案件繁简分流的重要功能。因此,笔者建议在刑庭内部设立专门的庭前准备法官,一般由法官助理来担任,其主要职责是根据检察机关的建议和案件情况,区分哪些是简单案件,哪些是疑难复杂的案件。对决定是简单案件的,应立即交由承办人进行审理,对于适用简案快审程序的案件,一般情况下由审判员一人独任审判。

庭前告知是庭前准备程序耗费精力较多的环节,特别是案件数量多的地区,因此对庭前告知的改造可以提高诉讼效率。在实践中,一般的做法是开庭10日前把检察院的起诉书送达被告人及其辩护人,在开庭日期确定之后,提前3日把传票、通知书送达相关的诉讼参与人。笔者认为,对轻微的刑事案件,在送达起诉书这个环节,可以连带完成被告人身份事项核对、是否同意接受检察机关的量刑建议、是否有前科劣迹核实等程序事项,告知诉讼权利,送达指控被告人犯罪的主要证据材料,为下一步简化庭审做准备。对于开庭通知这个环节,由于现代通信技术很发达,可以采用电话、短信、传真、电子邮件等能够确认对方收悉的方式送达,不必登门送达或者邮寄送达。

2.完善集中审理集中宣判模式

确定适用简案快审的案件,可以集中审理集中宣判,集中审理集中宣判模式的优势在于发挥集约化的效率。法院与检察院建立集中公诉集中审判模式的沟通渠道,对于检察机关建议适用简易程序或者刑事速裁程序的,承办法官安排同一时间开庭。对于集中审判的案件,庭审的程序应当简约。如前所述,庭前已经完成核实被告人身份等程序性事项,审判员只需在庭上确认是否属实即可,不必再重复这些程序性的事项。然后逐一查明犯罪事实及听取被告人对定性、量刑的辩解,最后集中宣判。这种集中审理集中宣判不仅可以节省法官、检察官的办案时间,还可以统筹押解的警力。

3. 改革裁判文书的制作与签发

对于适用简案快审的案件,制作裁判文书时可以与普通程序审理的案件区分开来。适用普通程序审理的案件一般都是比较重大复杂疑难的案件,必须对犯罪事实条分缕析,详细列明证据,评判控辩观点,阐明法理,可以说是一份裁判文书就是一篇标准的学术论文。若适用简案快审程序审理的案件,以上述标准的要求撰写裁判文书,那么就违背繁简分流机制设计的初衷——节约司法资源。能进入简案快审程序的案件,是事实清楚、证据充分、被告人认罪认罚的轻微刑事案件,在确保公正的前提下,可以对裁判文书进行改革。笔者的设想是,制作裁判文书时概括公诉机关指控的事实和证据部分,简化说理,根据常见罪名,分别制作文书模板、采用要素式、填充式等格式文书,缩短文书的写作时间,提高审判效率。

裁判文书的签发程序是制约审判效率的一个环节。基层法院的裁判文书签发程序是:承办人拟稿,合议庭成员核稿,庭长审核,分管副院长签发,如果适用缓刑或者管制刑罚的,还须提交审判委员会讨论。权力的集中以及审批程序的烦琐导致审判效率的低下。在这里指出的是,适用简案快审程序的案件大多数是轻微的刑事案件,适用非监禁刑的比例最高,据笔者了解,全国非监禁刑案件的比例是38%。[16] 这意味着要充分发挥繁简分流机制的功能,必须下放裁判文书的签发权限。笔者设想,对于适用监禁刑的案件,赋予审判长或者独任审判员签发裁判文书的权限,对于认罪认罚而适用非监禁刑案件,裁判文书的审批可以不经过审判委员会的讨论,下放权力至分管副院长。通过权力的下沉,缩短了审批的程序,加速案件的审结。

(四)完善被追诉人的权利机制

如上文所述,目前我国刑事案件的繁简分流机制是职权主义,是以权力为主导。在完善简案快审程序的过程中,应当加强保障被追诉人程序的选择权,使得权力与权利的配置处于均衡的状态。由于简案快审简化了一些诉讼环节,缩短了审限,这一过程往往忽略了被追诉人的权利,也容易侵犯

〔16〕 G省2016年刑事审判工作会议的数据。

被追诉人的合法权益。立基于此,在适用简案快审程序的案件中,必须保障被追诉人的合法权益。有些域外国家设置了强制辩护制度以提高认罪认罚的正当性,[17]这个原则是否符合诉讼经济原则暂且不论,但它体现了控辩双方平等对抗的诉讼精神。在三角形的对抗诉讼模式里,无论何时都必须保障被追诉人的权利。从诉讼效率与保障被追诉人的权利出发,笔者设想,公、检、法应加强与当地律协、司法局法律援助机构的沟通协调,对于被追诉人申请法律援助的,各诉讼阶段的司法机关应当及时把申请移送司法局法律援助机构,法律援助机构接到申请后要及时指派律师为被追诉人提供法律援助。在律师会见和阅卷方面,开通简案快审程序的"直通车",允许律师优先阅卷或者会见,在缩短办案时间的情况下,保障被追诉人的辩护权。

---

〔17〕 参见陈卫东主编:《被告人认罪案件简化审理程序》,中国检察出版社 2004 年版,第 253 ~ 324 页。

民事诉讼立案程序若干问题研究

黄　坤*

任何法律结论之取得，都需要坚实的事实基础，以及严密之法律逻辑涵摄。如此结论方能经受时间考验，得人民信服，故法官于探寻法律真理之道路上，如履薄冰，慎之再慎。如无坚实之事实基础，严密之逻辑涵摄，即使最微小之谬误，亦终将影响人民权利，而损害法院尊严与权威。而任何国家之法律条款皆不可能涵盖所有法律问题，即使世界最详尽之法典依然会挂万漏一，此正是法学理论发展、更新之原因，也是法释义学存在之意义。笔者于司法实践中，常见法官于诸多程序性问题上恣意裁断，既不见有法律规范依据，亦不见运用法理逻辑涵摄释明，尤其在诉讼费缴纳标准、一审上诉衔接程序、程序性案件开庭审理等方面存在诸多问题，实有探讨之必要。

一、以诉讼费缴纳标准视角检视诉讼标的存在的问题

诉讼费之缴纳系起诉之开端，常为当事人所“忽视”，亦不受法院重视，但缴费标准并非不受当事人质疑。以下就三项常见的诉讼费缴纳类型所示之诉讼标的，产生之判决冲突而导致当事人不利益的情状，举例说明之。

---

* 桂林市中级人民法院立案一庭法官助理。

（一）确认之诉与给付之诉诉讼费缴纳标准之思考

司法实践中，笔者发现立案法官对于当事人选择确认之诉常不详加考量均予立案。在《民事诉讼法》未修正之前，因给付之诉以诉讼标的额核准诉讼费，而确认之诉则以50元收取，故不少律师、当事人先行选择确认之诉，待胜诉后，再行提起给付之诉，以期达成降低诉讼风险之目的。也许是基于弥补此"漏洞"、减少确认之诉的目的，目前，上级会议精神要求确认之诉也须按诉讼标的额核准诉讼费用，然如此，亦会产生诸多问题。例如，原告甲与被告乙签有契约，乙负有给付甲金钱5000万元之义务，原告甲先行提起确认债权存在之诉，被告败诉须承担诉讼费近30万元，之后原告再提起给付债务之诉，被告败诉又须承担等额之诉讼费近30万元，甲乙之纠纷仅为一个事实，原告甲提起两次诉讼，法院两次收取诉讼费，似属重复收费，对被告而言显不公平。另外，如果原告甲提起确认之诉，败诉后另行提起给付之诉，法院是否应准许？如不许，以禁止重复诉讼而驳回甲起诉，明显超出诉讼标的之范围；如准许，后诉法官支持了甲的诉讼请求，则会与前诉产生判决冲突。笔者认为，确认之诉按诉讼标的额收取诉讼费并非解决此实务漏洞之有效方法，解决此漏洞之根本方法在于厘清给付之诉与确认之诉的区别。

给付之诉是罗马时代就已存在的诉讼类型，而确认之诉则是迟至19世纪中叶才逐渐被认可的诉讼类型。确认判决是一种中间性的纠纷解决方式，没有相对应的强制执行，如果说给付之诉是权利被侵害者在逼不得已的状况下提起的诉讼，确认之诉则是对权利状态之现状尚还满意之人为防止纠纷激化而预先提起的诉讼。[1] 只有当原告权利或法律上地位现实地处于不安之状态，而作为消除这种不安的确认判决对于纠纷的解决而言是有效且合适的时候，法律才认可此类诉讼。正因如此，笔者认为确认之诉可从三个方面予以把握：一是选择确认之诉的必要性，依据确认之诉性质，当纠纷当事人存在确认以外的纠纷解决形态时，原则上不存在确认利益，故权利人能通过给付之诉实现诉讼目的时，就不存在确认之诉。二是诉讼标的的实

---

〔1〕 参见［日］高桥宏志：《民事诉讼法制度与理论的深层分析》，林剑锋译，法律出版社2003年版，第60页。

效性，即只能对法律关系提出确认，只能对现在法律关系进行确认，一般只能是积极性确认。三是解决纠纷的成熟性，即原告的权利或地位产生不安或危险的状态，提起诉讼方有意义。依上述之分析，笔者认为，能提起确认之诉的情形是较少的，司法实务中大部分当事人提起的确认之诉都可用其他方式予以解决，尤其是存在给付之诉时，确认之诉的利益是不存在的，如原告坚持提起确认之诉，立案法官即应作出不予受理之裁定，以免进入诉讼程序作出判决而产生既判力、争点效、反射效等冲突，如此方能公正实践平等保护当事人权利之诉权。

（二）行政诉讼依诉讼标的额收取诉讼费之思考

《最高人民法院关于适用〈中华人民共和国行政诉讼法〉若干问题的解释》（以下简称《解释》）第16条规定"对行政机关不依法履行、未按照约定履行协议提起诉讼的，诉讼费用准用民事案件交纳标准；对行政机关单方变更、解除协议等行为提起诉讼的，诉讼费用适用行政案件交纳标准"，这成为法院依据行政诉讼标的额收取诉讼费之依据。在司法实务中，笔者常见立案法官于行政诉讼中但见契约，即以契约标的额核定诉讼费，然是否签有契约的"行政案件"，就应以标的额收取诉讼费呢？笔者认为实值探讨，以经政府之手土地转移而签订合同者为例，假设当事人签有土地转让合同，并选择行政诉讼进行救济，依公法与私法之区分，以及合同法理基础之区别，该合同共可分为4类不同性质情况，详见表1。

表1　政府签订的土地转让合同的性质

序号	征收主体	征收方式	获得方式	契约有无	交易价格	双方地位	目的	理论基础	性质
1	国家政府	先批后征预征收	划拨	一般无有时有	似不合理	不平等	公共利益	特别牺牲理论	行政行为
2	市场主体		交易房地一体	有	合理	平等	市场行为	民法契约理论	民事契约
3	国家政府	先征后批	划拨	有	不合理	大致平等	准公共利益	行政契约理论	行政契约
4	土地管理中心	先征后批	招拍挂	有	较合理	大致平等	市场需求	民法契约理论	民事契约

第一类情况属性为行政（征收）行为，第二类情况属性为民事契约，第三类情况属性为行政契约，第四类情况属性亦为民事契约。第一类情况虽签订契约，然其行为之依据为特别牺牲理论，属行政补偿；第二类情况本就为民事契约性质，自当以民事诉讼标准收费，但因行政诉讼标的未如民事诉讼要素清楚，法官当有释明之义务；第四类情况亦为民事契约，不易混淆，当事人一般当不会错误选择行政救济，如果当事人坚持选择行政诉讼救济，法官当有释明之义务，作出不予受理之裁定；第三类情况，行政主体出于公共利益之目的，为避免行政征收之程序，节省双方时间劳力之费用支出，经平等、公平地协商而达成补偿价金之合意，其契约标的系价金支付及土地所有权之转移，其属性为行政契约。行政契约与民事契约相似，其达成合意之基础皆在于自由、平等，仅主体、目的有异，民事契约之法理大部分可用于行政契约。依《解释》第16条规定观之，立法者应认为行政契约与民事契约相近，以民事诉讼费用缴纳之标准收费当为人民所接受。故依笔者之见，该条款适用之类型仅应为第三类行政契约。行政案件诉之要件本就不如民事关系明晰，如果立案法官不详加考量，予以释明，而径行按契约标的额收取费用，既有碍当事人诉权实现，又会让原告产生错选诉讼类型却得到法官肯定之感觉，徒费人民之金钱、时间及劳力，增加当事人诉累，浪费司法资源，实有违行政诉讼之目的。

（三）请求权竞合之诉讼费交纳的思考

在司法实务中，笔者常见立案法官于原告请求权存在竞合时，要求原告选择一种法律关系进行起诉，如果原告不作出选择，立案法官则不予立案。这实在是受旧诉讼标的说影响甚深之故，旧诉讼标的说，即诉讼标的实体法说，在诉讼标的范围的把握问题上，朴素地将实体法所规定的表面性权利直接形成对应关系。旧实体法说在大多数案件中把握诉讼标的是没有问题的，然而在出现所谓请求权竞合情况下，依旧诉讼标的说，同一事实就会出现两个诉讼标的，可以提起两次诉讼，在前诉中败诉，因不受前判既判力拘束，仍可提起后诉。例如，在一起出租车交通事故中，遭受10万元损害的受害者提起损害赔偿诉讼，如果原告基于侵权和违约的实体请求权分别起诉，诉讼标的不同，理论上原告胜诉可各获得10万元损害赔偿的判决书。假定被告都不上诉，具体分析，如果原告基于侵权行为起诉，法院不予支持，原告须承担诉讼费2300元，原告此时可以上诉，亦可以违约另行起诉，原告另诉获得支持，上诉未获法院支持，则至少3次诉讼方能胜诉解决纠纷，原告承担4600元诉讼费（详见表2②、⑤）；原告如上诉获得支持，另诉、上诉不予支持，理论上须4次诉讼方能解决纠纷，原告承担4600元诉讼费（详见表2③）；原告如上诉获得支持，另诉不予支持，上诉获得支持，则理论须4次诉讼才能解决纠纷，可各获10万元损害赔偿的判决（详见表2④）。可见，依旧诉讼标的说立案，将增加当事人之诉累，而且使当事人承受不必要的诉讼费用，对当事人权利保护十分不利。另外，多次诉讼，当事人辩论主张不统一会产生反言，法官采纳证据不统一，裁量尺度不统一将导致各判决既判力、争点效、反射效等相互冲突。

表2　旧诉讼标的说下的请求权竞合

（前诉）侵权 （后诉）违约	上诉胜诉	上诉败诉
起诉胜诉	①前诉上诉胜诉 后诉起诉胜诉	②前诉上诉败诉 后诉起诉胜诉
起诉败诉	③前诉上诉胜诉 后诉起诉败诉	
上诉胜诉	④前诉上诉胜诉 后诉上诉胜诉	⑤前诉上诉败诉 后诉上诉胜诉

正是出于这些原因，以及减少当事人诉累，节约司法资源，实现纠纷一次性解决之理念，新诉讼标的说才应运而生。该说对于诉讼标的之把握，从基于实体法上的观念性，表面性权利层次中超越出来，进而立足于更高层面，视事实关系而言的整个实体法秩序所认可的“一次性给付”之地位（受领权）来予以理解。[2] 在新诉讼标的说下，债务不履行与侵权行为都被理解为攻击防御方法，被理解为支持一次性给付之地位法秩序的观点。如此就可用“禁止二重起诉”原则排除单独诉讼，一次性解决问题，减少当事人诉累。

〔2〕 参见[日]高桥宏志：《民事诉讼法制度与理论的深层分析》，林剑锋译，法律出版社2003年版，第25页。

此说为大陆法系国家普遍适用。我国虽没有明确采用哪种标的说,但笔者支持新诉讼标的说,只是采用新诉讼标的说,无论于立案或是庭审中都将加重法官之释明责任,对法官之法学素养将提出更高之要求。

二、一审上诉衔接程序之问题

在一审上诉衔接过程中,除当事人对上诉状、答辩状送达、卷宗移送、立案时长等多有微词外,出现不少裁定方式不统一,致民事诉讼的诉讼目的与构造冲突,令当事人费解,徒增当事人时间、金钱成本之情况,笔者认为亦有探讨之必要。

(一)民事诉讼之目的论

民事诉讼之目的,现主要存在三种学说:权利保护说、法秩序维持说与纠纷解决说。权利保护说的依据在于禁止自力救济的代价,国家应当负有保护公民权利的责任;法秩序维持说主张国家为了维持基于自身制定私法而产生的私法秩序,并确保该秩序的实效性;而纠纷解决说主要倡导民事诉讼的目的就在于解决纠纷。依据《民事诉讼法》第2条"中华人民共和国民事诉讼法的任务,是保护当事人行使诉讼权利,保证人民法院查明事实,分清是非,正确适用法律,及时审理民事案件,确认民事权利义务关系,制裁民事违法行为,保护当事人的合法权益,教育公民自觉遵守法律,维护社会秩序、经济秩序,保障社会主义建设事业顺利进行"之规定,我国民事诉讼法目的应采权利保护、法秩序维持、解决纠纷三种目的并存的多元说,其实多种目的共存亦无不可,但是在共同作为指向标的价值时潜藏着一种对立或紧张关系,至于应将重点放置于何目的,就要根据具体情形来选择了。

(二)一审上诉两类特殊情形之处理

在司法实务中,一审上诉衔接期间常出现两类情况:一类是当事人在规定上诉期限内提出上诉,但未缴纳诉讼费;另一类则是当事人超过了上诉期限提出上诉,但缴纳了诉讼费。二审法院的处理方式排列组合,将产生四种处理方式,详见表3:

表3　二审法院的处理方式

超上诉期限上诉,已缴纳上诉费 未缴上诉费 上诉期限内上诉	直接退回 一审法院	二审作出 不予受理裁定
直接退回 一审法院	①退回一审法院 退回一审法院	②作出裁定 退回一审法院
二审作出 按撤诉处理裁定	③退回一审法院 作出裁定	④作出裁定 作出裁定

1. 当事人超过上诉期限提起上诉并缴纳上诉费,二审法院有两种处理方式:一是将卷宗直接退回一审法院,令一审法院告知当事人。二是由二审法院作出不予受理上诉之裁定。在司法实务中,选择第一种处理方式的较多,究其原因,主要应出于以下三项考量,一是趋利避害考虑,当事人愿意缴纳上诉费可知其对原判决确有不服,由二审法院下裁定易导致上诉人将不满情绪移转二审法官,尤其是群体性上诉案件,更易引发群体性冲突。二是"下级"服从"上级"体制,下级对上级之指示不得不从,且自身审核不严,自觉应有责任。三是案件绩效考量,此类案件极少,不影响法官办案数量、绩效考评。然无论是退回一审法院,还是作出不予受理之裁定,其依据皆为《最高人民法院关于适用〈中华人民共和国民事诉讼法〉的解释》第320条"未在法定上诉期间内递交上诉状的,视为未提起上诉"之规定。

2. 当事人在规定期限内上诉,但未缴纳上诉费,出现此类情况有很大一部分原因是上诉人躲避债务,尤其是在民间借贷、房产开发、商业保险案件中,上诉人已于一审程序中展开充分攻防,自由处分、辩论原则得到充分保障,上诉人明知二审败诉可能性极高,故采取上诉不缴费之方式尽量拖延还债时间。二审法院对于此类情况亦有两种处理方式。一是将卷宗直接退回一审法院,按自动撤诉处理。二是立案作出按撤诉处理的终审裁定。在司法实践中,二审法官选择第二种处理方式占主流,究其原因,主要出于以下两项考虑,一是趋利避害考虑,一方面此类案件简单,无错案风险,裁定可格式化生成,即使胜诉当事人心有不悦,亦不敢过分抗议,毕竟尚需法院执行;另一方面计算法官办案数量,提升绩效考核成绩。二是传统惯例之沿袭,当一种方式形成惯例,后来者往往就不会考虑传统惯例之对错利弊,遵循旧例就成为一种潜在的“法规”。然无论是退回一审法院,还是作出按撤回上诉处理之裁定,其依据也都是《最高人民法院关于适用〈中华人民共和国民事诉讼法〉的解释》第320条“虽递交上诉状,但未在指定的期限内交纳上诉费的,按自动撤回上诉处理”之规定。

(三)两种情况处理的合目的性考量

依上述之分析,二审法院处理此两类情况,采取了不同之方式,主流处理方式应是表3的第三种组合,在低密度法律规范之情况下,法官作出如此选择亦无可指摘,毕竟法官也是人,趋利避害乃人之本性。然而,四种处理方式,裁量尺度如此不统一,笔者认为有必要区分四种组合方式之利弊,究竟采哪种处理方式更符合民事诉讼之目的。

首先,我们考量一审上诉未交纳上诉费,二审法院作出按撤诉处理的终审裁定对胜诉方之影响。很多时候一审判决作出,败诉方就已想方设法拖延时间了,一审判决拒收,待公告期满后提出上诉,二审法院作出裁定,其又故伎重施,如此从一审判决作出到二审裁定生效少则一年,多则二三年,众所周知,迟来的正义非正义,机会成本、通货膨胀都将导致胜诉方之不利益。因此,就民事诉讼目的而论,二审法院作出按撤诉处理的终审裁定之目的明显不是侧重于当事人权利保护,而纠纷解决已于一审判决完成,也许只能从对法秩序维持之目的上理解,不过未免也太过牵强,一是强调对未缴纳诉讼费处理之法秩序好像无此必要;二是客观上反有助于败诉方赖账,与法院推进强制执行之目的背道而驰;三是即使直接按撤回上诉处理,退回一审法院也不影响法秩序维持的目的。另外,作出此类无诉讼利益之裁定还会导致司法资源的浪费,降低司法行政效率,同时邮寄、留置、公告等费用支出实属公帑浪费,对全体纳税人亦属不公。因此,笔者认为,对于不交纳诉讼费之上诉,一般应直接退回一审法院,无须裁定,胜诉方可依一审判决申请强制执行,如此更符合权利保护、解决纠纷、法秩序维持之诉讼目的。

其次,我们再来考量超上诉期限上诉,但诉讼费已缴纳之情况。就民事诉讼目的而言,我们有必要根据具体情形于三种目的价值方面来作出选择。一般出现超过期限上诉之原因大致存在三类:一是当事人存在犹豫,迟迟未能作出决定,终致超过期限。二是群体性案件,因人数众多,意见不统一,需要开会、协商,待意见达成时,上诉期限已过。三是当事人怠于行使自己权利,将上诉期限理解为工作日,致期限超过。无论出于何种原因导致期限的超过,皆可归为怠于行使自己权利,漠视法秩序规范,因此,在我国公民法制意识不强之情况下,二审有必要通过不予受理裁定,达到维持法秩序、普及法律规范之目的。尤其是一审移交卷宗迟缓,二审法院审查立案时已距当事人递交上诉状数月之情形,更有必要裁定不予受理,重申法秩序规范,消弭当事人之不满情绪。

(四)二审上诉程序衔接其他方面考量

我国上诉程序的相关规范,从1991年制定《民事诉讼法》,至2007年第一次修正,再到2013年第二次修正,基本没有修改。20世纪90年代由于我国经济、社会发展状况、交通物流、人员素质等实际因素,1991年版《民事诉讼法》给予了法官相当大的裁量权,相关条款属于低密度法律规范,然随着我国经济社会发展,交通物流改进,法院人员素质提升,当事人权利意识强化,再赋予法官如此宽泛的裁量权就有不妥了,容易导致某些法官滥用裁量,为了结案率压案,为了办案数选案,产生了道德风险,有些案件从当事人上诉到一审卷宗移送,再到二审法院分案,长达一年之久,对当事人权利保护极为不利。因此,笔者认为对一审上诉衔接之问题应进行高密度规范,提高司法行政效率。

三、论程序性案件开庭审理之判断标准

学法律的人大都知道何为程序性案件,即管辖异议、不予受理、驳回起诉三类案件,一般由立案庭管辖审理。对于这类案件究竟是否需要开庭审理呢?法律没有硬性规定,即使法院内部文件也未作强制性要求,这赋予了法官极大的裁量权,甚至可以说是有些恣意的裁量权。在司法实践中,据笔者了解,有些法院一年几百件程序性案件一个庭都不开,当事人对此颇有微词。究竟什么样的程序性案件需要开庭审理呢?下面笔者以有限之法学知识分析程序性案件开庭之判断标准。

(一)单方谈话调查,是否可行

笔者于司法实务中,经常得见主审法官通过单方问话之方式探知结论,尤其是二审,法官基本不予开庭,仅通过阅卷、单方谈话进行审理裁判。究其原因,笔者认为有四:一是程序案件之裁判历来受到轻视,管辖异议案件属于中间裁判,不涉及当事人实体权利,而不予受理、驳回起诉案件亦未对纠纷作出实体处分,故当事人不甚重视,法官自然有轻视之心理。二是法律似无强制性规范,根据《民事诉讼法》第168条、第169条“二审人民法院对上诉案件,应当组成合议庭,开庭审理。经过阅卷、调查和询问当事人,对没有提出新的事实、证据或者理由,合议庭认为不需要开庭审理的,可以不开庭审理”等条款,依据字义理解,二审案件法律未有强制性规定,一审案件笔者也未查到有强制开庭规定。三是法院人少案多,审理期限短,事务性工作占用法官大量时间,结案压力使得开庭成为法官负担。四是立案法官法律素养欠缺,使得开庭成为恣意之产物,甚至与是否有人打招呼或时间是否充裕等外部因素皆有关系。

然如此恣意的单方谈话调查,阅卷审理是否可行?笔者历来是反对谈话调查的,尤其是单方谈话调查,民事诉讼法程序原则最为重要之一,即辩论原则,指的是将提出确定作为裁判基础的事实所必需资料权能及责任赋予当事人行使及承担的原则,即直接决定法律效果发生或消灭的必要事实,只有在当事人的辩论中出现才能作为判决的基础,最为集中之表现就在于开庭审理辩论审理。其理论依据存有如下几种观点:

第一种观点认为,辩论主义是基于“涉及私益的事项应当由当事人自由处分”之考虑的结果,“将作为裁判之前提的事实关系的解明委诸当事人作用”的辩论主义的根据在于,在纠纷解决内容中尊重当事人的意思,[3]私权自治就是辩论主义的根据。

第二种观点认为,辩论主义是“为了发现真实”之合目的性考虑的产物,对于纠纷最具有利害关系的应当是纠纷当事人,如果利用当事人的这种利

---

〔3〕 参见[日]高桥宏志:《民事诉讼法制度与理论的深层分析》,林剑锋译,法律出版社2003年版,第332页。

己性，进而将诉讼资料委诸当事人承担，那么就会使诉讼的必要资料得以收集，反之，让法院负担诉讼资料，现实而言不可行。这种观点被称为手段说。

第三种观点认为，辩论主义的根据，在于谋求防止当事人进行突然袭击，保障当事人攻击防御机会的程序，如果不进行辩论，或辩论不充分都将极易导致突袭，使当事人失去为自己辩护之权利（防御权利），既不利于发现真相，也有失公平。

除此之外，当然还存在其他学说，但是各学说之间是可并存的，仅是解说之侧重内容有不同而已。无论我国采哪种学说，总而言之，辩论原则之目的都有发现事实真相、防止突然袭击之趣旨。如果从辩论主义原则角度出发，单方谈话，是极易造成突然袭击的，法官也不能够以单方谈话之内容作为裁判之依据。然程序性案件毕竟有其自身特点，究竟辩论原则于何种范围、程度可适用，确实是值得探讨之问题。

（二）程序性案件资料收集的原则

揆诸世界各大陆法系国家程序性案件诉讼要件收集方式主要采用原则，大体可分为三类，即辩论主义原则、职权探知主义原则以及职权审查主义原则。

辩论主义原则已于上文阐明，此处不再赘述，而职权探知主义原则是与辩论主义原则相对，指的是对于诉讼材料的收集，法院拥有主导权，法院不限于当事人主张的事实和提供的证据范围，依职权主动收集事实和调取证据。下面笔者重点阐述职权审查主义原则，此原则主要系德国在资料收集方面采取之独特方式。

我们首先明确一个概念，职权调查事项，系指即使当事人没有提出主张、申请，法院也必须依职权予以斟酌，提出并调查此等事项，大部分的诉讼要件都属于职权调查事项，〔4〕可见程序性案件基本都属于职权调查事项类的案件。

日本、我国台湾地区等大多数大陆法系国家、地区均认为诉讼资料，法院是可以依职权进行收集的，无论是职权探知主义还是辩论主义都属妥当，

〔4〕 参见［日］高桥宏志：《民事诉讼法重点讲义》，张卫平译，法律出版社2007年版，第6页。

大多数职权调查的事项应当采用职权探知的方式来收集资料，但是在任意管辖、诉的利益、当事人适格等方面，则应采用辩论主义的方式来收集资料。而德国在资料收集方面，采取了与大多数大陆国家不同的资料收集方式，一种处于职权探知主义和辩论主义之间的审理方式，如果法院对于是否存在诉讼要件存有疑问时，法院可以行使释明权催促当事人提出相关资料，但不允许法院依职权自行收集（这一点与辩论主义相同）；另外，法院的判断并不受自认的拘束，也不妨碍法院可以通过证据调查认定与自认事实不同的事实，而且当事人提出相关资料的期限也不受限制，不会存在攻击防御方法因错过时机而被驳回的情况（这一点又与职权探知主义相同）。这就是所谓的职权审查主义。

我国的程序性案件（诉讼要件资料收集方式）究竟是采职权探知主义原则、辩论主义原则，还是职权审查主义原则？我国没有明确的规定，依据《民事诉讼法》第 69 条“当事人对自己提出的主张，有责任提供证据。当事人及其诉讼代理人因客观原因不能自行收集证据，或人民法院认为审理案件需要的证据，人民法院应当调查收集”，仅规定了职权调查原因，而未规定方式。职权调查系依职权斟酌，而诉讼资料收集方式为其下位概念，但在司法实务中，法院多将职权调查单纯理解为职权探知主义，全凭主审法官的主观判断，其任意性非常大。

（三）是否开庭审理的判断标准

笔者认为，由于不同的诉讼要件具有不同的内容，因此在资料收集方面应采用不同的规制方法，对于可能导致判决无效以及再审的诉讼要件，如重复起诉，适用职权探知主义较为妥当；对于诉的利益则应采用职权审查方式，因其排除了自认的拘束力；对于管辖异议等则应适用辩论主义更为合理。因此，各诉讼要件采用何种资料收集方式决定了程序性案件是否需要开庭，换言之，诉讼要件资料收集方式采辩论主义和职权审查方式，一般是需开庭审理的，如诉的利益案件、管辖异议、当事人适格案件以及事实不清的仲裁协议案件等应进行开庭审理。

至于上诉审是否应进行开庭审理呢？除用上述诉讼要件资料收集方式判断之标准外，另上诉审属有限审理，依据《民事诉讼法》第 169 条之规定，二审原则上应当开庭，不开庭的硬性标准是没有提出新的事实、证据或者理由。结合两者之判断标准，笔者认为至少以下几类案件二审应该开庭审理：一是采用辩论主义、职权审查方式审理的程序性案件，如管辖异议、诉的利益、当事人适格案件等，一审未开庭审理，上诉审必须开庭进行审理，给予当事人攻击防御能事之权利，否则此类案件因有违辩论主义原则，应被视为错案，再审撤销。二是请求权竞合案件，如侵权之诉与违约之诉请求权竞合，当事人主张不清，攻防不充分，一审法官基于实体诉讼标的说，以当事人诉讼类型选择错误不予受理或驳回起诉，二审法院应当基于新诉讼标的说开庭审理，纠正一审法律理解错误。三是一审单方询问当事人，并以此作为裁判依据的案件，无论诉讼要件资料采何种收集方式，二审法院都必须开庭进行审理，以纠正一审程序错误，方符合民事诉讼之目的。至于是否尚有其他情况，当然会有，囿于笔者法学素养、司法实务经历有限，在此不再列举。

以上之理论并非笔者之独创，笔者仅是将现有之成熟理论加诸当前之司法实务进行分析而已，必有错漏不足之处，望笔者之拙见能对众法律人有所启发。在司法实务中，各类案件纷乱繁杂，非有抽丝剥茧之缜密心思、庖丁解牛之高超技艺不足以胜任法官之职，我国社会主义法治虽不断发展，各部门法律已基本齐备，然大部分规范终究属于低密度之法律规范，况德、法、日等法治高度发达之大陆法系国家，其法律规范亦不可面面俱到，尚需通过严密之逻辑涵摄不断解释发展适应新时期对公正、平等、自由之需要，法释义学之目的亦在于此。如果法官仅限于“依法依规”，因循守旧，坚持字面含义，仅凭个人主观判断，而无严谨之逻辑涵摄，必将导致人民权利之损失，与法律设置之目的背道而驰，绝非人民百姓之福。

浅论我国执行和解制度的修改*

韦明姣**

根据我国的法律规定，执行和解是指在民事执行程序中，申请人与被申请人就变更原执行依据确定的履行内容自愿达成和解协议，由法院根据当事人的请求裁定中止或终结执行程序的一项法律制度。

长期以来，“执行难”一直是困扰我国社会的沉疴痼疾。在被执行人不自动履行，而强制执行又难以保证申请人权益真正实现与实现效率的情况下，介于自动履行与强制执行之间的执行和解，自然成为当事人可选的一种权利实现方式。诚然，执行和解制度作为一项极具中国特色的法律制度，[1]在实现当事人双方利益共赢、化解“执行难”、缓和社会矛盾方面被赋予重要的价值功能。然而，随着司法实践的发展，现行仅寥寥几条的法律条文，已难以满足执行实务的现实需要，逐渐暴露出规定单一、救济不力等制度缺陷与不足，由此带来的理论困惑与运行困境导致执行和解的制度价值难以实现。

---

* 本文获第二十八届全国法院学术讨论会优秀奖。

** 南宁市邕宁区人民法院未审庭审判员。

〔1〕 有学者鉴于比较法研究，得出执行和解制度是我国独创的结论。参见沈德咏主编：《最高人民法院民事诉讼法司法解释理解与适用》（下），人民法院出版社2015年版，第1245页。

当前,单独的强制执行法正在紧锣密鼓地制定中。[2] 与此同时,最高人民法院在十二届全国人大四次会议上明确提出要向“执行难”全面宣战。综观全国,各级法院均在为打赢这场硬仗横刀立马、频出重拳。本文旨在《强制执行法》亟待出台之际,试提出对执行和解制度的修改建议。

一、理论基础:执行和解协议的法律性质

厘清执行和解协议的法律性质,是其制度设计的理论前提。综观当前关于执行和解协议法律性质的探讨,主要有三种不同的观点。

观点一,私法行为说。这种观点认为执行和解协议只是建立在当事人意思自治基础上的纯粹私法行为。基于既判力理论,未经裁判的执行和解协议当然无法取代生效裁判。因此,它既不具有强制执行力,也不能发生诉讼行为的法律效果,即不能导致执行程序的中止或终结,等等。例如,在我国台湾地区,执行和解被认为是诉讼外和解,仅具有民法上和解契约的效力。[3]

笔者认为,此观点片面强调了执行和解的独立性,却忽略了当事人希望通过该行为中止或终结执行程序的主观目的,既不符合其发生于执行程序的客观事实,也违背了当事人追求的行为目的。

观点二,诉讼行为说。这种观点认为执行和解是当事人在执行程序中对自身实体权利与程序权利处分的诉讼行为。从行为目的上看,执行和解协议的达成,是为了以变更后的履行内容取代原执行依据所确认的履行内容。当当事人将协议的达成及其内容通知执行机构时,该协议得以替代原执行依据并取得强制执行力。例如,《瑞典执行法》直接确认执行程序中的和解协议具有新的执行依据效力的规定。[4]

笔者认为,“诉讼行为说”的适用必须建立在执行机构具有审判权或能

---

〔2〕 参见马学玲:《最高法:已完成〈强制执行法〉建议稿第六稿》,载中国新闻网(2015 年 3 月 31 日),最后访问日期:2016 年 6 月 18 日。

〔3〕 参见杨与龄:《强制执行法论》(最新修正),中国政法大学出版社 2002 年版,第 657、658 页。

〔4〕 参见沈德咏主编:《最高人民法院民事诉讼法司法解释理解与适用》(下),人民法院出版社 2015 年版,第 1245 页。

够充分介入执行和解的基础上,否则将有悖于既判力理论。因此,从司法基础上看,"诉讼行为说"在我国现行法院机构体系的权力设置下并不适用。

观点三,一行为两性质说,即认为执行和解兼具私法契约性与诉讼行为性。一方面,和解协议是当事人意思自治的私法契约,未经裁判不具有强制执行力;另一方面,和解协议的达成与完全履行能够导致执行程序的中止或终结,具有诉讼权利处分的效果。例如,我国现行执行和解制度基本上采纳该学说。后文将结合我国现行法律规定具体阐述,在此不作赘述。

笔者认为,"一行为两性质说"既考虑了执行和解未经公权力裁判的客观事实,也尊重了当事人追求中止或终结执行程序的主观愿望;是在执行和解协议与原执行依据并存的情形下,对其性质较为辩证的分析。

然而,结合实务,传统的"一行为两性质说"未免过于单一,不能充分反映两性质之间属性强弱较量的各种情形。笔者认为,可以在肯定执行和解行为兼具双重属性的基础上,对"一行为两性质说"加以拓展与丰富,使其囊括两性质之间平衡抑或倾斜的不同情形。具体表现为:司法因素对执行和解介入程度的不同,将发生执行和解协议的两种属性持平或偏向某一属性的法律效果,从而赋予执行和解协议不同的法律效力与救济途径。从这个角度上看,拓展后的"一行为两性质说"更能够为执行和解协议效力与救济途径的多元化设计提供充分的理论基础。

二、司法现状:执行和解的制度不足与运行障碍

当前,我国尚未出台单独的强制执行法,散见于《民事诉讼法》及其司法解释等法律法规中的执行和解规定仅寥寥7条。分析相关规定,不难发现我国执行和解制度基本上采"一行为两性质说"。一方面,执行和解协议是私法契约,不具有既判力与强制执行力。法律仅规定了法院将书面和解协议附卷或将协议内容记入笔录的工作程序,并未规定法院对执行和解具有主动介入权与实质审查权。另一方面,执行和解是能引起执行程序变化的诉讼行为。申请人可以在达成或已完全履行执行和解协议的情形下,通过申请中止执行或撤回执行申请,暂时放弃或放弃原执行依据的实现方式,从而中止或终结执行程序。

现行法律对“一行为两性质说”的采纳符合我国的法院机构体系设置,能够为执行和解协议的效力设置提供一定的理论基础。但粗略的规定,并不能体现“一行为两性质说”应有的丰富层次。随着司法实践的日益复杂与发展变化,单一的效力情形设计,既难以理顺现实中执行和解协议与原执行依据并存的复杂关系,也难以指引实务中形形色色的执行和解协议争议如何解决。

鉴于我国《民事诉讼法》第230条集中规定了执行和解协议的效力及救济途径,笔者以该条为主要视点分析现行执行和解制度的不足与缺陷。

(一)司法介入缺乏法律依据

考察我国《民事诉讼法》第230条第1款,[5]现行法律强调执行和解的自主性与私力性,而避免司法的过多介入。执行人员只需客观地履行记录手续即可,无须主持和解,更无须审查执行和解是否合法有效。

然而,审判实践并非如此。一方面,法院出于结案的工作压力,愿意主动组织双方当事人进行和解;另一方面,当事人囿于法律知识与诉讼能力的欠缺,希望通过法院审查确保和解协议的合法有效。因此,实务中绝大多数执行和解协议的达成都是经过法官审查的,已经不同于意思自治下的普通民事契约。[6] 甚至在某些地区,法院对执行和解的实质审查权已得到了书面指导性意见的确认,如《北京市高级人民法院关于规范执行和解的若干规定》明确规定了法官在执行和解协议成立、生效、履行过程中的实质审查权。

现行法律强调的私法契约性与实务中司法介入较深的冲突,直接导致法律关于执行和解协议效力的单一规定与司法的多元化需求不适应,并导致实务的困惑,主要表现在:经过法院审查确认的执行和解协议能否替代原执行依据?是否可诉?是否具有强制执行力?等等。

---

〔5〕 该条款规定:“在执行中,双方当事人自行和解达成协议的,执行员应当将协议内容记入笔录,由双方当事人签名或者盖章。”

〔6〕 参见曹凤国:《民事执行和解协议效力的困境与出路——以民事诉讼法第二百三十条为切入点》,载《人民司法》2013年第15期。

（二）权利救济失衡与乏力

考察《民事诉讼法》第230条第2款，[7]该规定未免过于单一，不仅在条文规定上存在矛盾与缺陷，而且无法解决实务中因执行和解协议效力瑕疵或履行不能等产生的各种争议。具体表现在以下几方面：

1. 权利救济不对等

该条仅规定了申请执行人受欺诈、胁迫的，可申请恢复原执行；却忽略了被执行人受欺诈、胁迫的情形下应如何救济。实践中，被执行人确有受欺诈、胁迫的可能，如在以物抵债的执行和解协议中，非出于真实意志地以较高价值的物抵偿较低价值的债务。在协议完全未履行的情形下，被执行人尚可以通过不履行协议的被动行为来间接否定协议的效力。但如果协议部分履行且完全履行时，被执行人能否又如何以积极行为（另行起诉或申请恢复原执行等）来保障自身的权益？对此，现行法律没有规定。

2. 权利救济不充分

执行和解是双方当事人的利益妥协与共赢，既动用了司法资源，也占用了双方当事人的时间与精力，更承载着不同主体的预期目的与价值需求。按照现行法律，仅规定了受欺诈、胁迫或不履行和解协议的情形下，至多可恢复到强制执行的原点，却缺乏对无过错方利益损失的额外救济，也缺乏对过错方的责任追究与惩罚，容易滋生甚或鼓励当事人通过制造效力瑕疵或谎借和解达到恶意拖延执行、借机隐匿、转移财产的不法目的。

另外，在执行和解中，申请人往往希冀通过降低债权数额、放宽履行期限等让步与妥协，实现裁判所确认权益的变现与效率。因此，在被执行人无财产可供执行的情况下，恢复原执行未必能最大限度地保障申请人的权益。相反，申请人可能更倾向于以和解协议的履行替代原执行。因此，法律仅规定申请恢复原执行这一救济途径，既不符合执行和解协议一经成立即对双方当事人具有约束力的契约属性，也忽略了无过错方对自身利益实现应享有的最优选择权。此外，在原执行因种种原因无法恢复的情形下，当事人应

---

〔7〕 该条款规定："申请执行人因受欺诈、胁迫与被执行人达成和解协议，或者当事人不履行和解协议的，人民法院可以根据当事人的申请，恢复对原生效法律文书的执行。"

如何有效维护自身权益尚属立法空白。

3. 权利救济不及时

根据现行法律规定,一方当事人只有在对方当事人构成事实违约(和解协议约定的履行期限届满,但当事人不按约履行)的情况下,才能通过申请恢复原执行来予以救济。即使对方当事人存在预期违约的情形,也无能为力。这在被执行人恶意拖延时间、以和解为名借机隐匿、转移财产等情况下,极有可能对申请人造成无法弥补的损害。

(三)争议解决路径单一

根据《民事诉讼法》第230条的规定,申请人受欺诈、胁迫,或当事人不履行和解协议时,当事人仅可通过申请恢复原执行这一途径来予以救济。仅此唯一的救济路径,不仅权利救济不充分(详见前文),也无法解决实务中各种执行和解争议。

关于执行和解协议的争议案件时有发生,如当协议出现效力瑕疵或履行违约时,当事人就协议提起确认合同效力之诉、撤销之诉或要求履行之诉,等等。然而,执行和解协议是否具有可诉性,法律未置可否,而理论与实务界也莫衷一是。

当前法律框架下,下列问题亟待法律予以明确规定:当事人主张受欺诈、胁迫的,如何审查认定?是在执行程序中提出效力异议,由执行法官来审查认定;还是另行提起诉讼,由业务庭法官来审理裁判?此外,在执行和解协议部分或完全履行的情况下,当事人以存在重大误解、显失公平等其他效力瑕疵情形为由提出撤销请求是否可诉?对于执行和解协议中超出原执行依据法律关系之外的争议是否可诉?等等。

三、对策建议:执行和解制度的完善与突破

(一)形而上:"三位一体"指引制度设计

修正、完善乃至突破现行执行和解制度是保障与促进执行和解的现实出路。"形而上者谓之道",重新审视我国审执分离的体制改革背景,客观分析执行和解协议在司法实务中呈现的特殊属性,准确把握执行和解的功能定位与价值目标,"三位一体"定位执行和解,对完善与突破现行执行和解制

度具有重要的指引作用。

1. 全局高度——审执分离的体制改革

修正"头痛医头、脚痛医脚"的"就事论事",而应该以俯瞰全局的视野,在遵循既判力理论、"一行为两性质说"的基础上,结合当前我国执行机构体制改革的形势进行制度完善与突破,从而理顺执行和解协议与原执行依据并存、审执分离机制与法院内部权力配置之间的复杂关系。

为实现执行和解的价值目标,最为节约司法资源且符合经济高效原则的做法是打破执行和解协议不具强制执行力的单一设置,建立健全执行和解协议效力层次的多元化。然而,这种做法在公权力介入执行和解缺乏合法性的法律框架下,既违背既判力理论,也难以逾越审执分离的体制障碍。因此,要想实现上述这种经济高效的做法,必须对现行法院介入执行和解缺乏法律依据与权力基础的现状予以修正,修正后的制度应符合当前审执分离体制改革的上层设计。

2. 坐标横轴——和解协议的现实属性

如前文所述,实务中的很多执行和解协议已然不是现行法律所预设的偏私法性,而是介入了许多司法因素。对于司法介入较深(表现为法院既主持和解又予以审查)的执行和解协议,已经演变为具有强烈诉讼属性的特殊契约,不仅表现在执行和解的达成或完全履行能达到中止或终结执行程序的程序效果,而且表现在司法因素对执行和解的强烈渗入,以及部分案件中的当事人对以执行和解协议替代原执行依据的实体效果存在强烈的司法期待。

制度必须面对现实,又服务现实。因此,在进行制度修改时,应充分尊重执行和解协议在司法实务中呈现的现实属性,在拓展"一行为两性质说"的理论基础上,对执行和解协议的效力指引与救济路径作出多元化的设计。

3. 坐标纵轴——执行和解的价值目标

执行和解是介于自动履行与强制执行之间的一种权利实现方式,理论上其功能定位在于救济不自动履行下的权利实现不能,避免强制执行下的变现障碍和较高成本;在价值目标上,它的成本与效率应处于中间的位置,即成本:自动履行 < 执行和解 < 强制执行,效率:自动履行 > 执行和解 > 强制执行,从而以优于强制执行的成本与效率实现不同主体的利益诉求:法院能以较少司法资源执结案件；申请人能以让步换取生效裁判所确认利益的变现与效率；被执行人能以“打折”的履行尽快摆脱债务的旋涡、避免公权力的强制。

制度的生命在于实践，而实践的意义在于价值。因此，我们在制度设计时，应以执行和解制度的功能定位与价值目标为导向，避免执行和解制度的价值落空。

（二）形而下：“多维角度”完善与突破现行制度

“形而下者谓之器”，对于执行和解理念层面的分析论证，最终还是得付诸法律制度与司法实践。以强制执行法的单独立法为契机，笔者试从“多维角度”提出针对执行和解制度的修改建议，以期对完善立法与指导实务有所裨益。

1. 规范司法介入，重新定位执行和解协议与原执行依据的关系

与其让实务中法院对执行和解的参与及审查行为流离于法律之外，不如将法院的司法介入行为纳入法律予以认可和规范，明确规定法院可在执行程序中主持和解，并有权实质审查协议的程序与内容是否合法有效。至于审查的机构，是执行部门，还是审判庭。笔者认为，主持和审查执行和解是执行工作的重要一环，应由执行部门进行为宜。为避免执行法官行使裁判权违背审执分离机构体制，宜将对执行和解协议进行合法性审查的裁决权交由执行裁决部门。

对于法院裁决（该裁决简称为确认裁定）确认的执行和解协议，具有司法确认协议的法律效力，不容当事人随意违约，但并不当然取代原执行依据。为尊重当事人对自身权益的处分权，应赋予当事人对确认裁定是否具有“替代性”拥有选择权。如果选择以确认裁定替代原执行依据的（这里要注意的是，并非以执行和解协议改变原执行依据所确认的法律事实与法律关系，而是变更原执行依据所确认的权利义务的实现方式），由执行裁决部门裁定确认执行和解协议合法有效，并明确该确认裁定具有强制执行力。否则，仅裁定确认协议内容合法有效。

2. 保障和解利益，引入预期违约制度与违约赔偿制度

为充分保障申请人的合法权益，避免被执行人的事实违约造成对申请

人合法权益无可弥补的损害，建议在执行和解制度中引入预期违约制度。即在和解协议履行期限到来之前，义务人虽无正当理由但明确表示其在履行期到来后将不履行协议，或者义务人的自身行为或客观事实（如根本没有履行和解协议的能力、存在恶意隐匿转移财产行为，等等）表示其将不能按照约定履行协议义务的，权利人可以主动行使救济权利，要求强制执行确认裁定或是恢复原执行依据的执行，并有权主张违约赔偿。

理论探讨中，有不少学者建议引入不安抗辩权制度。[8] 笔者认为，虽然我国是大陆法系国家，但还是引入英美法系的预期违约制度更为恰当。尽管预期违约与不安抗辩权具有相同的价值目标，但预期违约的适用条件、范围及救济手段较之不安抗辩权更为广泛，对当事人的保护更为充分，更有利于保护当事人的利益，维护交易秩序。[9] 不安抗辩权适用于债务履行时间有先后之别的合同，而预期违约无此要求。因此，预期违约适用于执行和解协议更为准确。另外，不安抗辩权仅允许非违约方中止履行合同义务，而不享有合同消灭权，其性质是防御性的；而预期违约却赋予守约方消灭合同及索赔损失的权利，并得作为诉因提起诉讼，其性质是攻击性的。引入攻击性的预期违约制度，较之不安抗辩权，更有利于充分维护申请人的利益，从严打击被执行人“假和解、真拖延”的恶意行为。

此外，对于借“虚假和解”规避执行或无正当理由拒不履行执行和解协议的被执行人，符合《最高人民法院关于公布失信被执行人名单信息的若干规定》第1条第2项、第5项的规定，应将其列入失信被执行人名单予以信用惩戒。

3. 回应实务困惑，健全执行和解协议争议解决路径

如前文所述，在执行和解协议出现效力瑕疵和履行障碍的情况下，如何解决相应争议，立法规定过于单一，远远无法满足司法需求。然而，对执行和解协议纠纷适用什么样的程序进行处理和解决，直接影响到执行和解支付的效率和有效性，[10] 必须予以立法完善。当前探讨的焦点主要在于执行

[8] 参见盛杰：《协调与规制：完善民事执行和解的路径探讨》，载《山东审判》2014年第1期。

[9] 参见李薇、黄辉：《论不安抗辩权与预期违约——兼谈我国法中不安抗辩权制度的协调问题》，载《当代法学》2002年第2期。

[10] 参见雷运龙：《简论民事执行和解纠纷的解决机制》，载《执行工作指导》2010年第1辑。

和解协议是否具有可诉性？如果有的话，在什么情况下可以起诉？

司法实务中，一些典型案例突破了执行和解协议不具有可诉性的理论学说。例如，山东省潍坊市中级人民法院审理的中国农业银行潍坊市奎文区支行诉潍坊市农业机械供应公司和潍坊市民丰农业机械有限公司执行和解协议争议案中，债权人在超过期限申请强制执行被驳回后，不得不就执行和解协议提起诉讼，要求确认协议合法有效并要求继续履行；〔11〕重庆市渝北区人民法院审理的重庆星廷物资有限公司诉重庆康达建筑安装工程有限公司执行和解协议争议案中，债权人在被债务人欺诈而违背真实意思的情况下与债务人达成了和解协议，于是在拒绝债务人主动履行和解协议的情况下提起诉讼，要求撤销执行和解协议；〔12〕最高人民法院审理的中国建设银行股份有限公司新疆维吾尔自治区分行营业部诉新疆城市投资有限责任公司执行和解协议争议案中，一方当事人不履行执行和解协议，另一方在无法恢复执行原生效裁判的情况下，就执行和解协议中原生效裁判未涉及的部分提起诉讼。〔13〕 以上案例均为当前司法实务提供了一定的借鉴，但它们均是限于现行法律框架下的“制度内探索”，并未突破现行法律对执行和解协议的效力限制。因此，并不完全适用于笔者试图设计的制度框架。与前文的修改建议相协调，笔者关于执行和解协议的争议解决路径的立法建议如下：

(1)在赋予法院实质审查权的前提下，法院已对执行和解协议的合法有效性进行把关，这在很大程度上避免了和解协议的效力瑕疵。如果出现效力瑕疵(符合《合同法》第52条、第54条规定的情形之一的)，要区分两种情形：其一，在当事人未选择和解协议替代原执行依据，即法院未以生效裁判形式确认协议效力与强制执行力的情况下，当事人可以起诉请求法院确认协议无效或者予以撤销。如果和解协议被确认无效或撤销，当事人可以申请执行原执行依据。其二，在当事人已选择和解协议替代原执行依据，即法院已裁定确认和解协议合法有效并赋予其强制执行力的情况下，当事人可

---

〔11〕 参见许尚豪：《执行中和解协议能否作为起诉依据》，载《判解研究》总第20辑。

〔12〕 参见邢江孟：《执行和解协议可以请求撤销的条件》，载《人民司法(案例)》2012年第22期。

〔13〕 参见朱婧、何东宁：《执行和解协议对原裁判文书未涉及或不能恢复执行的部分具有可诉性》，载《人民司法(案例)》2012年第8期。

以通过审判监督程序请求撤销确认裁定。确认裁定被撤销的，当事人可以申请执行原执行依据。

（2）如执行和解协议内容超过原裁判文书涉及法律关系的，当事人不能就超过部分在执行程序中申请法院作出确认裁定。例如，就超过部分发生争议的，当事人可以另行提起诉讼或申请仲裁；超过部分与和解协议其他内容关联紧密、难以割裂的，当事人不能就该协议申请法院作出确认裁定，如就协议发生争议的，当事人可以另行提起诉讼或申请仲裁。

（3）尽管现行法律规定了申请恢复原执行这一救济途径，但在某些情形下原执行却无法恢复。例如，原执行依据中的给付内容是特定物，但该特定物已灭失，导致无法恢复原执行；再如，执行和解协议是双务协议，一方当事人已履行了己方义务，且已履行部分不宜或无法撤销，申请人与被执行人之间的权利义务状态已无法恢复到原点，等等。因此，在一方当事人不履行执行和解协议，而原执行又无法恢复的情况下，应允许对方当事人以该协议为依据提起诉讼或申请仲裁。

结语

以审执分离体制改革为背景，现行执行和解制度应予修正、完善并加以突破。一方面，引入预期违约制度与违约赔偿制度，加大对“假和解、真拖延”的打击与惩戒，切实保障当事人的和解利益。另一方面，深掘“一行为两性质说”的理论内涵，通过规范法院的审查权、赋予当事人选择权，使执行和解协议的性质在双重属性之间有所偏倚，从而理顺不同司法介入程度下执行和解协议与原执行依据之间的复杂关系，并设置多元化的司法救济路径予以对应。当前，《强制执行法（草案）》6个版本中关于执行和解的规定百花齐放，本文或可成为立法参考的一得之见。

实务探讨

国家工作人员退休后收受他人财物问题探讨

廖 娟*

党的十八大以来,党中央高度重视反腐倡廉工作。打虎拍蝇、刮骨疗毒、猛药去疴等一系列反腐措施,极大地推动了党风廉政建设工作的开展。反腐败斗争无禁区已成为全民共识,退休也绝不意味着"平安着陆",一批退休的国家工作人员因贪腐等违纪问题受到党政纪处分,被取消退休待遇,而严重违纪涉嫌犯罪的,将被移送司法机关依法处理。[1] 据媒体统计,从中央纪委发布的省部级以上高官落马时的年龄来看,近半数"大老

---

* 广西师范大学法学院研究生、来宾市兴宾区人民法院调研室主任。

〔1〕湖南政协原副主席阳宝华即是在退休三年以后被中央纪委立案查处。类似的还有湖北政协原副主席陈柏槐。从广西本地来看,亦有广西安全厅原厅长魏祖锦因涉嫌贪污犯罪,在调离原单位多年并且退休之后,仍受到法律追究的案例,魏祖锦最终被判处无期徒刑。而广西区纪委新近发布的百色市政协原副主席、市总工会原主席李廷荣违纪案,则是甫一退休,即因违反组织纪律、廉洁纪律、生活纪律,涉嫌受贿犯罪被立案审查。可见,是否退休、退休多久均已不再是"平安着陆"的标志。参见桂林山水网:http://www.guilinss.com/wap.php?action=article&id=6087,最后访问日期:2017 年 5 月 30 日。

虎"年届60,"50后"占大多数,其中级别最高的正国家级大老虎周永康落马时也已72周岁。可以预见,随着全面从严治党向纵深发展和监督执纪问责的持续深入,将会有更多的退休官员因违纪违法而受到纪律和法律的追究。从媒体的报道来看,受贿问题是其中具有普遍性的违纪违法错误事实。因此,有必要对国家工作人员退休后收受他人财物问题进行研究。

一、当前存在的国家工作人员退休后收受他人财物现象

通说认为,受贿犯罪是国家工作人员这一特殊主体才能构成的身份犯罪,该行为侵犯了职务行为的廉洁性和不可收买性,因而应当受到相应的惩处。[2]《刑法》第385条第1款对此作出了规定。从该条文的字面来看,并未明确限定国家工作人员的范围仅指在职的国家工作人员,还是既包括在职的国家工作人员又包括退休的国家工作人员。但是,受贿犯罪之本质特征在于"权钱交易"。根据论理解释之规则,国家工作人员应当解释为在职的国家工作人员,并不包括退休的国家工作人员。[3] 因为退休的国家工作人员已无职务上的便利可言,当然不能成为受贿正犯的主体。[4] 因而对《刑法》第385条又可以进一步解读为国家工作人员在职时利用职务上的便利为他人谋取利益,并收受他人贿赂的,或者在职时利用职务上的便利,索取他人财物的,是受贿罪。[5] 然而,受贿犯罪作为法定犯,既要考究该罪名的历史沿革,又要根据当前的反腐败斗争的形势作出综合判断,以尽可能得出最合理的解释。实践中,退休的老领导利用曾经的职权和地位谋取私利的情形不少见,甚至更加肆无忌惮。该行为具有相当的社会危害性,应当对此作出规制。当然,老领导、老干部退休后收受财物的情形各异,不能单凭收

---

〔2〕 参见杨兴国:《贪污贿赂犯罪认定精解精析》,中国检察出版社2011年版,第169页。

〔3〕 按照通说的观点,将刑法解释方法区分为文理解释与论理解释,论理解释主要包括扩大解释、缩小解释、当然解释、反对解释、补正解释、体系解释、历史解释、比较解释。参见张明楷:《刑法分则的解释原理》(第2版),中国人民大学出版社2011年版,第42页。

〔4〕 倘若不具有职务上的便利,在排除成立受贿共犯的情形外,自无成立受贿犯罪之可能。

〔5〕 该条原文为"国家工作人员利用职务上的便利,索取他人财物的,或者非法收受他人财物,为他人谋取利益的,是受贿罪"。

受财物这一客观事实,认为“没有无缘无故的爱”,就认定构成受贿;也不能一叶障目,认为退休后,认定为国家工作人员存在身份上的障碍,就直接作出否定、不构成受贿的判断。从中央纪委发布的执纪审查信息以及最高人民法院公布的大要案审判信息来看,“老老虎们”所涉案情多系在职时为他人谋利并收受贿赂(已构成受贿犯罪),仅是在退休后案发落马,并非是因为退休后的受财行为而受到党纪国法的处分。这一情形,仅涉及追溯时效的问题,对于构成受贿并无异议。因此,本文对这一情形将不予探讨,而重点研究下面四种“退而不离”“老而不休”的常见问题。

二、国家工作人员退休后收受他人财物的常见问题分析

(一)国家工作人员在职时利用职务上的便利为他人谋取利益,退休后才收受他人贿赂的认定问题

1. 相关司法解释的解读。对此种情形,《最高人民法院关于国家工作人员利用职务上的便利为他人谋取利益离退休后收受财物行为如何处理问题的批复》(法释〔2000〕21 号)(以下简称《批复》)给出了答案:国家工作人员利用职务上的便利为请托人谋取利益,并与请托人事先约定,在其离退休后收受请托人财物,构成犯罪的以受贿罪定罪处罚。根据这一司法解释,是否构成受贿犯罪,关键是双方有无“事先约定”。例如,行为人与请托人有事先约定,则国家工作人员退休后收受的财物,是因其在职时利用职务上的便利为他人谋取利益而换取的对价,故退休后的该受财行为侵犯了职务行为的不可收买性。行为人之所以与请托人约定待其退休后方收受财物,是为了规避法律的制裁。此时,行为人主观上有利用职务上的便利,索取或者非法收受他人财物,为他人谋利的故意,客观上有收受请托人财物的行为,当数额达到入罪标准时,对行为人以受贿罪追究,符合刑法关于打击受贿犯罪的立法本意。〔6〕

对该司法解释依据反对解释之规则来解读,还可以得出下面的结论:行为人在职时为他人谋取了利益,如其并没有与请托人达成“退休后收受财

---

〔6〕 参见熊选国、任为华主编:《刑法罪名适用指南——贪污贿赂罪》,中国人民公安大学出版社 2007 年版,第 113 页。

物”的约定，即便事后收受了财物，则纯属事后感谢的性质，不构成受贿罪。因为行为人在为他人谋利时没有违背职务行为的廉洁性，在收受财物时已不具备国家工作人员的身份，不再具有相应的职权和职责，因此不符合受贿的本质特征。〔7〕这一结论，也符合主客观相一致原则。

2. 司法解释的扩大。需要注意的是，《最高人民法院关于印发〈全国法院审理经济犯罪案件工作座谈会纪要〉的通知》（法发〔2003〕167号）（以下简称《座谈会纪要》）在对上述精神重申的同时，进一步将该行为之主体作了扩大，由离退休的国家工作人员扩大为离职的国家工作人员，但仍保留了“事先约定”这一要素。这是因为离职的国家工作人员与离退休的国家工作人员情形相似，在离开岗位后，就不再是国家工作人员了，从而失去了“职务上的便利”。如要认定为受贿犯罪，必须将在职时利用职务上的便利所实施的谋利事项，与离职后（退休后）的受财行为连接起来，而这一连接点，即是“事先约定”。

3. 新旧司法解释之间的关系。需要说明的是，“两高”于2016年4月颁布了《关于办理贪污贿赂刑事案件适用法律若干问题的解释》，该解释第13条第1款第3项规定，履职时未被请托，但事后基于该履职事由收受他人财物的，应当认定为“为他人谋取利益”，构成犯罪的，依照《刑法》关于受贿犯罪的规定定罪处罚。从新的司法解释条文的字面来看，不再强调“事先约定”，这是否意味着新的司法解释已经取消了“事先约定”这一要素呢？笔者认为，新的司法解释诞生于全面从严治党的新形势下，为从严惩处贪污贿赂犯罪，必须进一步严密刑事法网，并明确了行为人履职时依职权正当履行职务、行使职责（但该行为客观上为他人谋取了利益），事后却因此而收受他人财物的，应认定为“为他人谋取利益”，进而认定为受贿行为是符合受贿罪的构成要件的。但新的司法解释所针对的行为人仍应当是指在职的国家工作人员。申言之，履职时为在职的国家工作人员，事后收受他人财物时仍然是在职的国家工作人员。若事后收受他人财物时，已退休或者已辞职，则仍应适用2000年的《批复》、2003年的《座谈会纪要》之精神，视行为人与他人有

〔7〕 参见赵煜：《惩治贪污贿赂犯罪实务指南》，法律出版社2012年版，第235、236页。

无“事先约定”来作出判断。就该问题，我们亦可结合新的司法解释公布当天的最高人民法院相关领导答记者问的表述来进一步分析：国家工作人员正常履职后收受“感谢费”……“不论事前收受还是事后收受，均不影响受贿犯罪的认定”。可见，该新的司法解释之目的是纠正受贿犯罪的传统认定模式——先收钱后办事，或者说将受贿犯罪的认定模式作了扩张，在职的国家工作人员无论是先收钱后办事，还是边办事边收钱，或者先办事后收钱，都成立受贿犯罪。并非取缔了“事先约定”这一要素，错误地认为离退休、离职人员收受他人财物的，无论有无事先的约定，只要在职时为他人谋取过利益，均一律作为受贿犯罪处理。〔8〕

（二）国家工作人员退休前后均收受他人贿赂的认定问题

如国家工作人员在职时利用本人职务上的便利为他人谋取了利益，退休前后均有收受他人贿赂的行为。此时，即便没有退休后收受财物的“事先约定”，究其实质，仍是一个受贿的连续行为，将基于同一事由离职后继续收受的财物计入受贿数额，符合连续犯的一般理论。〔9〕对此，“两高”于2007年发布的《关于办理受贿刑事案件适用法律若干问题的意见》亦进行了明确，“国家工作人员利用职务上的便利为请托人谋取利益，离职前后连续收受请托人财物的，离职前后收受部分均应计入受贿数额”。对这一解释条文的理解，应当要注意掌握连续收受财物的“紧密性”和收受财物事由的“同一性”。例如，退休前未曾收受过请托人财物，亦未约定退休后再收受财物，则退休后收受财物的，属于“事后受贿”的问题。由于收受时不再具有国家工作人员的身份，因此不宜作为受贿犯罪处理。

1. 紧密性。所谓“紧密性”是指基于一个概括的受贿意思，加上联系较为紧密的事后受财行为才能认定为“连续收受”，从而避免对受贿犯罪的不当扩大。至于紧密的界限，应当因案制宜。目前，理论上关于紧密性的研究

---

〔8〕 事实上，关于“事先约定”这一要件，最高人民法院在2000年的批复、2003年的座谈会纪要、2007年的司法解释中，均以不同形式进行了表述，而这3部规范性文件并未废止，仍具有效力。

〔9〕 参见刘为波：《关于办理受贿刑事案件适用法律若干问题的意见的理解与适用》，载《人民司法》2007年第15期。

和立法上对于紧密性的规定尚不多见，而司法实务中的相关案例也不多见，如同国家工作人员收受请托人财物后“及时退还”的不是受贿中的“及时”一样，均有待进一步研究。[10]

2. 同一性。所谓“同一性”，一是指离职前后连续收受请托人财物之请托人应当是同一人。如果离职前收受的是张三的钱款，离职后收受的是李四的钱款，则对于离职后所收受的李四的钱款，仍应审查有无“事先约定”。二是指请托事项的“同一性”。这就要求即便离职前后同是收受王五的钱款，但是离职前基于帮助王五谋取人大代表等社会荣誉而收受财物，离职后基于帮助王五谋取工程项目而收受财物，如没有“事先约定”，则对于离职后所收受的财物不得累计为离职前受贿的数额当中，因为前后受财的请托事项不具有“同一性”。换言之，行为人在职时基于帮助王五谋取工程项目就收受了贿赂，因为工程项目的周期性较长，在行为人离职后，仍然收受王五基于该工程项目的后续感谢费，前后收受财物的请托事项均是该工程项目，具有同一性，因而可以将离职后收受财物的数额累计一并算入受贿数额。

（三）国家工作人员退休后利用原职权为他人谋取利益，收受贿赂的认定问题

此一情形，即是当下所谓的利用影响力受贿的问题。这一罪名系2009年《刑法修正案（七）》新增的罪名。事实上，有学者早在《刑法修正案（七）》出台之前就毫无讳言地指出，有的国家工作人员离而不休，虽然不再担任原职务，但原职务的影响依然存在，甚至比某些在职的国家工作人员的影响和作用还大。[11] 值得注意的是，利用影响力受贿罪的请托事项比受贿罪的请托事项要狭窄，仅指不正当利益，而受贿罪的请托事项既包括正当利益，也包括不正当利益。这方面较为典型的案例是广西壮族自治区国土厅原纪检组组长罗某受贿、利用影响力受贿一案，二审裁定书指出“在罗某退休前，崔

---

〔10〕 目前无论是指导性案例还是相关的参考性案例，此方面的案例均较少。无论是纪委机关发布的违纪审查通报还是司法机关公布的大要案通讯，对于具体的案情或许因为工作要求所在，均语焉不详。有些起诉书指控的被告人实施的谋利行为距离收受贿赂的时间相隔近10年，但判决书是否认可该谋利事项并未公开。

〔11〕 参见王作富主编：《刑法分则实务研究》（第3版），中国方正出版社2007年版，第1810页。

某与罗某、郑某三人已达成了由罗某出面与土地部门联系、沟通为郑某谋利、由崔某与罗某收受郑某贿赂的共谋，即崔某作为与罗某关系密切的人，与罗某是共同犯罪，罗某在职期间利用本人职务之便为郑某谋取利益，罗某、崔某按照事先约定分别收受郑某贿赂款，构成受贿共同犯罪；罗某退休后，利用本人职权和地位形成的便利条件，通过其他国家工作人员职务上的便利为郑某谋取不正当利益，罗某、崔某依然是按照事先约定分别收受郑某贿赂款，构成利用影响力受贿共同犯罪”。

这一案例也表明，利用影响力受贿罪与受贿罪是可以并罚的。如前所述，罗某虽然在其离职前后有连续收受财物的行为，但其离职后与崔某共同收受之财物，是基于离职后新的请托事项而收受，并非基于离职前的请托事项而（连续）收受。虽然罗某与崔某、郑某三人达成的谋利模式是在罗某在职时达成的，但在罗某退休后，之所以能继续获利，是基于其原职权和地位所形成的便利条件，通过其他国家工作人员的职务行为来谋取的，此时虽然行为模式相同，但是侵犯的客体不同。故此，应当另认定为利用影响力受贿罪，并与受贿罪数罪并罚。

（四）国家工作人员退休后单纯收受他人财物的认定问题

若国家工作人员在职时未利用职务上的便利为他人谋取利益，则其退休后收受他人财物就不能认定为受贿行为；若其也未利用原在职时的职权或者地位形成的便利条件，通过其他国家工作人员职务上的行为，为他人谋取不正当利益，则也不构成利用影响力受贿罪。此时，应当全面审查、综合考虑各种因素，从纪律的层面进行分析判断是否属于收受礼品、礼金的违反廉洁纪律的行为。由于行为人已退休，不再具有职权，因此不构成收受可能影响公正执行公务的礼品、礼金、消费卡等错误行为。至于是否属于收受其他明显超出正常礼尚往来的礼品、礼金、消费卡等错误行为，则视双方的往来情况，有无经济上的联系以及收受财物的具体原因，财物的数额、价值，是一般性的财物还是贵重的、数额巨大的财物来进行分析。如收受的财物数额巨大明显超出了正常礼尚往来的范畴，又不能合理说明原因的，则可以依据 2016 年《中国共产党纪律处分条例》第 83 条第 2 款之规定作出处分，认定为违反廉洁纪律的错误行为。需要注意的是，该条款系 2016 年《中国共产党纪律处分条例》新增的内容,旧条例并无相对应的条款,如违纪行为发生在 2016 年 1 月 1 日之前,则应该根据从旧兼从轻的原则,依据 2013 年《中国共产党纪律处分条例》第 82 条之规定,认定为"其他"违反廉洁自律规定的行为。

仍应注意的是,对于此种情形,虽然排除了涉法的可能性,但亦不宜过于扩大纪律处分的范围。执纪实践当中,不能单凭收受财物的数额较大,就动辄执纪问责。此时,应当在排除属于正常的馈赠范畴之后,方可进行纪律处分。如双方曾系老同事,一方下海经商后富裕了,另一方退休后身体多病、家庭困难。一方赠送了数额较大的钱款,另一方收下了。此时,能否认定为违纪行为呢?笔者认为,此时,行为人已经退休,不具有为送钱人谋利的现实可能性,而送钱人出于旧情,虽然赠送了数额较大的财物给老同事,目的在于帮助行为人渡过难关,而非请托办事。故此,仍应作为正常的馈赠来对待,让行为人感受到纪检监察机关也是"干部之家"的温暖。当然,此种情形确有一定的漏洞,有待中央纪委进一步明确"明显"超出正常礼尚往来的界限与尺度,以便严格执纪。

结语——对"职务"的再理解

受贿罪的主体之所以要求为国家工作人员,在于受贿犯罪是职务犯罪,因而对于"职务"的内涵和外延的理解,将影响我们对受贿行为之界定。通常而言,通过"身份"即可判断行为人是否具有"职务上的便利",但是由于执纪执法实践的复杂性和多样性,没有"身份"却有"职权"的人也不少见。因此,不能认为只要退休了,就断无构成受贿犯罪的可能,也不能认为收受他人财物就一律违纪违法。必须坚持主客观相统一的原则进行全面的审查。细加比较,前述国家工作人员退休后收受他人财物的四种常见情形中,都或多或少涉及原职权、过去的职权、他人的职权是否属于受贿犯罪之"职权"的认定问题。概言之,如退休后的受财行为与原职权相关,则可考虑认定为受贿犯罪;如退休后的受财行为与原职权的便利以及他人的职权相关,则可考虑认定为利用影响力受贿犯罪;如与原职权、他人的职权均无关,则不涉及犯罪问题。此时,可依据纪严于法、纪在法前的精神,并结合当前反腐败斗争的形势以及监督执纪"四种形态"的运用规则,审慎考量是否属于违纪行为。

论内河船员劳动权益司法救济的困境与破解

——兼论执行转破产程序的衔接

梁向明[*] 唐 豪[**] 姬小鹤[***]

近年来,我国内河航运输业遇到不少困难,伴随出现的内河运输企业经营不善、面临破产的情况不少,船员劳务纠纷案件也随之增多。最高人民法院为了方便诉讼,在相关司法解释中规定船员工资纠纷案件作为船员劳务纠纷案件,当事人不需要经过劳动仲裁,可直接向海事法院提起诉讼。因法律、法规及相关司法解释对内河船员劳动权益的保护中未规定内河船员的船舶优先权,在海事司法实务上,内河船员劳务纠纷案件也不支持船员的船舶优先权,内河船员工资从拍卖价款中可能未能受偿,若内河运输企业资不抵债,船员劳务纠纷案件也面临"执行难"的问题,其劳动权益的救济面临着诸多困境。

---

* 北海海事法院贵港法庭庭长。

** 西南政法大学学生,北海海事法院贵港法庭实习生。

*** 西南政法大学学生,北海海事法院贵港法庭实习生。

一、内河船员劳动权益的司法救济路径及面临的难题

（一）船员劳动权益救济的诉讼路径

一般而言，在海事诉讼中，船员劳动权益纠纷案件属于船员劳务纠纷案件，当船员劳动权益遭受侵害时，其救济路径为：

1. 申请扣押和拍卖船舶。船员可依据《中华人民共和国海事诉讼特别程序法》（以下简称《海事诉讼特别程序法》）第三章海事请求保全中第二节船舶的扣押与拍卖的规定向海事法院申请扣押和拍卖船舶。

2. 债权登记。根据《海事诉讼特别程序法》第111条的规定，在海事法院通过审理案件裁定强制拍卖船舶，发布公告后，船员作为债权人可在公告期间内，就与被拍卖船舶有关的债权申请登记。船员作为债权人向海事法院申请登记债权的，并提交书面申请，提供证明债权具有法律效力的判决书、裁定书、调解书、仲裁裁决书和公证债权文书，以及其他证明具有海事请求的证据材料。海事法院经过对债权人的申请进行审查，对提供债权证据的，裁定准予登记；对不提供债权证据的，裁定驳回申请。

3. 确权诉讼。船员可依据《海事诉讼特别程序法》第116条的规定，船员作为债权人在海事法院办理了债权登记后，应及时提起确权诉讼，获得债权的法律文书。此确权诉讼为一审终审，海事法院对确权诉讼案件所作出的判决、裁定具有法律效力，当事人不得提起上诉，从而切实保护自身的权益。

4. 仲裁、起诉或者申请执行。船员与雇主之间有仲裁协议的，可申请仲裁，没有仲裁协议的，可向海事法院提起诉讼，取得具有法律效力的判决书、裁定书、调解书、仲裁裁决书后，向海事法院申请执行，实现其债权，保护合法的劳动权益。

5. 法院执行，拍卖相关船舶并分配船舶价款，船员的债权得以实现。

（二）面临的难题之一：现行实体法上没有规定内河船员享有船舶优先权

1. 内河船员有别于海船船员。海船与内河船舶有不同的规定，根据《中华人民共和国海商法》（以下简称《海商法》）第3条中关于船舶的界定，船舶

是指海船和其他海上移动式装置,但是用于军事的、政府公务的船舶和20总吨以下的小型船艇除外。虽然在学界上有对部分可航行沿海的船舶视为海船的观点,但海船与内河船舶的区分和界定是有法律依据的,因此海船的船员是在《海商法》规定中的"海船"上工作的人员,而内河船员不属于《海商法》规定的船员。

2. 内河船员劳动权益与海船船员劳动权益的实现方式有所不同。我国《海商法》第22条规定了具有船舶优先权的各项海事请求,其中与船员劳务相关的有两项,即第一项:船长、船员和在船工作的其他在编人员根据劳动法律、行政法规或者劳动合同所产生的工资、其他劳动报酬、船员遣散费用和社会保险费用的给付请求;第二项:在船舶营运中发生的人身伤亡的赔偿请求。根据该条的规定,海船船员的劳动权益可以通过拍卖船舶从拍卖价款中优先受偿,得以实现。在司法实务上,法院不承认内河船员享有《海商法》规定的船舶优先权,其劳动权益不能从拍卖船舶的价款中优先受偿,只能作为一般债权受偿;虽然在学界上有对部分可航行沿海的船舶的船员视为海船的船员观点,但海船与内河船舶的船员区分和界定是有法律依据的,此种情形下,若债务人财产不足以清偿所有债务,内河船员的劳动权益将得不到有效保护和实现。

案例:北海海事法院在(2014)海事初字第42号案的判决中,认定内河船员不享有《海商法》规定的船舶优先权。在本案中,原告请求对被告所有的"桂桂平货8809"号船享有优先权,法院认为,根据《海商法》第3条第1款"本法所称船舶,是指海船和其他海上移动式装置,但是用于军事的、政府公务的船舶和20总吨以下的小型船艇除外"的规定,被告所有的"桂桂平货8809"号船适航区域和经营范围为广西至广东省境内西江下游,珠江三角洲、珠海、深圳(含蛇口、赤湾)内河货物运输,不属于《海商法》中所指的海船和其他海上移动式装置,故原告请求对案涉船舶享有优先权没有事实和法律依据,本院不予支持。该案件经广西壮族自治区高级人民法院二审终审,改判第一项赔偿数额,驳回原告关于船舶优先权的请求。[1]

---

〔1〕 参见广西壮族自治区高级人民法院(2015)桂民四终字第29号民事判决书。

如前文所述，内河船员可通过海事诉讼路径：申请扣押和拍卖船舶、债权登记、确权诉讼、仲裁、起诉或者申请执行等来维护自身合法权益。但内河船员有别于海船船员，内河船员的劳动权益（如船员工资）仅属一般债权，其不享有《海商法》规定的船舶优先权，不能直接通过拍卖船舶的价款优先受偿来实现，此时，若运输企业资不抵债，而船舶又负有抵押债务，船员工资往往难以获得清偿，涉及内河船员劳动权益的该类案件面临“执行难”困境。

（三）面临的难题之二：程序法上的不足，海事法院对企业破产案件没有管辖权，对内河船员劳动权益的保护有局限

如前文所述，船员劳务纠纷案件属于海事法院专属管辖，若水路运输企业资不抵债，内河船员对船舶也没有优先权，其劳动权益难以在海事诉讼中实现，其只能寻求其他的诉讼路径，如向法院申请债务人企业破产，其债权在破产企业债务清偿中处于优先顺序，劳动权益才得到有效保障。但是，在现行法下，海事法院没有对破产案件的管辖权，我国《民事诉讼法》规定破产案件的管辖权属于地方法院，权利人申请企业破产必须向地方法院提出，海事法院不能向内河船员的劳动权益提供最终的司法保障。

（四）面临的难题之三：船员向地方法院申请水路运输企业破产以保护其劳动权益虽然有法律依据，但是也面临不少困难

船员可以向地方法院申请水路运输企业破产以保护其劳动权益。《企业破产法》规定：“债务人不能清偿到期债务，债权人可以向人民法院提出对债务人进行重整或者破产清算的申请。”“向人民法院提出破产申请，应当提交破产申请书和有关证据。破产申请书应当载明下列事项：（一）申请人、被申请人的基本情况；（二）申请目的；（三）申请的事实和理由；（四）人民法院认为应当载明的其他事项。”“债权人提出破产申请的，人民法院应当自收到申请之日起五日内通知债务人。债务人对申请有异议的，应当自收到人民法院的通知之日起七日内向人民法院提出。人民法院应当自异议期满之日起十日内裁定是否受理。除前款规定的情形外，人民法院应当自收到破产申请之日起十五日内裁定是否受理。有特殊情况需要延长前两款规定的裁定受理期限的，经上一级人民法院批准，可以延长十五日。”但是，船员为了获得工资，其直接申请运输企业破产涉及以下问题：一是申请目的、事实和

理由是否充分，船员工资债务相对企业的其他债务数额往往较少，若其他债务人没有申请，船员直接申请企业破产，地方法院是否受理破产案件；二是破产案件诉讼程序较繁杂，时间过长，当事人劳动权益未能及时得到保护；三是其他因素不利于企业破产案件的受理。目前，企业破产案件的申请和受理存在不少问题，船员直接申请运输企业破产并得到地方法院受理的案例少，船员在地方法院申请运输企业破产以保护其劳动权益是否可行有待检验。

二、走出司法困境的路径

面对内河船员劳动权益司法救济的困境，在海事司法实践中做了积极的探索，但也表现出其局限和不足之处。

（一）在海事司法实务上，法院参照《企业破产法》相关规定，分配案涉船舶拍卖款项

在实体法上，根据《企业破产法》的相关规定，若船舶企业不能清偿到期债务，并且资产不足以清偿全部债务或者明显缺乏清偿能力的，依法清理债务，宣告破产的，船舶拍卖的价款应作为破产财产分配。此时，内河船员可依据《企业破产法》第 113 条规定的债务清偿顺序受偿，其第 1 项：破产人所欠职工的工资和医疗、伤残补助、抚恤费用，所欠的应当划入职工个人账户的基本养老保险、基本医疗保险费用，以及法律、行政法规规定应当支付给职工的补偿金，明确了船员劳动权益具有优先受偿权。法院在执行程序及召开债权人会议分配拍卖案涉船舶款项时，参照《企业破产法》相关规定，将该款项作为破产财产分配，船员工资属于劳动权益，优先分配，据此内河船员劳动权益得以实现。

（二）在执行中承认船员工资性质属于劳动权益，适用《劳动法》确认船员工资优先受偿

海事审判中的船员劳务合同是一个广义的概念，《最高人民法院关于海事法院受理案件范围的若干规定》明确海员劳务合同纠纷案件海事法院的受案范围；1999 年颁布的《海事诉讼特别程序法》第 6 条第 2 款第 5 项规定，因船员劳务合同纠纷引起的诉讼由海事法院专属管辖；2001 年《最高人民法院关于海事法院受理案件范围的若干规定》明确了船员劳务合同纠纷为海

事法院的受案范围;最高人民法院于2008年2月4日发布的《民事案件案由规定》也仅有船员劳务合同纠纷,上述法律及司法解释均没有区分船员劳动合同与船员劳务合同。[2] 长期以来,海事法院受理的船员劳务合同纠纷一直包括劳动纠纷和劳务纠纷两类。结合《最高人民法院关于审理劳动争议案件适用法律若干问题的解释(二)》第3条规定,劳动者以用人单位的工资欠条为证据向人民法院起诉,诉讼请求不涉及劳动关系其他争议的,视为拖欠劳动报酬争议,按照普通民事纠纷受理。在《劳动法》后颁布的《劳动合同法》和《船员条例》都有涉及船员劳务合同的内容,即船员劳务合同受这两部法律的调整约束。据此可以认定船员劳务合同纠纷也包括了一部分劳动合同纠纷,具有劳动权益的性质,适用我国《劳动法》《劳动合同法》的相关规定,劳动报酬优先受偿。

(三)海事司法实践:在执行程序及召开债权人会议上,促使债权人同意内河船员劳动权益优先受偿权

海事诉讼中的债权人会议表决一致的结论可成为法院裁定分配船舶拍卖款项的事实依据。《海事诉讼特别程序法》是特别程序法,《民事诉讼法》是基本法,在海事诉讼中,应优先适用《海事诉讼特别程序法》中的规定,《海事诉讼特别程序法》中没有规定的,才适用《民事诉讼法》和其他法律的相关规定,海事诉讼的执行程序和普通民事案件的执行程序存在一定的差异,《海事诉讼特别程序法》第118条规定,债权人会议可以协商提出船舶价款或者海事赔偿责任限制基金的分配方案,协议内容经过海事法院的裁定认可后,具有法律效力。所以,在海事诉讼的执行过程中以及召开债权人会议期间,海事法院的执行员可以提示债权人,由债权人自己对内河船员劳动权益是否有优先受偿权进行讨论并表决,若债权人一致同意内河船员的劳动权益享有优先受偿权,海事法院可对其进行裁定加以确认,从而较好地实现和保护内河船员的劳动权益。但是,在这个过程中,法院应充分尊重债权人的选择,由债权人独立行使自己的民事表决权,债权人会议的表决及结论成为法院裁定分配船舶拍卖款项的事实依据。

---

〔2〕 参见陈宜芳、付本超:《船员劳务合同纠纷案件相关问题研究》,载《法律适用》2009年第1期。

(四)海事司法实务上的局限和不足

以上在海事司法实践中寻求的破解之道对于解决司法实务中的内河船员劳动权益面临的困境起到一定的作用,但有其明显的局限和不足之处。其一,法律依据先天不足,在海事诉讼中不能适用《企业破产法》的规定裁判。若债权人会议对内河船员劳动权益是否作为优先受偿权的问题未能达成一致意见,案涉企业即使处于破产状态,但尚未进入破产清算程序,海事法院不能将该企业视为破产,不能直接依据破产法对船舶拍卖款项视为破产财产作分配方案,不能裁定船员享有从船舶拍卖价款中优先受偿,此时,内河船员劳动权益难以实现。其二,在司法实务上,全体债权人自愿达成一致意见将内河船员的劳动权益作为优先受偿权的实例不多。

三、破解难题的路径:执行程序与破产程序的衔接

(一)在程序法上,执行程序与破产程序衔接的制度梳理

执行程序与破产程序的衔接是有效保障内河船员劳动权益的途径之一。在法律规定的层面上,最高人民法院针对执行程序与破产程序的衔接,近年来发布了一系列司法解释对其进行规范,如《最高人民法院关于适用〈中华人民共和国民事诉讼法〉的解释》(以下简称《民事诉讼法解释》)第513条至第516条、《最高人民法院关于执行案件移送破产审查若干问题的指导意见》(以下简称《指导意见》)等。在执行案件中,内河船员的工资有别于海员工资,不享有优先受偿权,法院如想要在现有的法律框架之下充分保障内河船员的劳动权益,破解这一法律难题,可以考虑在执行案件中引入破产程序,依据《企业破产法》第113条的规定,借助破产程序,将内河船员的工资列入优先受偿权的范畴之内。应当说,有实体法上的依据,当前执行程序和破产程序相衔接的制度框架已基本形成,但是在程序法和具体实施细则上仍然有进一步细化完善的空间。[3] 执行程序法与实体法的衔接,有利于破产案件的受理,有利于债权人和解达成一致意见,有利于保护船员的劳动权益。

---

〔3〕 参见潍坊市中级人民法院课题组:《关于完善执行转破产程序的调研报告》,载《山东审判》2017年第1期。

（二）内河船员权益的有效保障需要程序法与实体法的衔接

若债权人会议对内河船员的工资是否享有优先受偿权的问题未能达成一致意见，此时可以由任一债权人向法院申请债务人破产，以此来维护内河船员的劳动权益。依据《民事诉讼法解释》第513条的规定，如果内河船员所在的公司符合破产的条件，公司可以通过两种方式进入破产程序，第一种是申请执行人之一申请公司破产；第二种是公司自己同意进入破产程序。如果经申请执行人向法院申请或者公司主动向法院申请进入破产程序，那么内河船员直接向破产管理人申报债权即可，此时内河船员的工资可以获得优先受偿。如果申请执行人和公司都不向法院申请破产，那么此时为保护内河船员的劳动权益，其可以通过向法院起诉或向当地劳动仲裁委员会申请仲裁，获取对公司的执行依据，由此向法院申请进入破产程序，获得救济。

四、完善措施：建议法律授权海事法院管辖水路运输企业破产案件，有利于执行程序与破产程序的衔接，对船员劳动权益的保障更及时和有效

（一）建议修改立法或通过司法解释，由海事法院管辖水路运输企业的破产案件

依据现行《企业破产法》第3条的规定，破产案件的管辖权一般由债务人住所地人民法院行使，地方法院具有对船舶运输企业破产案件的管辖权，海事法院对破产案件没有管辖权。如果船员作为债权人向地方法院申请债务人破产的请求符合法律规定，由地方法院审理并解决，可以保障内河船员的劳动权益。但是，在实际生活中，船员为争取其工资和其他劳动权益的实现，首先不会选择申请船舶企业破产，而是向海事法院提起诉讼，由海事法院管辖和处理，地方法院对船员劳务纠纷案件没有管辖权，而海事法院管辖及裁判的结果是船员没有优先权，内河船员的劳动权益难以保障。如何解决这一管辖权错位问题，其一是通过立法修改确定海事法院对船务公司破产案件有管辖权；其二是由最高人民法院出台司法解释指定该类案件由海事法院管辖。

（二）海事法院管辖水路运输企业破产案件的现实可行性

1.海事法院是专门法院，有条件审理船务公司破产案件。为保障当事

人诉权,方便当事人参加诉讼,立法上可将船舶运输企业破产案件转由海事法院专门管辖,或由最高人民法院作司法管辖权的调整,将船舶运输企业破产案件交由海事法院管辖。依据《指导意见》第3条的规定,执行案件移送破产审查,由被执行人住所地的中级人民法院管辖,例外时可以由基层人民法院管辖。海事法院的级别与中级人民法院相同,故而将船舶运输企业破产案件转由海事法院专门管辖在管辖级别上看,不存在问题,符合当前法律规定的要求。同时,基于专业性的考量,将水路运输企业破产案件交给海事法院处理,可以取得较好的审判效果。

2. 目前,海事法院受理案件数量整体上比地方中级人民法院少,法官人数相对充足,专业素质较高,能胜任破产案件的审理。

3. 海事法院跨行政区域管辖,行政干预相对较少,有利于案件的公正审理。海事法院属于专门法院,受地方行政干预和影响较少,具有审理船舶运输企业破产案件的条件和优势,故而,如将船舶运输企业破产案件的管辖权移交给海事法院专属管辖,那么案件审理的专业性和审理效果将会大幅提高。对该问题的探讨,不仅在司法实务中可以找到充足的理由,在理论上亦有足够的依据。首先,海事法院在行政级别上属于中级人民法院,满足最高人民法院发布的《指导意见》中对受理破产案件法院的级别要求,由海事法院专属管辖船舶运输企业破产案件,在管辖层级上符合要求。其次,由于海事法院是专门法院,受法院所在地的行政部门的不当干扰较少,法院能够集中精力处理案件,把握好船舶运输企业破产案件的审判效果。

（三）海事法院管辖水路运输企业破产案件,有利于执行程序与破产程序的衔接

在海事诉讼中,内河船员没有船舶优先权,船员在执行程序中可申请运输企业破产,若海事法院有运输企业破产案件管辖权,由海事法院有权审查受理破产案件,执行程序与破产程序的衔接在同一个法院进行并完成,不需要从海事法院转移到地方法院,减小转移的环节,减少不利于破产案件受理的若干因素,提高办案效率,对内河船员劳动权益的保护更有保障、更有效率。

民事诉讼中微信信息的证据真实性审查[*]

韦京辰[**]

一、引言

微信是腾讯公司针对智能手机开发的大型社交平台软件，因形式广泛（囊括文字、图片、音频、视频等各类信息）、服务众多（信息发布、即时通信、资料下载、在线支付、“朋友圈”、微信商城等）、支持跨通信运营商以及跨操作系统平台等特点，自2011年推出以来应用广泛，已经成为许多人工作生活不可或缺的工具。

微信与微信所产生、存储、传递的各类信息，在法律上虽均属数据电文，但仍有以下区别：微信信息为微信用户在使用微信过程中形成的数据电文，而微信则为运行系统的总称，如使用的APP，总的载体为微信，微信用户之间使用微信过程中形成的文字、图片、音频、视频则为微信信息。各部门法对微信信息的考察目的、法律意义多有不同。例如，合同法主要是从法律行为的形式这一角度出发，将微信信息视为书面形式或者径定为电子形式的意思表示；而著作权法则主要从作品表现形式的角度出发，审慎甄别微信信息是否享有著作权保护。在民事诉讼领域，

---

* 本文获第二十七届全区法院学术讨论会优秀奖。

** 河池市金城江区人民法院民二庭法官助理。

微信信息一般是作为证据出现,因此考察证据三性尤其是真实性即为当前司法实践的常见疑难。

例如,在卞金颖诉北京美丽天使文化发展有限公司(以下简称美丽天使文化公司)劳动争议一案,北京市第一中级人民法院就需要对微信信息作出审判。该案的基本情况是:原告卞金颖要求美丽天使文化公司向卞金颖支付解除劳动合同经济补偿金 23606.68 元。就此主张,卞金颖在庭审中提交微信聊天记录及查看微信记录的录像证据为证。一审法院审理后认为,就本案卞金颖提交的证据,其自述存储有原始微信聊天记录的手机已交还公司,无法当庭展示原始载体中存储的微信聊天记录,虽有查阅微信记录的录像为补充,但该证据从形式上仍存有瑕疵。退一步而言,即使卞金颖持有并当庭出示原始载体中留存的微信聊天记录,该证据也存在无法仅依据名称及头像直接认定相关人员身份的问题,且关于劳动关系解除情况的聊天内容也属于卞金颖单方陈述,对方所作出的回复也无法直接、有效地证明卞金颖所述的劳动关系解除情况的问题,由此,一审法院作出了驳回原告诉讼请求的判决。卞金颖不服一审判决提起上诉,北京市中级人民法院作出了驳回上诉、维持原判的判决。[1]

二、作为证据的微信信息

微信信息是存储在电子介质(手机、电脑)中的文字、图片、语音、视频、转账记录、朋友圈等电子数据信息交换下的产物,当这些数据电文符合证据的基本要求,且能在案件中对待证事实加以证明则成为证据,[2]即微信信息所记载的内容体现的事实若能够作为证明民事案件情况的客观事实材料则成为民事诉讼证据。程序法领域的微信信息通过其表达内容来确认待证事实,为可适用电子证据规定的一种。

自 2015 年 2 月 4 日起施行的《最高人民法院关于适用〈中华人民共和

〔1〕 详见北京市第一中级人民法院(2016)京 01 民终 1993 号民事判决书。

〔2〕 参见刘显鹏:《电子证据的性质探析——以与视听资料之比较为视角》,载《兰州学刊》2013 年第 5 期。

国民事诉讼法〉的解释》(以下简称《民事诉讼法解释》)第 116 条规定[3]的司法解释内容可看出,电子证据的内涵在我国的司法解释层面已经得到了扩充,结合微信信息的特质来看,微信信息作为证据存在具有其必然性。

(一)微信信息较其他证据的特殊性

微信信息证据虽为特殊的电子证据,但因其载体为手机,使用方式为手机 APP,原始材料存储于手机中,可在自己手机中进行删除或撤回等一定程度上的编辑,故其不同于一般的电子证据及传统证据,具有自身的特殊性。

1. 主体难判定

传统的证据直接可以从证据的表象明确证据指向的群体,电子证据也可寻本溯源通过技术手段查找详细出处。但基于微信的用户名称及头像具有可变性,无法仅依据名称及头像直接认定相关人员身份,即使人员身份无异议,根据相应的微信聊天记录的内容也无法认定原告所主张的事实存在。

2. 内容难认定

传统的证据的内容简单明确,如书证、物证等,能直观地看出证据所反映的内容。微信信息证据则不同,微信用户在发送微信信息时,对微信信息的操作具有可变更性,因其可对已经发送的信息进行删除、撤回,通过微信用户对发出信息的变更操作,很难去认定原始的微信信息记录的情况。

3. 鉴证方式少

当事人对传统的证据提出疑虑时,可通过申请公证、鉴定等方式来鉴证。但对于微信信息证据来说,可以进行鉴证其真实性的方式很少,尚无专业的鉴定机构可针对微信信息证据的真实性进行鉴定,且微信信息的保全和公证亦无相应的规定加以规制。

4. 易遭破坏性

传统的证据形成之后,证据的表现形式较为稳定,如书证、物证等,如此

---

〔3〕 该条第 2、3 款规定:"电子数据是指通过电子邮件、电子数据交换、网上聊天记录、博客、微博客、手机短信、电子签名、域名等形成或者存储在电子介质中的信息。存储在电子介质中的录音资料和影像资料,适用电子数据的规定。"

类证据遭受破坏,也可通过技术手段进行修复,而微信信息证据则不然。微信用户可对微信信息证据进行任意修改,可对微信信息进行整体删除,可将另一方微信用户删除从而删除全部微信信息,微信信息删除后微信用户很难自行复原。

(二)微信信息在证据分类体系中的定位

在对微信信息在民事诉讼中的表现形式进行考察时,需以电子证据为相关参照依据。微信信息证据应如何定位就成为我们需要思考的问题。

根据证据的分类情况,目前学术界的观点普遍认为应将电子证据划归为视听资料、书证、物证、鉴定结论、独立证据或者作为证据的混合体,即“视听资料说”“书证说”“物证说”“鉴定结论说”“独立证据说”和“混合证据说”。[4] 具体到微信信息证据的定位,微信信息形式由文字、图片、语言视频、微信支付记录等构成,形式多样化,不能直接将微信信息证据归入视听资料、书证、物证、鉴定结论等任一分类中,也不宜将微信信息证据作为一种独立的证据形式,而是应根据不同微信信息形式构成的内容所能反映出的证据特性将其划入传统证据的不同范畴。

(三)现行《民事诉讼法》对微信信息证据的主要规定

我国著名证据法学者何家弘就司法证明方法的历史提出了自己的观点。他认为从法制史的角度来看,人类历经的证据发展过程从“神证”走入“人证”,又从“人证”走入“物证”,其认为下一个到来的司法证明时期为电子证据时代。[5] 电子证据作为当今司法证明的一种大趋势得到了法学学者们的重视。

的确,微信信息作为一种特殊的电子证据走入了民事诉讼领域,但我国目前无法律条文或司法解释出台过明确的微信信息证据的相关规定,而《民事诉讼法解释》第116条对电子证据进行了规定,其说明的内容适用于微信信息证据。

---

〔4〕 参见刘品新:《论电子证据的定位——基于中国现行证据法律的思辨》,载《法商研究》2002年第4期。

〔5〕 参见何家弘:《电子证据法研究》,法律出版社2002年版,前言。

例如,人民网于2015年2月6日发布了一则来自《法制日报》的名为"民诉法司法解释实施后首起微信信息证据案一审宣判"[6]的新闻报道。报道记载了同年2月5日,上海市浦东新区人民法院就一审宣判了一起原告深圳牛樟芝制药有限公司与被告樟芝(上海)投资中心及其法定代表人被告李某的"微信借条"案,对微信信息证据效力作出了判定。此案件为《民事诉讼法解释》实施后的首起微信信息证据案。但人民法院在该类证据的审查和认定时难以用微信信息证据来确认案件事实,微信信息证据的"可采性"常常遭到质疑,即使客观上来说微信能够反映当事人之间存在事实关系,但如不能对其加以采信,亦不能据此认定微信信息证据构成经审理查明的案件法律事实。

三、微信信息证据的审查现状与困境

(一)微信信息证据在民事裁判文书中的适用情况

近年来,微信在我国的裁判文书中频频出现,下面来看一组来自中国裁判文书网(http://wenshu.court.gov.cn/)关于微信、微信证据在民事诉讼案件中产生的的数据。(见表1、表2、图1、图2)

表1 民事裁判文书含"微信"的案由占比

民事案由	案件数量
人格权纠纷	499
婚姻家庭、继承纠纷	4686
物权纠纷	190
合同、无因管理、不当得利纠纷	6989
知识产权与竞争纠纷	273

[6] 载http://legal.people.com.cn/n/2015/0206/c188502-26520887.html,最后访问日期:2016年6月21日。

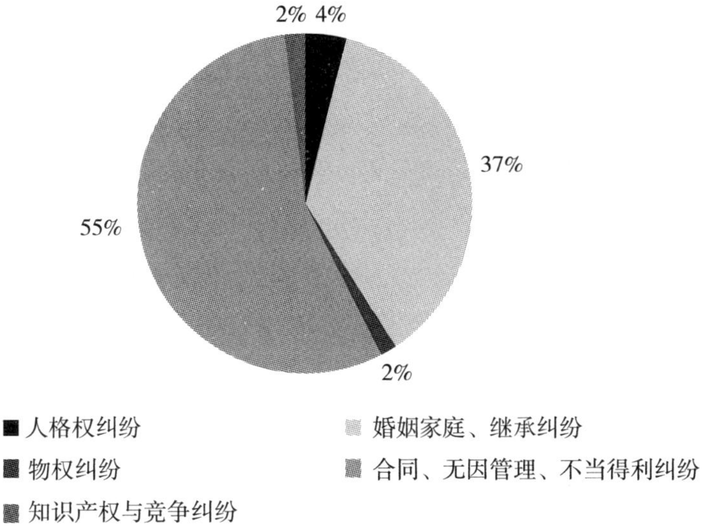

图1　民事裁判文书含"微信"的案由占比〔7〕

表2　民事裁判文书含"微信证据"的案由占比

民事案由	案件数量
婚姻家庭、继承纠纷	7
合同、无因管理、不当得利纠纷	27
知识产权与竞争纠纷	3
劳动争议、人事争议	8
与公司、证券、保险、票据等有关的民事纠纷	1

〔7〕 图表数据来自中国裁判文书网中关于"微信""民事案件"的检索，日期截至2016年6月28日。

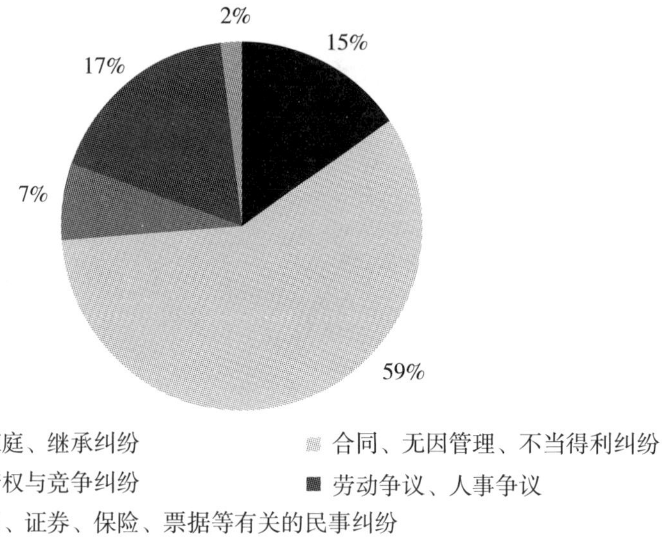

图 2 民事裁判文书含"微信证据"的案由占比〔8〕

如图 1、图 2 显示,截至 2016 年 6 月 28 日,在中国裁判文书网中,中国各级法院上网的文书中包含"微信"的民事案件共 14783 件,包含"微信证据"的民事案件共 46 件,其中多为合同、无因管理、不当得利纠纷,婚姻家庭、继承纠纷,劳动争议、人事争议纠纷,体现了微信在人们生活中的广泛应用,在各类常见民事诉讼中均有体现。虽然微信证据占据的民事诉讼案件比例不高,但微信证据也作为证据的一种走入了法院的民事裁判文书中。

(二)微信信息的证据合法性与关联性

证据若要存在证明力,必须具备对证据能力的评判的两个标准:肯定标准(从正面规定何种证据材料具备证据资格)和否定标准(何种证据材料不能作为证据使用)。〔9〕

微信信息证据的"合法性""关联性"审查与认定规则与其他证据的认证

---

〔8〕 图表数据来自中国裁判文书网中关于"微信证据""民事案件"的检索,日期截至 2016 年 6 月 28 日。

〔9〕 参见尹伟民:《证据能力规则之理性分析与现实选择——以民事诉讼为视角》,载《大连理工大学学报》(社会科学版)2012 年第 3 期。

规则一致,均需要审慎审查。证据合法性要求已存在于纠纷事实之中事实类证据和产生争议后,为确认案件的有关事实或争议的发展过程中,从证据的收集者、收集证据的内容到收集证据的过程、收集证据的形式均需要处于合法的状态。即要求证据满足主体合法、过程合法、内容合法和形式合法等要件。[10] 微信信息证据作为证据之一,也需要具备合法性。微信信息证据因容易涉及微信用户之间的隐私范畴,可进行编辑修改、撤回,提取过程难保存原始记录,微信记录记载的内容未必全为合法、准确,故其合法性应慎重审查。在司法实践中判断微信信息证据与待证事实的关联程度,[11] 因微信信息证据为生活化的片段式记录,难以通过微信信息证据直接认可完整的证据事实,故需对其进行细致审查。

(三)审查微信信息证据真实性的困境

微信信息证据作为一种新兴事物进入民事诉讼的审理中,但却没有具体的可操作性的法律法规或相应的司法解释予以支撑。当出现微信信息证据问题的时候,民事案件的承办法官只能参照电子证据的相关规定,但微信信息证据不等同于电子证据,一些具体的处理方式也不尽相同,裁量时即使无可行性依据也要作出合理判定。由于缺乏明确的认证规则和专门的电子证据鉴定机构,由此加大了法官的自由心证难度。

因微信信息证据的独有特点,在审查认定上存在诸多疑难问题。合法性和关联性可通过证据的表现形式和记载的内容来进行判断,而就微信信息证据的审查认定而言,真实性是微信信息证据的“硬伤”。微信用户的随意性和多变性,如未获得相对当事人的自认,很难去判断另一端的微信用户为案件的当事人本人,主体难判定的情况下,无法去认定微信信息证据的真实性。微信信息的举证往往是通过拍摄方式形成的复印件,对方如存异议,对无原件的证据法院也很难去直接认定该证据的真实性。对于微信信息证据的取证、保全和公证、鉴定,目前也没有具体的规定加以规制。一旦产生

---

〔10〕 参见杨鋐云、邱爱民:《各类诉讼中对科学证据的审核判断》,载《学术论坛》2012 年第 12 期。

〔11〕 参见聂铄:《电子证据在民事诉讼中的运用》,载《武汉大学学报》(哲学社会科学版)2006 年第 4 期。

争议，法院很难去认定其真实性，如该客观事实真实存在，则当事人的合法权益则无法得到保障。

1. 微信信息特性导致的“真实性”认定难问题

正因微信信息证据的主体难判定、内容难认定、鉴证方式少、易遭破坏性等特征而使得微信信息证据在民事诉讼中存在真实性审查难的问题。民事诉讼中，秉承“谁主张，谁举证”的基本原则，作为案件的当事人需要对其主张加以举证，在以单一微信信息证据作为主张权利的依据时，该微信信息证据必须达到盖然性的证明力，如因微信用户的特性导致无法认定，则法官在审查认定微信信息证据时往往会直接否定其真实性。

2. 微信信息甄别方式不明

当案件当事人举证提出微信信息证据作为其主张依据时，对微信信息证据的真实性存在法官无法直观进行甄别的情况，但就现今的司法实践亦未有机构能够就此进行确认，如确认该微信用户为案件当事人，所发出的微信记录、朋友圈未经过修改、撤回、删除，确认微信信息证据为原始记录等，增加了法院对微信信息证据认证的难度，使得当事人的微信信息证据证明力难以达成。

3. 收集微信信息的完整性难以认定

受微信的特性影响，微信欠缺直接的可读性，如微信文字、图片、转账记录、朋友圈记录等通过打印为书证等呈现，语音、视频通过刻录光盘等视听资料等方式转化，在转化的过程中无法保证留存了微信的完整性，实际操作的导出难度大、可行性差。

当事人如就微信信息证据的收集申请法院保全时，无明确的保全制度规制，亦无明确的保全措施，法院要求另一方当事人提交微信信息证据，可能存在基于当事人的主观利益主义，而无法保证当事人提供原始的完整的微信记录。微信上交流的数据很难通过技术手段还原提取，也无明确的机构能进行还原微信数据的工作，微信用户繁多，产生的交流量巨大，亦很难要求微信的供应商腾讯公司在云端保留所有微信用户的交流数据。

4. 举证、质证、认证中微信信息证据的原件“真实性”审查难

微信信息证据在举证、质证中存在一定的难度，微信记录中的电子数据

并非以明示的状态体现,无论是案件的当事人双方还是中立者裁判法官,并非均具备了对微信的足够了解和充足的使用经验,亦不能要求对手机 APP 中存储的电子数据的真实性直接作出主观判断。

举证、质证时原件难以审查。当事人提交的微信信息证据因举证及案件归档的要求需进行转化,不能保证微信信息证据的书面形式与原件上的内容一致,且因现今技术的发展,出现了能对微信加以编辑的应用程序,微信信息证据为何人所为亦会受到质疑,庭审举证质证中亦很难对微信信息证据的原件进行审查,无法去认定所提交的证据为微信信息证据的原件,由此加大了微信信息证据的举证、质证风险。此外,还会涉及以何种适当方式在庭审举证、质证进行必要的审查判断,即在认证中裁量法官无法直接去认定其真实性的情况。

四、完善微信信息证据"真实性"审查的几点建议

(一)明确的认证规则

证据的审查认定既要查明事实真相,又不应当只追求事实真相,在审查认定时,为确保认证的公正性,避免随意性,需在证据制度和诉讼程序的规制之下,严格遵照制度规则的要求,维护多重诉讼价值的平衡实现。[12] 微信信息证据在民事诉讼的审理中,亦需要具体的可操作性的法律法规或相应的司法解释予以规制。相关的立法部门可就当前微信信息证据的民事诉讼情况加以调研,对微信信息证据在民事诉讼中存在的困境制定相关的微信信息证据认证制度,在对微信的真实性的考察上,明确法官应该遵循的"三性"认证规则,并考虑微信信息证据的完整性,结合微信信息证据能够反映的案件事实,作出综合裁判并在法律文书中加以明确自由心证之路,更好地维护当事人的权益。

(二)全面审查认定微信信息证据的"真实性"

民事诉讼主体使用证据对自身主张加以证明,目的是获取正当、合理、可靠、真实的证明结果,概言之,采用证据加以佐证是为了得到公正和正义

〔12〕 参见陈光中主编:《证据法学》(修订版),法律出版社 2013 年版,第 84 ~ 107 页。

的证明结果。[13] 在法院审查诉讼证据时,就是需要考察证据的证明力。证明力大小首先在于证据本身,即需要确认证据是否真实可靠;其次在于证据所能证明的事实,即根据此份证据是否推导出待证事实。[14] 微信信息证据的审查难点在于真实性的审查,故必须在审查此类证据的时候,就通过其能否获取待证事实来认定,同时,也需要根据证据的情况结合具体的案件事实和其他证据加以综合分析。[15]

1. 明辨微信信息的使用主体

因微信不是实名制,微信用户可自由改变微信名称和微信头像,明辨微信记录的主体将成为我们确定微信真实性时需首要考虑的问题。对方当事人自认,则无须担忧这一问题。明辨主体的实际操作方法,一是对微信头像或朋友圈照片的辨认,微信使用人会在自己的微信中留下动态,其微信头像虽可更换,但可客观反映出微信所有人的情况,微信用户在朋友圈发布的照片来源于微信用户的生活,故可通过这一途径进行判断;二是进行微信的实名认证,如支付宝采取的实名认证方式,使用微信的用户可调整自己的昵称及头像,但具体的对应微信号需要通过真实姓名及公民身份号码的双重身份认证;三是由第三方机构即软件供应商腾讯公司开展协助活动,通过供应商的自身系统或后台的技术手段来确认微信的使用者是否为案件的当事人。

2. 正确对待微信信息证据的"原本性"问题

微信信息证据的"原本性"要求作为证据的微信信息未进行过变动,保持信息形成的原始状态。因微信信息证据的原件留存于手机中,即使提交了手机作为原件的载体亦很难去直观认定该信息数据未进行任何更改,故在处理微信信息证据时,不能强求微信信息证据的原件,而应正确对待其原本性。即在生成微信中的电子数据时,所包含的记录均为确认的最初形成的状态,符合原本性的微信信息证据材料,不管是以何种形式递交到法庭加

---

〔13〕 参见常宝莲:《主客观相统一原则下民事诉讼证明方法的选择》,载《河南师范大学学报》(哲学社会科学版)2014年第2期。

〔14〕 参见田平安主编:《民事诉讼法·诉讼证据篇》,厦门大学出版社2006年版,第63页。

〔15〕 参见应秀良:《论民事审判中法官如何"认证"》,载《法律适用》2013年第6期。

以认证,均应构成原件。[16] 保证微信信息证据的原本性,要求微信信息证据形成时间、主体、编辑过程、转化形式均为原始、并未被改变的状态。就目前的技术手段而言,可采取 hash 校验技术,是一种加密技术,“电子数据获取和校验过程中,该算法通过计算电子数据的‘数字指纹’来固定电子数据的完整状态,只要电子数据发生任何改变,该‘数字指纹’亦随之改变”。[17]

3. 真实性的内容审查

法院审查微信信息证据的真实性需要进行一种程度上的判断,主要是审查微信信息证据来源及内容的可靠性。因微信信息证据的特殊性,在审查微信信息证据的时候,与其他传统证据不同的是,还需要审查其完整性。微信信息证据的完整性涉及形式上的完整性(保持生成之时的原状)和内容上的完整性(自形成之时起,其内容保持完整、未遭到非必要的更改或删除)。法院在审查微信信息证据的完整性时,首先考虑的是对方当事人自认,同时关注微信信息证据的连续性,内容应尽量清晰、准确,所记录的问题均有表态或明示。

(三)严格举证、质证、认证程序

微信信息证据需要通过严格的举证、质证、认证程序来获得认定。微信信息证据的文字、图片、转账记录等需在举证期限内以打印截图等形式提供,微信信息证据的语音、视频等则需要以光盘等物质载体的形式提供。在收到微信信息证据后,法官需要进行初步审查,如需要补充要求证据提供方进行补证,并将微信信息证据按时送达另一方当事人。

法官组织微信信息证据进行质证时,需要核对微信信息证据的原始记录,并将该原始记录展示给另一方当事人,并允许其充分发表质证意见。由拥有质证权的一方对微信信息证据采取辨认、质疑、说明、解释、咨询、辩驳等形式,通过质证的展开,形成法官内心确信的特定证明力。[18] 法官在组织

---

〔16〕 参见张宇:《论电子数据证据的真实性认定》,载《中国社会科学院研究生院学报》2016 年第 3 期。

〔17〕 张宇:《论电子数据证据的真实性认定》,载《中国社会科学院研究生院学报》2016 年第 3 期。

〔18〕 参见毕玉谦:《民事证据法判例实务研究》,法律出版社 1999 年版,第 351 页。

质证时须向双方当事人释明，要求保留微信信息的原始状态，在判决生效前不能进行编辑、更改和删除内容或变更账户。双方当事人质证通过交叉询问的方式针对证据有无证明效力以及证明效力大小进行。

认证的过程是法官开展自由心证的过程，认证的结果必须予以公开，现如今常见的做法为裁判文书中的认证公开。基于裁判公开的逻辑要求，法官须在裁判文书中说明为何对该微信信息证据予以采纳，或为何该微信信息证据不能采信为本案的定案依据，并结合其他证据一起来对微信信息证据进行认证，看能否形成完整的证据链，并应当公开哪些证据作为定案依据。

（四）建立微信信息证据补强机制

1. 公证保全

针对微信信息证据真实性难以认定的问题，可对微信信息证据进行公证保全。根据我国《公证法》第11条之规定，[19]结合公证的认证功能及民事诉讼法的证据规则，通过公证后的微信信息证据具有较大的可采性，公证机关作为第三方作出的公证保全，大大提升了微信信息证据的证明力，提高法官对微信信息证据的真实性的采信度。

2. 建立专门的电子证据鉴定机构

鉴于微信信息证据的收集难、真实性认定难的问题，加上中立的裁判者亦未具备专业的识别知识去直观裁定微信信息证据的真实性，为确保更好地对证据真实性进行认证，为减少电子证据真实性方面的争议，在当事人保存微信信息证据的基础上，另一方当事人如果不认同该微信信息证据，可申请有资质的专门机构加以鉴定。一般的鉴定机构未能针对电子证据，特别是微信信息证据来开展真实性鉴定，因现在无专门的电子证据鉴定机构，而电子证据的鉴定已为当前民事审判业务中证据审查所需要的一种趋势，故需要建立有资质的专门鉴定机构来对微信信息证据的效力加以判断。

3. 第三方可信任机构的证明

随着科技的不断发展，出现了数字证书认证中心和数字证书注册审批

---

〔19〕 该法条规定："根据自然人、法人或者其他组织的申请，公证机构办理下列公证事项：……（九）保全证据……"。

机构。当另一方当事人对微信信息证据的真实性存疑时,可由信任度高的、与当事人之间完全中立的第三方机构出具证明,基于第三方机构的高度公信力和无利益冲突性,其作出的证明可以作为微信信息证据的补强依据。

4. 微信供应商如实作证

微信的软件供应商腾讯公司作为微信的开发者和服务商,微信的运行和技术开发均由腾讯公司进行,基于其专业性和掌控力,微信记录中的数据大多存储于其服务器上,只要其建立了云端数据备份和安全保护体系,就能提取相应的数据。供应商的如实作证,将对微信信息证据提供补强证据方面具有强大优势,并能大力弥补微信信息证据的真实性证明力的弱势,利于法院对微信信息证据真实性进行认定。

案例分析

对从犯免除处罚不适用《刑法》第63条的规定，不需要报请最高人民法院核准

——张某某、王某某骗取出口退税案

韦宗昆*

一、裁判要点

综合评判被告人在犯罪过程中的犯罪事实、犯罪性质、情节及其作用，属于从犯的，法院可以直接适用《刑法》第27条关于从犯应当从轻、减轻处罚或者免除处罚的规定，判决对其免除处罚，不适用《刑法》第63条关于在法定刑以下判处刑罚的规定，不需要报请最高人民法院核准。

二、基本案情

2009年6月，原审被告人姜某某、李某某等人共同出资在防城港市成立防城港某纺织有限公司(以下简称某公司)后，二人共谋在某公司没有货物真实出口的情况下，骗取国家的出口退税款。李某某负责通过非法渠道获取出口报关单、结汇水单、

* 广西壮族自治区高级人民法院刑二庭副庭长。

增值税专用发票等单证，姜某某按照收集到的单证，并安排整理好申请退税单证及材料办理出口退税。2009年10月，李某某找到原审被告人张某某，许以张某某好处费，要求张某某在某公司无实际货物出口的情况下为某公司提供纺织类产品出口报关单等相关单证，以及帮某公司从境外调取外汇进入某公司以获得结汇水单。随即，张某某利用某公司提供的空白出口核销单通过詹某某（另案处理）操作，将实际由温州某商贸有限公司等人代理出口的服装类货物以某公司名义申报出口，并将办理出口取得的报关单等出口单证由张某某邮寄给某公司，某公司收到上述单证后，将相应的人民币转给张某某购买外汇，由张某某通过他人从境外将外汇汇入某公司的账户后，姜某某安排办理结汇和核销，取得办理出口退税所需的结汇水单和核销单。同时李某某、姜某某根据报关单证上的货物品名、数量、金额等，通过支付开票费形式让国内数家工厂为某公司非法虚开相应的增值税专用发票，姜某某并指使原审被告人王某某伪造相吻合的外贸合同、海运提单等，为应付税务机关的检查，某公司还采取"资金回流"的方式与开票厂家进行走账。姜某某、李某某通过非法手段获取上述完整的出口退税单证后分批次共向防城港市国税局申报退税人民币4167799.35元，已获取出口退税人民币3565555.06元。

案发后，张某某于2014年1月18日主动到公安机关投案。

三、裁判结果

防城港市中级人民法院于2014年12月19日作出（2014）防市刑二初字第34号刑事判决认为：原审被告人姜某某、李某某、张某某、王某某以假报出口的手段骗取国家出口退税款，数额特别巨大，其行为已构成骗取出口退税罪。公诉机关指控的罪名成立。在共同犯罪中，姜某某、李某某起主要作用，是主犯，应当按照其所参与的全部犯罪处罚；张某某介绍他人帮助某公司办理出口报关单、外汇核销单等单据，王某某受姜某某雇请到某公司工作，在姜某某的指使下伪造外贸合同、海运提单等，两人均起次要作用，是从犯，应当从轻、减轻处罚或者免除处罚。张某某案发后主动到公安机关投案并如实供述自己的犯罪事实，是自首，依照法律规定，可以从轻或减轻处罚,犯罪较轻的,可以免除处罚;根据张某某、王某某在本案中的犯罪情节及其作用,决定对两人免除处罚。判决:(1)被告人姜某某犯骗取出口退税罪,判处有期徒刑十年六个月,并处罚金人民币200万元;(2)被告人李某某犯骗取出口退税罪,判处有期徒刑十年,并处罚金人民币160万元;(3)被告人张某某犯骗取出口退税罪,免予刑事处罚;(4)被告人王某某犯骗取出口退税罪,免予刑事处罚;(5)扣押在案的某公司私刻的七枚印章及被告人姜某某黑色三星牌手机一台、被告人李某某白色三星牌手机一台,依法应予以没收;(6)被告人张某某退出的赃款人民币494568元,依法予以没收。

宣判后,防城港市人民检察院抗诉认为:原判对原审被告人张某某、王某某免予刑事处罚,法律依据不足。

广西壮族自治区人民检察院支持抗诉认为:张某某、王某某参与的骗取出口退税款数额特别巨大,一审判决对张某某量刑畸轻;超越《刑法》第63条的规定,未经最高人民法院核准的情况下,对王某某免予刑事处罚程序不当。

广西壮族自治区高级人民法院于2015年11月23日作出(2015)桂刑经终字第9号刑事裁定书,裁定驳回抗诉,维持原判。

四、裁判理由

本案最主要的争议焦点在于,对从犯张某某、王某某免予刑事处罚,应当适用《刑法》第27条的规定,还是适用《刑法》第63条的规定。如适用《刑法》第63条的规定,则需要报请最高人民法院核准。

检察机关在抗诉中主张,《刑法》第63条规定:"犯罪分子具有本法规定的减轻处罚情节的,应当在法定刑以下判处刑罚;本法规定有数个量刑幅度的,应当在法定量刑幅度的下一个量刑幅度内判处刑罚。犯罪分子虽然不具有本法规定的减轻处罚情节,但是根据案件的特殊情况,经最高人民法院核准,也可以在法定刑以下判处刑罚。对不具法定减轻处罚情节的犯罪分子进行减轻处罚,需报最高人民法院核准。"虽然该条文没有对"免除处罚情节"进行明文规定,但根据当然解释,免除处罚情节比减轻处罚情节对犯罪分子的处罚更轻，所以对没有免除处罚情节的犯罪分子免除处罚，更需报请最高人民法院核准。

在本案中，张某某介绍他人帮助某公司办理出口报关单、外汇核销单等单据，在本案中是起次要作用的从犯，案发后张某某主动到公安机关投案，如实供述了自己的犯罪事实，构成自首，且退还了所获赃款，悔罪态度较好；王某某受姜某某雇佣、指使所伪造外贸合同、海运提单等均为出口退税中之备查单据，其仅在某公司中领取工资，在骗取出口退税中所起作用较小，犯罪情节较轻，是起辅助作用的从犯，其到案后如实供述犯罪事实，悔罪态度好。因此，法院判决认定张某某、王某某二人属从犯，且犯罪情节较轻、在犯罪中起次要作用。根据《刑法》第 27 条"对于从犯，应当从轻、减轻处罚或者免除处罚"之规定，张某某、王某某二人作为犯罪情节较轻、在犯罪中起次要作用的从犯，一、二审法院综合考虑全案各被告人在犯罪过程中的犯罪事实、犯罪性质、情节及其作用，并考虑到在走私犯罪案件当中，从犯的供述往往是认定案件事实的重要线索和依据，对于认罪态度良好的从犯给予较大幅度的从宽处罚，可分化瓦解犯罪分子，鼓励其配合侦查机关侦破案件、查明事实，也符合宽严相济刑事政策的要求，因而决定对二人免予刑事处罚，符合罪责刑相适应原则，有充分的法律依据。

《刑法》第 63 条关于在法定刑以下判处刑罚的规定，适用的前提是被告人不具有《刑法》规定的法定减轻处罚情节，而根据案件的特殊情况减轻处罚。《刑法》之所以如是规定，是考虑到法律规定的法定减轻处罚情节有可能不周全，不能涵盖司法实践中可能遇到而立法时难以预见的特殊情况。对于这种特殊情况，根据法理、情理需要减轻处罚，但又没有直接的法律依据（亦即不具有法定减轻处罚情节），故而需要报请最高人民法院核准。一是通过增置程序，限制这种特殊情况的适用；二是通过最高人民法院核准把关，确保在法定刑以下判处刑罚的慎重性、合理性。

在本案中，张某某、王某某被认定为从犯，具有法定免除处罚情节，应直接适用《刑法》第 27 条关于从犯应当从轻、减轻处罚或者免除处罚的规定，对其免除处罚。这种情况不属于《刑法》第 63 条规定的"不具有本法规定的减轻处罚情节"的情形，不应适用《刑法》第 63 条。检察机关的抗诉主张，违背了《刑法》第63条的立法本意，亦与该条文的适用条件不符，故其抗诉主张不能成立。本案一、二审法院依法适用《刑法》第27条对张某某、王某某二被告人免除处罚，与《刑法》第63条无关，自然不存在“超越《刑法》第63条的规定”的问题，是正确、合法的。

另外，本案中“适用减轻处罚情节能否减至免予刑事处罚”的问题，可参见《刑事审判参考》第786号案例，在此不再赘述。

因暴雨导致发动机进水保险索赔案件的责任范围之确定

——李某诉某财产保险股份有限公司佛山市分公司财产保险合同纠纷案

曾　艳[*]　陈邕凌[**]

一、裁判要点

1. 对于机动车损失保险（不含涉水险）中既约定保险人对因暴雨导致的车损应予赔偿又约定对发动机进水致损免责的合同责任范围之确定，应结合保险条款、相关法律规定对纠纷能否适用《保险法》第30条不利解释规则等问题进行阐述。

2. 应结合保险条款的内容和编排方式、将投保人的认知能力以及驾龄作为参考依据，对保险人履行提示和明确说明义务的程度进行确认。

3. 应以近因原则为核心，基于对价均衡原则的考虑，区分“因暴雨导致的发动机损失”和“因暴雨导致的其他车辆损失”的内容，考虑实际损失的性质，对保险人的责任范围依法进行认定。

* 北海市中级人民法院院长。

** 北海市中级人民法院民二庭审判员。

二、基本案情

李某于1998年5月初次领取机动车驾驶证。2015年10月，李某就其所有的粤YPV020凯宴CAYENNE3.0T越野车投保。出具的《某财产保险股份有限公司机动车保险单》载明：保险期间从2015年10月20日起至2016年10月19日止，李某投保的险种包括机动车损失保险、盗抢险、第三者责任保险、车上人员责任险（司机、乘客）、车身划痕损失险、玻璃单独破碎险、不计免赔险等，该保单还在下半部设置有“重要提示”内容，提示投保人详细阅读承保险种对应的保险条款，特别是责任免除、投保人被保险人义务等条款。同时，该公司出具的《某财产保险股份有限公司家庭自用汽车损失保险条款》第4条第5项规定：“保险期间内，被保险人或其允许的合法驾驶人在使用被保险机动车过程中，因下列原因造成被保险机动车的损失，保险人依照保险合同的约定负责赔偿：……（五）雷击、雹灾、暴雨、洪水、海啸”；第7条第10项规定：“被保险机动车的下列损失和费用，保险人不负责赔偿：……（十）发动机进水后导致的发动机损坏”。李某在该公司提供的《强制保险投保单》中含有“投保人声明：保险人已向本人详细介绍并提供了投保险种所使用的条款，并对免除保险人责任的条款以及付费约定和特别约定的内容向本人做了明确说明，本人以充分理解并接受上述内容，同意以此作为订立保险合同的依据”等内容的投保人一栏签字。合同签订后，李某依约缴纳保险费。2015年11月20日晚，李某驾驶被保险车辆行驶至北海市海城区贵州路与西南大道交叉口时因道路积水致使车辆被淹熄火（当天雨量达到194.9毫米，为大暴雨级别）。事故发生后，李某当即向该公司报案，经保险查勘员现场勘查后认定“李某驾驶粤YPV020因当晚下暴雨路面积水导致本车熄火”。2015年11月23日，李某将事故车辆拖至4S店进行维修，维修费用为184506元。该公司对车辆维修事实没有异议，但认为发动机进水为免赔事项，该次事故的损失不属于理赔范围。经二审法院向相关修理单位咨询，确定涉案的184506元维修费用中，拆装发动机等19项因发动机进水所产生的维修费用为155407.28元，拆装前后地毯、跟换变速器油及滤芯等15项因暴雨造成的维修费用为18020.33元，抽真空加雪种、拆装汽缸组等九项因暴雨和发动机进水产生的维修费用为11079.86元。李某向法院提起诉讼，请求判决：(1)被告赔偿原告修理费共计184506元；(2)被告赔偿原告的利息损失356.71元(按银行同期贷款利率，从2015年11月30日起至12月16日止)；(3)本案诉讼费由被告承担。

三、裁判结果

北海市海城区人民法院认为，涉案的保险合同合法有效。依据保险条款第4条第5项约定，涉案车辆的发动机进水受损因暴雨导致，属于保险责任范围。虽然该条款第7条第10项规定发动机进水导致损坏为保险人免责情形，但涉案事故为自然灾害引发，投保人无过错，故判决该公司应向李某支付车损保险金184506元及利息损失。

某保险公司认为发动机进水属于免赔范围，其已履行了免责条款的提示说明义务而提起上诉。北海市中级人民法院二审判决认为，从文义上解释，涉案的保险条款第4条第5项约定因暴雨导致车辆损失属于保险人赔偿范围是保险责任范围的一般性规定；而第7条第10项以单列方式将"发动机进水"这一具体情形作为保险人的免责事由是对保险责任范围进行约束和限制的特殊性规定，两条款不存在矛盾和争议，不适用不利解释规则。涉案因暴雨造成的车损属于保险责任范围，但因此造成的发动机损坏作为特定保险赔付范围排除在车损险的一般保险责任之外。由于某保险公司在保单和保险条款中设置有重要提示内容和对免责条款进行特别处理，投保人亦购买了免责条款项下除"发动机进水险"之外的部分单独附加险种，故某保险公司已履行了提示义务和明确说明义务。北海市中级人民法院依照《中华人民共和国保险法》第17条、第23条第1款、第2款，《最高人民法院关于适用〈中华人民共和国保险法〉若干问题的解释(二)》第11条、第13条，《中华人民共和国民事诉讼法》第170条第1款第2项、第175条的规定，作出如下判决：(1)撤销广西壮族自治区北海市海城区人民法院(2016)桂0502字第156号民事判决；(2)上诉人人保公司应向被上诉人李某赔付车辆损失保险金29100.19元及相应的利息(利息计算标准：以29100.19元为基数，从2015年12月18日起至本案生效判决确定的履行期限止，按中国人民银行同期同类贷款利率计算，并以356.71元为限）；（3）驳回被上诉人李某的其他诉讼请求。

四、裁判理由

车辆损失保险纠纷在保险纠纷案件中占较重比例，因暴雨导致的发动机进水而发生的保险索赔案例更是屡见不鲜。该类案件的焦点在于：保险合同既约定因暴雨等不可抗力导致保险车辆损毁属于保险责任的赔偿范围，又约定保险人对发动机进水导致的损毁不赔；如投保人投保车损险时未投保附加险——“涉水损失险”，因暴雨导致发动机进水的车辆损毁，是否应当得到赔偿。

（一）实践中的裁判思路类型

第一，适用不利解释规则判决保险公司败诉。主要观点是：保险合同约定暴雨属于保险责任范围，同时又约定保险车辆因进水致使发动机损坏不属于保险责任范围。但对合同约定的两种情形同时出现，是否属于保险理赔范围并未约定，故依据《保险法》第30条的规定对格式条款有两种以上解释的，应当作出不利于提供格式条款一方的解释。例如，浙江省义乌市人民法院（2015）金义商初字第1205号民事判决书（本文所涉及的案例均引自中国裁判文书网）。

第二，认定“机动车进水后导致的损失不赔”条款属于绝对无效条款而判决保险公司败诉。主要观点是：发动机作为汽车的主要部件，其损坏所造成的损失是被保险车辆所有人的主要损失，该条款不分原因和情况，规定只要发动机进水导致的发动机损失就不予赔偿，对处于弱势地位、对保险险种并不清楚的被保险人来说显然不公平，故该条款违反我国《合同法》有关格式条款的规定，应当认定无效。例如，河南省南阳市中级人民法院（2014）南民二终字第00559号民事判决书、北京市第一中级人民法院（2009）一中民终字第7135号民事判决书。

第三，严格按照责任免除条款进行处理，判决保险公司胜诉。主要观点是：保险条款中关于发动机进水后导致的损失不赔的内容，属于保险公司的责任免除范围，在保险公司已经履行明确说明义务的情况下，根据合同约定和法律规定保险公司无须承担赔偿责任。例如，浙江省温州市鹿城区人民法院(2011)温鹿商初字第1769号民事判决书。

第四，依照近因原则，认定暴雨与发动机之间是否存在直接的因果关系，在个案中分别确定保险公司是否需要承担赔偿责任。主要观点是：暴雨天气下发动机进水造成发动机损坏，其损害结果是由于连续发生了两项原因(暴雨和发动机进水)所导致，在两项原因中，在前的暴雨原因对损害的发生具有支配力，因此保险公司应当赔偿，如因暴雨致使车辆涉水熄火，驾驶人员二次点火启动发动机导致发动机进水的，则发动机进水后的二次启动为事故近因，根据责任免除条款，保险公司可以免责。例如，浙江省绍兴市中级人民法院(2014)浙绍商终字第326号民事判决书、(2015)浙绍商终字第17号民事判决书。

除此之外，为了慎重起见和充分说理，有的法院运用上述多种裁判思路，以层次递进的裁判方法审理案件，如在判决理由中既强调关于不利解释的裁判理由，又认为暴雨才是导致发动机受损的决定性原因，而排除了涉水险免责条款的适用。例如，上海市第一中级人民法院(2014)沪一中民六(商)终字第66号民事判决书、浙江省高级人民法院(2013)浙民申字第1473号民事裁定书。

(二)以往裁判思路的利弊

笔者认为，第一，以不利解释规则进行评判缺乏前提。根据《保险法》第30条的规定，不利解释规则适用的前提是出现了当事人对保险合同条款有不同理解，且“按照通常理解予以解释”仍存在争议的情形。结合《合同法》第125条的规定，在文义解释、整体解释和目的解释等通常的解释方法用尽仍存在争议的，才可以适用不利解释规则。由于保险合同中所约定的因暴雨导致车辆损失属于保险责任范围是一般性规定，而免责条款中将“发动机进水”单独列举是对保险责任范围进行了约束和限制的特殊性规定。在文义上，保险责任条款和免责条款文字语义清晰，在篇幅上进行了前后叙述，其逻辑关系是合同双方当事人对属于保险责任范围内的部分责任作特别约定，其目的在于将免责事由排除在保险责任之外，整体并无冲突，故不存在保险责任条款与免责条款矛盾之说，故不能适用不利解释规则对案件进行评述。

第二,认定格式条款无效存在合法性瑕疵。《保险法》上对格式条款效力之否定的主要依据是该法第17条保险人的提示义务和明确说明义务。保险人如在保险合同文本中用醒目的文字和标记载明免责条款的内容,并通过各种行为和渠道提请投保人注意,而投保人以签名的方式确认保险人已向其介绍、明确说明了免责条款的主要内容并购买了其他与“涉水险”并列的险种,则可以认定保险人的提示和明确说明义务已履行。除此之外,依据《保险法》第19条的规定,保险条款无效的情形有“免除保险人依法应承担的义务或者加重投保人、被保险人责任的”“排除投保人、被保险人或者受益人依法享有权利的”两种情形。由于发动机进水是否属于保险责任范围是保险合同双方当事人的意思表示自治的约定,并非上述条款中规定的“保险人依法应承担的义务”或“投保人……依法享有的权利”,故认定涉水险条款无效没有明确的法律依据。

第三,按责任免除条款裁判有失公平。简单地以保险条款中载明发动机进水导致的损失不赔判定保险人免责,没有区分发动机受损的直接原因,也没有考虑发动机进水受损的技术机理,对投保人而言显失公平。

第四,以近因原则判定保险责任值得进一步探讨。从表面看,以暴雨作为造成涉案车辆受损的近因而判定保险人担责在逻辑上是周全的:没有暴雨,发动机就不会进水,也不会产生发动机进水的损失。但如果忽略了保险因果关系中介入因素的存在,以及该介入因素对于近因的判断及其对保险事故损失大小的影响,就会出现较多的问题。而如果关注了具有“现实性”“支配性”和“有效性”的介入因素存在以及影响,则应在个案中具体加以分析。如多个介入因素同时并存并对事故发生有直接影响的,该多个介入因素均为事故近因,若均在保险范围内,保险人应负有保险事故全部保险责任,否则只对保险范围内的事故原因按比例大小承担保险责任;如多个介入因素连续发生且均在保险范围内,则保险人负全部保险责任。否则应根据介入因素发生的顺序进行区分:在保险风险早于除外风险且除外风险是保险风险必然结果的情况下,保险风险是近因,保险人应负保险责任,反之则不负保险责任。在近因事实的举证责任分配方面,根据一般规则,在发动机严重受损的情况下,被保险人须举证证明事故当时系气象学意义上的“暴雨”天气,保险人如抗辩因介入因素导致损失扩大,则举证责任由保险人承担,如保险人未能举证,则可认定暴雨为保险事故发生的近因,并依据近因原则进行裁判。

(三)本案裁判思路的特殊性

本案裁判思路的特殊性在于:一是并不以某一裁判规则对争议进行评述,而是结合保险合同条款、法律规定从逻辑学上对不利解释规则进行阐述,明确涉案的保险责任范围。二是结合保险合同条款的内容和编排方式、将投保人的认知能力以及驾龄作为参考依据,对保险人履行提示和明确说明义务的程度进行确认。三是以近因原则为核心,基于对价均衡原则的考虑,区分“因暴雨导致的发动机损失”和“因暴雨导致的其他车辆损失”的内容,考虑实际损失的性质,作出有别于一审判决直接以近因原则判定保险人的赔偿责任、以往其他案例中对保险人的保险责任进行整体肯定或否定评判的裁判结果,对保险人的责任范围依法进行认定,区分事故造成实际损失的性质并判决保险人对保险责任范围内的部分损失承担赔偿责任。

侵害注册商标专用权案件中相关公众误认的判断

——山东新华医药公司、山东新华制药公司诉广西南宁新华医药公司侵害商标权及不正当竞争纠纷案

屈勇强*

一、裁判要点

1. 商标的基本功能在于区别商品或者服务的来源，商标侵权原则上以存在相关公众混淆、误认的可能性为基础。

2. 使用已成为公有领域广泛使用的某种固定文字组合或其他标识作为商标或企业名称（字号），将导致该商标或企业名称（字号）的显著性下降，公众不易形成该商标或名称（字号）与产品或服务提供者一一对应联系的认识，从而使法律对这类商标或企业名称（字号）权利人的权利保护力度的减弱，不构成侵权。

3. 是否会导致相关公众误认，应综合考虑商标的显著性、商标的知名度、商标的使用方式、公众认知的稳定性等因素进行判断。

* 南宁市中级人民法院民三庭副庭长。

二、基本案情

原告山东新华医药集团有限责任公司(以下简称山东新华医药公司)、山东新华制药股份有限公司(以下简称山东新华制药公司)诉称:山东新华医药公司、山东新华制药公司存续时间悠久,在医药行业具有很高知名度。山东新华医药公司注册的"新华"商标具有悠久的历史和较高知名度,山东新华医药公司独家授权山东新华制药公司使用"新华"商标。2002年,该商标被国家工商行政管理总局商标局认定为中国驰名商标。2005年,该商标被商务部认定为"2005~2006年度商务部重点推广的出口名牌"。经过多年来在全国范围内大量投入资金进行广告和市场宣传,新华品牌在消费者中获得了很高的知名度,在行业内具有较高的影响力。被告在明知原告"新华"商标驰名的情况下,仍注册成立南宁新华医药公司,将原告的注册商标"新华"作为企业字号使用,并在门店上突出使用,经营范围包括购销原生中药材、零售中药饮片、中成药、化学药制剂、抗生素、生化药品、生物制品等,系与原告同类或相类似的行业。被告企图利用原告商号和商标的高知名度和高品牌价值推销自己的产品,以混淆消费者的认知,引起消费者对市场主体和商品来源的混淆,导致消费者产生原、被告系关联企业的误认,以此牟取不正当利益。因此,被告的主观恶意显而易见,其不正当竞争行为势必淡化原告驰名商标的知名度,不仅损害了原告"新华"商标专用权,也违背了市场经营者应当遵循的诚实信用原则,构成不正当竞争。原告诉请判令:(1)被告停止侵犯原告"新华"注册商标专用权;(2)被告立即停止在企业名称和门店上使用"新华"文字的不正当竞争行为;(3)被告赔偿原告经济损失及为制止侵权行为支付的合理费用50万元;(4)诉讼费用由被告承担。

被告南宁新华医药公司辩称:(1)山东新华制药公司不是适格被告。(2)被告使用"新华"字号的行为没有侵害原告商标专用权。被告的企业名称经依法核准登记使用,应受法律保护。"新华"文字不是原告商标特有,也不是其商标的显著特征。被告没有将"新华"字号突出使用于相同或类似的商品上,原告没有在第35类上注册商标,其无权禁止被告在此服务类别上使用"新华"文字。(3)被告使用"新华"作为企业字号的行为不构成不正当竞争行为。被告之所以使用“新华”作为企业字号，是因为当初经批准开业的药房位于南宁市新华街，因此出于便利即将店铺所在街道名称作为企业字号使用，主观上并不存在“搭便车”的故意。被告与原告地域相距甚远，且所经营行业不同，不会使消费者产生混淆。相对来说，被告在南宁乃至广西享有较高知名度，加之“新华”文字的通俗性、大众性，被告使用“新华”作为字号不会使公众产生混淆。(4)原告主张的经济损失没有事实和法律依据。因此，被告请求驳回原告的诉讼请求。

法院经审理查明以下事实：

(一)原告的基本情况以及涉案注册商标及许可使用的情况

原告山东新华医药公司成立于1995年3月11日，经营范围包括投资于建筑工程的设计、房地产开发、餐饮，包装装潢，化工机械设备、仪器、仪表的制造、销售，化工产品销售，经营进出口业务。原告山东新华制药公司成立于1998年11月20日，为上市公司，经营范围包括生产西药、化工原料（氢气、盐酸、氯甲烷）、保健食品（“美立宁片”“某牌鲨克胶囊”）、食品添加剂“咖啡因”，批发零售本企业生产的产品等。山东新华医药公司系山东新华制药公司的股东。

山东新华医药公司系以下注册商标（标识均为附图1）的注册人：(1)第127616号注册商标：由山东新华制药厂注册于1979年10月31日，核定使用在第31类新成药（后核准转为商品国际分类第5类），于1996年核准变更商标注册人为山东新华医药公司。(2)第1532195号注册商标：注册于2001年3月7日，核定使用在商品第5类，包括化学避孕剂、疫苗、消毒剂、医用矿泉水、驱虫剂（人或兽用）、生化药品、中药成药、血液制品、人用和兽用微量元素制剂、卫生栓。(3)第1532439号注册商标：注册于2001年3月7日，核定使用在商品第5类，包括人用药、原料药、牙科用药、医用食物营养制剂、兽医用药、药用胶囊、医用营养添加剂。上述商标均处于有效期内。国家工商行政管理总局商标局认定山东新华医药公司注册并使用在西药商品上的如附图1所示的商标为驰名商标，并于2002年2月8日通知山东省工商行政管理局。

1996年12月7日，山东新华医药公司与山东新华制药公司签订《商标使用许可协议》，约定：山东新华医药公司将本协议附件一所示的在国家商标局注册的“新华”商标以独占使用的形式许可山东新华制药公司使用,使用许可费从1997年开始为60万元,以后每年增加10万元;山东新华医药公司享有独占的权利以山东新华医药公司和山东新华制药公司或者二者之一的名义,自费起诉或以其他方式制止对许可商标权利的实际或者威胁的侵犯。商标许可协议附件一所列的商标为第127616号注册商标、第1103371号注册商标。2014年10月27日,山东新华医药公司与山东新华制药公司签订《补充协议》,约定将上述商标使用许可费变更为从2015年1月1日起至2017年12月31日止,每年为1000万元。两原告提供了2014年1月、3月、7月的付款发票以证明山东新华制药公司向山东新华医药公司支付了商标许可使用费。

(二)被告的基本情况及被控侵权行为情况

被告南宁新华医药公司于2001年12月13日获预先核准企业名称“广西南宁新华医药有限公司”,并成立于2002年3月28日,股东为杜建伦、茹洁,登记住所为南宁市新民路59号太阳广场A栋2205号,注册资本为200万元,经营范围包括:购销原生中药材,零售中药饮片、中成药、化学药制剂、抗生素、生化药品、生物制品(除疫苗外),Ⅲ类:一次性使用无菌注射器,Ⅱ类:普通诊察器械、医用激光仪器设备、物理治疗及康复设备、中医器械、医用卫生材料及敷料、医用高分子材料及制品,销售预包装食品、乳制品(含婴幼儿配方乳粉)、保健食品、Ⅰ类医疗器械、五金交电、化工产品(除危险品)、办公用品、玻璃制品等。南宁新华医药公司分别成立以下分公司:(1)广西南宁新华医药有限公司向阳药店:成立于2002年7月23日,经营场所位于南宁市民生路110号一楼。(2)广西南宁新华医药有限公司明秀药店:成立于2002年7月23日,经营场所为南宁市明秀东路89号明秀小区综合楼,于2011年7月29日注销。(3)广西南宁新华医药有限公司星湖药店:成立于2003年10月17日,经营场所为南宁市星湖路公交总公司综合楼38-3号,于2008年4月24日注销。(4)广西南宁新华医药有限公司新华大药房:成立于2009年2月1日,经营场所为南宁市朝阳路39-41号南宁市百货大楼南楼一、二楼。上述分公司的经营范围均包括销售中药饮片、中成药、化学药制剂、抗生素、生化药品等。南宁新华医药公司于2004年4月获南宁市工商户行政管理局授予"重合同守信用企业"称号。南宁新华医药公司在其店面招牌上使用"新华大药房"字样,广西南宁新华医药有限公司新华大药房在其门店使用了如附图2所示的店面招牌,广西南宁新华医药有限公司向阳药店在其门店使用了如附图3所示的店面招牌。

杜建伦于1999年10月18日设立个体工商户"南宁市新华大药房",经营地址为新华街2号,主营零售中成药、中药饮片、化学药制剂、滋补保健品、医疗器械等。南宁市新华大药房于2001年4月获南宁市工商户行政管理局授予"重合同守信用企业"称号;于2001年、2002年、2003年分获南宁市消费者协会推荐为2001年度、2002年度、2003年度"消费者信得过单位"。2001年6月,南宁市新华大药房获批为南宁市9家首批"城镇职工医疗保险定点零售药店"之一,南宁市相关部门领导参加在南宁市新华大药房举行的揭牌仪式。另外,杜建伦与茹洁为夫妻关系。

(三)与本案有关的其他事实

山东新华医药公司于2014年6月3日向国家工商行政管理总局商标局申请在第35类药用制剂零售或批发服务、卫生制剂零售或批发服务、药用、兽医用、卫生用制剂和医疗用品的零售或批发服务、药品零售或批发服务、医疗用品零售或批发服务上,注册如附图1所示的新华商标,被驳回商标注册申请。

山东新华医药公司、山东新华制药公司除本案诉讼外,还分别以南宁新华医药公司及其下属分公司提起了(2016)桂01民初字124号、(2016)桂01民初字125号、(2016)桂01民初字126号、(2016)桂01民初字127号案件。其中,山东新华医药公司、山东新华制药公司以广西南宁新华医药有限公司明秀药店、广西南宁新华医药有限公司星湖药店已注销为由,申请撤回了(2016)桂01民初字124号及(2016)桂01民初字125号案件诉讼,法院已作出裁定准许其撤回起诉。

三、裁判结果

广西壮族自治区南宁市中级人民法院于2016年8月2日作出(2016)桂01民初字128号民事判决:驳回原告山东新华医药公司、山东新华制药公司的诉讼请求。宣判后双方当事人均未上诉。

四、裁判理由

双方当事人在诉讼中的争议焦点是:(1)山东新华制药公司是否为本案适格原告;(2)被告的行为是否侵害涉案注册商标专用权;(3)被告的行为是否构成不正当竞争行为。

(一)关于山东新华制药公司是否为本案适格原告的问题

山东新华医药公司是涉案第127616号、第1532195号、第1532439号商标注册人,其享有的商标专用权应受法律保护。山东新华制药公司经与山东新华医药公司签订商标使用许可协议,取得第127616号商标的独占使用权,并根据协议有权与山东医药公司针对侵害第127616号商标的行为提起维权诉讼。故山东新华制药公司针对侵害第127616号商标的行为提起诉讼,是适格原告。但山东新华制药公司未取得第1532195号、第1532439号商标的授权,无权针对侵害第1532195号、第1532439号商标的行为提起诉讼。同时,山东新华制药公司、山东新华医药公司以被告擅自使用其企业名称构成不正当竞争为由提起不正当竞争侵权诉讼,属于适格原告。鉴于涉案第127616号、第1532195号、第1532439号商标的标识均相同,法院在分清山东新华制药公司上述诉权的基础上,不再对其不适格部分诉讼另作处理。

(二)关于被告的行为是否侵害涉案注册商标专用权的问题

《商标法》第57条第7项规定:“有下列行为之一的,均属侵犯注册商标专用权:……(七)给他人的注册商标专用权造成其他损害的。”根据《最高人民法院关于审理商标民事纠纷案件适用法律若干问题的解释》第1条第1项的规定,将与他人注册商标相同或者相近似的文字作为企业的字号在相同或者类似商品上突出使用,容易使相关公众产生误认的,属于给他人注册商标专用权造成其他损害的行为。构成该种侵害注册商标专用权行为必须同时至少具备文字相同或者近似、商品或服务相同或者类似、突出使用、容易产生误认等要件。原告主张被告在其企业名称上突出使用“新华”字样,违反上述规定,属于侵害涉案注册商标专用权的行为。法院对原告该侵权主张分述如下:

第一,被告在其企业名称上使用“新华”字号,属于使用与涉案注册商标相同或者相近似的文字。涉案注册商标为图文商标，一般来说，消费者对图文商标的认知或者识别主要是依赖其文字部分，被告企业名称的“新华”字样与涉案注册商标的相应文字相同、读音相同、字体相近，其中“华”字亦均为繁体字，应认定为系将与涉案注册商标相同或者相近似的文字作为企业的字号使用。

第二，被告将“新华”字号用在销售药品上，属于与涉案注册商标核定使用商品相类似的服务上的使用。根据《最高人民法院关于审理商标民事纠纷案件适用法律若干问题的解释》第11条第3款的规定，商品与服务类似，是指商品和服务之间存在特定联系，容易使相关公众混淆。判断商品与服务是否类似要考虑商品与服务在性质上的相关程度，考虑两者在用途、用户、通常效用、销售渠道及销售习惯等方面的一致性。涉案第127616号、第1532195号、第1532439号商标核定使用在如查明所述的第5类药品上，被告的经营范围包括销售各类药品，两者在性质上具有较为紧密的相关度，在面对的消费者群体、用途、销售渠道等上均有较强的一致性，因此，被告将“新华”字号用在销售药品上，属于与涉案注册商标核定使用商品相类似的服务上的使用。

第三，被告突出使用了“新华”字号。突出使用一般是指将与注册商标文字相同或者相近似的字号从企业名称中脱离出来，在字体、大小、颜色等方面突出醒目地进行使用。被告的全称为“广西南宁新华医药有限公司”，被告并未规范使用其企业名称，而是在其店面招牌上以较大字体使用“新华大药房”字样，构成突出使用。

第四，被告使用“新华”字号不会造成相关公众的误认。商标的基本功能在于区别商品或者服务的来源，商标侵权原则上以存在相关公众混淆、误认的可能性为基础。基于以下理由，法院认为，被告在其店面招牌上使用“新华大药房”的字样，不会导致相关公众的误认：其一，判断是否存在造成相关公众误认的可能性，应考虑商标的显著性。涉案注册商标均为“新华”图文商标，其中的图形部分并不突出，相关公众对涉案注册商标的认知或者识别主要是依赖其“新华”文字部分。“新华”二字在我国社会生活各个行业领域广泛使用，其作为注册商标使用，本身显著性较弱。相关公众在认知

"新华"时,一般不会将其与特定主体相联系,"新华"并未成为某个特定主体的简称或者习惯性称呼而被相关公众熟知。其二,判断误认的可能性,还应考虑商标的知名度。"新华大药房"的使用始于杜建伦于1999年10月成立的个体工商户"南宁市新华大药房",而南宁新华医药公司系由杜建伦与其妻茹洁作为股东设立的有限责任公司,其经营范围与南宁市新华大药房基本相同,南宁新华医药公司仍在其店面招牌上使用"新华大药房"的字样,具有继续使用"新华大药房"所形成商誉的主观意图,相关公众也仍将"新华大药房"与变更后的南宁新华大药房相对应,故应认定南宁新华医药公司对"新华大药房"承载的商誉存在一定的承继关系。因此,南宁新华医药公司店面招牌使用的"新华大药房",可以追溯到1999年10月。根据本案现有证据,涉案注册商标驰名于2002年2月,原告未能提供证据证明涉案注册商标在"新华大药房"开始使用时具有知名度,也未能提供证据证明其使用涉案注册商标的商品进入南宁市市场的时间。其三,"新华大药房"中"新华"称谓来源于南宁市新华大药房成立时经营场所所在的地理位置即南宁市新华街,"药房"在现代汉语字典里的解释有两种含义即出售药品的商店、医院或诊疗所里供应药物的部门。南宁新华医药公司将"新华"与"大药房"结合使用,"新华"本身显著性较弱,相关公众一般不会将"新华大药房"从药品零售服务延展到药品本身上。其四,"新华大药房"经过使用,已具备一定知名度,在相关公众中形成了稳定的认知。"新华大药房"的使用始于1999年10月成立的"南宁市新华大药房",经过多年的使用,南宁市新华大药房获得了诸多荣誉,在南宁市内具有一定市场知名度,在相关公众中形成了较为稳定的认知。新华大药房使用"新华大药房"作为店面招牌,已使相关公众能够与其所标示的服务来源产生相对稳定的对应关系。综合考虑涉案注册商标的显著性及其在"新华大药店"使用时的知名度、"新华大药房"的使用情况及在相关公众中形成的稳定认知,被告在其店面招牌上使用"新华大药房"的字样,不会导致相关公众的误认。

综上,被告使用"新华大药房"的店面招牌,不会导致相关公众的误认,从而不侵害涉案注册商标专用权。

（三）关于被告的行为是否构成不正当竞争行为的问题

原告主张被告在其企业名称及店面招牌上使用“新华”字样，违反《商标法》第58条、《反不正当竞争法》第5条第3项的规定，构成不正当竞争。首先，《商标法》第58条规定：“将他人注册商标、未注册的驰名商标作为企业名称中的字号使用，误导公众，构成不正当竞争行为的，依照《中华人民共和国反不正当竞争法》处理。”《反不正当竞争法》第2条第1款规定：“经营者在市场交易中，应当遵循自愿、平等、公平、诚实信用的原则，遵守公认的商业道德。”被告在企业名称中使用“新华”字号是否对原告构成不正当竞争的关键在于：被告使用“新华”字号是否存在主观恶意及是否容易使相关公众产生混淆、误认。被告使用“新华”字号源于南宁市新华大药房的经营场所位于南宁市新华街，具有合理的来源。“新华”本身显著性较弱，相关公众在认知“新华”时，一般不会将其与特定主体相联系，且原告未能提供证据证明“新华大药房”开始使用时的知名度。故被告使用“新华”字号不存在攀附涉案注册商标商誉的主观恶意。如前所述，被告在经营中使用“新华大药房”的招牌，已经在相关公众中形成较为稳定的认知，其使用“新华”字号不会使相关公众产生混淆、误认。因此，原告主张被告的该不正当竞争行为不成立。其次，《反不正当竞争法》第5条第3项规定：“经营者不得采用下列不正当手段从事市场交易，损害竞争对手：（三）擅自使用他人的企业名称或者姓名，引人误认为是他人的商品。”《最高人民法院关于审理不正当竞争民事案件应用法律若干问题的解释》第6条第1款规定：“企业登记主管机关依法登记注册的企业名称，以及在中国境内进行商业使用的外国（地区）企业名称，应当认定为反不正当竞争法第五条第（三）项规定的‘企业名称’。具有一定的市场知名度、为相关公众所知悉的企业名称中的字号，可以认定为反不正当竞争法第五条第（三）项规定的‘企业名称’。”本案原告的企业名称分别为山东新华医药集团有限责任公司、山东新华制药股份有限公司，字号为“新华”。由于“新华”本身显著性不强，且被广泛用于社会生活各领域，标识作用较弱，“新华”字号难以与原告的企业名称形成唯一联系，不宜认定为《反不正当竞争法》第5条第3项规定的“企业名称”。且被告使用“新华”字号并不会使相关公众产生混淆、误认。故原告主张被告存在违反《反不正当竞争法》第 5 条第 3 项规定的不正当竞争行为亦不成立。

综上所述,原告主张的侵权行为不成立,其诉讼请求应予驳回。

附图 1:

附图 2:

附图 3:

特色司法

广西浦北县人民法院服务重大项目和企业发展工作调研报告

钟宪林[*]　覃世武[**]

近年来,广西浦北县人民法院紧紧围绕"努力让人民群众在每一个司法案件中都感受到公平正义"的目标,牢牢把握司法为民公正司法主线,忠实履行审判职责,以五大发展理念为指导做好审判执行工作,服务经济发展新常态,积极开展服务重大项目建设和企业发展活动,充分发挥审判职能作用,进一步强化能动司法,为重点项目建设和企业发展提供优质的法律服务和强有力的司法保障。2015 年至 2017 年 3 月 31 日,广西浦北县人民法院共受理民商事案件 6508 件,结案 6143 件,结案率为 94.39%,实现了民商事审判服务浦北县经济发展的新常态。

一、浦北法院服务重大项目和企业发展工作情况

(一)为浦北县重大项目建设和企业发展创造良好的法治环境

浦北县法院在审判工作中,不断增强为经济发展大局服务

* 浦北县人民法院党组书记、院长。

** 浦北县人民法院调研室主任。

的自觉性和主动性，紧紧围绕县委、县政府的工作部署，切实增强司法引领、支撑和保障作用，为实现经济发展新常态更高质量、更有效率、更加公平、更可持续发展创造良好的法治环境。依法审判民商事案件，找准服务浦北经济社会发展的结合点，不断提高司法服务水平。依法妥善审理群体性涉民生案件，维护群众切身利益，保障和改善民生，为党委政府分忧，荣获“全国法院涉民生案件专项集中执行工作先进集体”。健全诉讼与非诉讼相衔接的矛盾纠纷解决机制，推动完善人民调解、行政调解、司法调解相结合的大调解工作体系，共同化解社会矛盾。出台《关于发挥审判职能作用依法服务和保障我县加快发展大局的意见》和制定10项措施积极服务重大项目建设和企业发展。2015年至今，已妥善化解涉金融企业纠纷案件1324件，走访企业78家，为重大项目建设提供法律服务156次，以实际行动服务“三个年”活动，助推县域经济健康发展。例如，2015年联合自治区高级人民法院成功调解20起商品房预售合同纠纷系列案，购房业主和房产开发商对法院不懈努力的工作表示感谢。依法打击妨碍和危害重大项目建设、企业发展的违法犯罪行为，主动服务经济社会发展大局；大力支持政府部门依法行政，依法协调解决征地拆迁、行政审批、税收、企业不合理负担、内部纠纷等问题，维护企业正常经营秩序。又如，2015年以来，浦北县法院派出法官到镇、街道担任镇长、主任助理，深入贵合高速公路建设工地化解矛盾纠纷154件，有效促进了高速公路顺利建设，自治区高级人民法院党组成员、纪检组长罗诗汉到浦北调研时给予高度评价；组织刑事法官到泰禾公司浦北分公司为企业送去预防职务犯罪法制教育专题讲座，受到了企业和员工们的欢迎。此外，还组织召开了“三大纠纷”案件调处会议3次。为加强法院与政府部门的沟通协调，合力攻坚破解“三大纠纷”案件难题产生了积极作用。

（二）发挥能动司法优势，为实现浦北“三个年”活动的顺利推进提供有力保障

浦北法院严格按照县委、县政府的“三个年”活动工作部署，充分发挥能动司法优势，以项目推进攻坚为己任，以新的精神面貌，新的工作举措，尽职履责，全力服务，加速推进，力求取得新突破，为实现全县“三个年”活动的顺利推进提供有力保障。例如，2015年8月，钟宪林院长带领工作人员，深入

辖区民营企业——张黄镇大黄岭烟花厂走访调研，了解企业生产经营、扩大再生产建设情况和司法需求，积极主动地为企业排忧解难，以实际行动服务“企业服务年”活动。再如，2015 年、2016 年在积极推进浦北县三合、北通镇防洪堤项目建设，世彪人和广场的企业司法纠纷协调，兴浦烟花溶剂厂开工建设准备，县城工业区农民工创业园土方平整工程建设项目等县领导联系项目（企业）目标任务方面，都做出了积极贡献。

二、浦北法院服务重大项目和企业发展工作的主要措施

近年来，浦北法院积极采取十项措施致力于浦北县服务重大项目建设和企业发展。

1. 主动服务。发放服务联系卡，定期或不定期深入了解情况，提供法律服务，对相关纠纷做到提前介入，先期处理。实行一企一档，详细记载跟踪服务项目企业情况。

2. 诉讼指导。对确需进入诉讼程序处理的纠纷，积极提供诉讼指导，避免企业出现诉讼风险和经济损失。

3. 快速立案。对符合法定立案条件的案件，做到当天起诉，当天立案，当天交办。

4. 严格审批。严格立案审批，把不影响企业生产、声誉作为衡量标准，依法保障企业的合法权益。

5. 优化力量。抽调骨干力量审理涉企案件，邀请人大代表、政协委员观摩庭审，接受社会监督。

6. 优先办理。对涉诉重点项目、企业案件优先办理、执行，最大限度缩短审执期限。

7. 加强调解。加大调解力度，妥善化解纠纷，兼顾保护重点项目建设企业的合法利益和人民群众的合理诉求。

8. 强化执行。采取指定执行、交叉执行、联合执行和提级执行等方式，排除干扰，确保案件的依法、高效、全面执行。

9. 严惩犯罪。依法严惩贪污、侵占、挪用公款等犯罪，为企业发展提供良好的法治环境。

10. 建立重大事项报告制度。对重大项目、重点企业采取司法强制措施；对可能引起群体性事件等重大问题，及时向当地党委、政府通报。

三、新形势下浦北法院加强服务重大项目和企业发展工作的对策

（一）浦北法院服务重大项目和企业发展工作中存在的问题和困难

近年来，浦北法院在助推“兴产业、建交通、扩城镇、办旅游”四轮驱动发展战略，建设“宜居之城、创业之地、重教之乡”新浦北中发挥了应有的作用。但是，受自身条件所限，在服务重大项目和企业发展工作中存在的问题和困难较多，表现在：服务企业发展的主动性尚不够，对少数涉企案件的处理方式、方法还不尽如人意，送法进企业，帮助企业规避经营风险的法律服务力度还有待进一步增强。就社会而言，仍存在诸多缺憾，主要表现在：私人产权保护的法律制度建设滞后，政府职能和政府行为的法治建设滞后，市场经济法治环境建设滞后，社会诚信体系建设有待进一步完善。

（二）新形势下法院加强服务重大项目和企业发展工作的对策

1. 加强信息化建设，在服务企业举措上有新手段

一是维护市场秩序。依法及时审理各种侵犯企业财产、危害生产、经营的刑事案件，保障企业生产经营安全。规范和调节市场经济秩序，促进依法行政，为企业依法经营、参与社会、经济活动创造良好的法治环境。注重依法促进市场主体遵循诚实信用的原则，维护市场交易的安全。通过送法进企业，举办法律知识讲座，讲授《民法通则》《合同法》《公司法》等法律基本内容，使其掌握在签订合同、履行合同、预防经营风险和出现纠纷后及时行使诉权和抗辩权，用法律武器保护自身合法权益的知识，从根本上维护企业的利益不受非法侵害。

二是提高办案效率。结合全区法院部署开展“信息化水平提升年”活动，按照自治区高级人民法院的统一部署，加强信息化建设，重点做好三大公开平台（审判流程管理、裁判文书上网、执行信息公开）工程建设，加大司法公开透明度。坚持快立、快审、快结、快执，尽量缩短办案周期和诉讼时限。积极加强和完善小额诉讼制度，进一步探索民商事案件普通程序简化审，坚持不懈和尽可能地扩大简易程序的适用范围，在节约司法资源、降低司

法成本的同时,也减少因诉讼周期长给企业的生产、经营造成不必要的损失。

三是运用信息化成果强化执行措施。大力推进信息化建设,着力建成公正、高效、权威的新型“智慧法院”,满足人民群众多元司法需要。通过执行指挥中心的查控系统,共查询到有财产可供执行的案件816件,冻结被执行人财产9836.8万元。依法严惩拒不履行法律义务的违法、犯罪行为,加强执行监督,确保依法执行,真正把生效裁判确定的权利义务关系全面落到实处,努力化解涉企执行难问题。进一步加大对影响企业生产、职工生活的案件执行力度,帮助企业解决燃眉之急。

2. 坚持司法为民,在完善便民措施上有新突破

一是继续落实司法为民各项举措。继续扩大依法促进非公有制经济发展的若干意见的适用范围,坚持法院和企业的对口联络制度,巩固与企业建立的法律服务联系成果,从大处着眼小处着手,认真落实便民措施。

二是创新特色司法服务活动。进一步加强法官工作室建设,充分利用在全县273个村委设立“法官工作室”,形成“小法庭大网络”为民利民便民格局的优势,积极开展送法进企业,及时化解涉企业矛盾纠纷,积极服务辖区企业发展,努力做到“法官沉下去、民意升上来”。自2016年5月法官工作室成立以来,共培训村级调解员496人,成功化解矛盾纠纷292件,为群众提供法律咨询524人次,收集社情民意556条,帮助群众解决514个法律疑难问题,有效提升辖区社会公众安全感和满意度,创造出可复制、可推广的“浦北经验”,打造了浦北法官工作室品牌。2016年8月18日《法制日报》第1版刊登了全面介绍浦北法院法官工作室工作经验的通讯稿,钦州市委政法委蓝群胜副书记对此作出批示:钦州市浦北法院法官工作室是个很好的工作经验,要形成专门材料推广,供公安、司法行政机关借鉴学习。

积极推进诉前调解、诉前联调工作,创建多元化解矛盾机制,努力把化解矛盾工作网络向村屯、街道、社区推进,做到矛盾纠纷早发现、早调处、早解决,把矛盾纠纷化解在进入诉讼之前,实现诉前联调案件“每月结”“每月报”“定期回访”“有案有账”。法官、诉前调解联络员成功调解1064件矛盾纠纷,有效减轻群众诉累,得到了群众广泛好评。

三是进一步完善方便企业进行诉讼的制度。建立健全涉及企业案件诉

讼的“绿色通道”，在公正裁判的基础上，开辟绿色诉讼通道，对涉及企业发展及权益的案件，实行“优先立案、优先审理、优先执行”的原则，依法审判，并给予必要的司法服务，及时维护企业合法权益；要继续依法给予司法救助，对符合“缓、减、免”条件的，应及时予以办理，确保困难企业能够打得起官司；要充分尊重企业、依法保护企业的辩护权、陈述权等其他诉讼权利得以实现，尽最大努力使法律真实接近客观真实；进一步拓宽为企业发展服务的渠道，坚持开展司法建议，大力加强司法宣传，努力营造全社会为企业发展服务的浓厚氛围。

四是拓宽执行途径，加大执行力度。积极开展涉民生案件执行活动，努力为涉企业案件执行开辟“绿色通道”，对企业主体申请执行的案件，要及时立案、及时执行，依法用足用好法律武器，穷尽执行强制措施，认真解决执行工作中的难点和重点问题，全力破解涉企“执行难”，确保工业经济对外债权的回收力度，努力推动社会信用体系建设。

五是积极开展调查研究，延伸审判职能。要结合法院审判工作实际，定期或不定期深入企业开展走访、调查研究，征询企业对改进法院工作的意见和建议，了解企业法律服务需求，摸清可能影响企业发展和社会稳定的法律问题和纠纷苗头，及时制定切实可行的对策措施，不断探索和创新服务企业的好方法、好途径，努力提升法院工作水平。

六是加强法治宣传，创新综合治理工作。要通过以案释法、法律专题讲座、法律知识培训等多种形式开展法制宣传，引导企业管理人员和职工增强法律意识和维权意识。对在案件审理和执行中发现的企业在机制、制度、管理等方面存在的法律漏洞和薄弱环节，及时提出司法建议，帮助、引导企业加强自律、完善内部规章制度，建立经营风险防范机制，预防纠纷和违法犯罪行为的发生；要加强与上级法院和地方党委、人大、政府以及各方面的联系沟通，依法协调诉讼各方当事人的合法权益，争取最佳法律效果。

3. 加大法院化解矛盾纠纷的力度，注重法律效果和社会效果的有机统一

随着经济的不断发展，各种新的矛盾纠纷大量涌现，法院面临的解决纠纷、化解矛盾的任务将更加艰巨。法院要强化服务大局的意识，立足审判工作，积极延伸职能，稳妥处理各类涉企业纠纷案件，切实做好化解矛盾纠纷、

协调利益关系的工作。要更加主动地争取党委和政府的大力支持,更加准确地理解和执行国家法律和党的政策,更加讲究办案方法,更加改进工作作风。无论是审判执行工作还是处理来信来访,无论是判决还是调解,无论是庭审还是接待当事人,都要从有利于化解矛盾、维护社会稳定发展大局出发,多做当事人的思想工作,通过辨法析理,彻底解决当事人之间的纠纷和当事人与社会的矛盾。要统筹兼顾法律效果和社会效果的有机统一,做到案结、事了、人和。

4. 强化诉讼调解工作,完善和落实多元化的纠纷解决机制

在审理涉及企业纠纷案件中,始终坚持将调解优先原则贯穿于案件审理始终,依托人民调解、诉讼调解、行政调解"三位一体"的大调解机制,多做有利于双赢的调解工作,为企业发展消除不稳定因素,化解企业生存压力。引导企业把法律风险控制关口前移,实现从"事后维权"到"事先预防"的根本转变,推动企业规范自身行为,从源头上化解矛盾纠纷和经营风险。要大力推广依靠工会、妇联、工商联合会等组织调处纠纷的经验,发挥其专业知识和专门工作经验的优势,提高诉讼调解的质量和效果。

5. 积极争取党委领导及政府的支持和有关部门的配合

在新的形势下,法院要更加主动地争取党委领导的支持,重大案件的审理及时向党委请示报告,按照党委的统一部署和要求开展工作,自觉地为党委和政府的中心工作提供司法服务。对于企业破产的案件和因企业倒闭、企业主逃匿而引发的农民工或职工群体性讨薪等有可能影响社会稳定的案件,要及时通报,共同研究解决办法,采取应急措施。对审判工作中发现的违法、违规行为,以司法建议的形式向企业反馈问题,提出改正建议,促使企业及时堵塞经营漏洞。同时,注重向县委、县政府有关部门和行业协会等通报典型案例,便于各部门掌握辖区内企业涉诉情况及问题,并发挥各自部门资源优势,多方位提出有效的应对措施。

法徽闪耀

致那些为梦想而磨砺的青春

——记“全国青年文明号”南宁市兴宁区人民法院民一庭

倪　娜*

他们的青春可以是首歌，用法槌敲出音符，用法条填写歌词，且歌且行；他们的青春也可以是首诗，用法治之轮为注脚，砥砺前行，抵达梦想彼端。他们忠诚履职，凭着对法治事业的挚爱，用一项项成绩、一个个荣誉践行着曾经对党旗和法徽许下的诺言，无悔青春年华。他们来自南宁市兴宁区人民法院民一庭，这个集体继2013年获评后，近日再度荣获由最高人民法院颁发的“2015～2016年度全国青年文明号”荣誉称号，全国法院系统仅有20个集体获此殊荣，该院更是广西法院系统中唯一获此殊荣的集体。这个年轻的团队究竟拥有什么样的魅力？

把每一句誓言落实于行动

“勤恳敬业、团结人心、凝聚力量”这是罗剑兵在被任命为

* 南宁市兴宁区人民法院办公室干部。

民一庭庭长时的表态发言。既是初心，也是誓言。他把初心铭记脑海，他把誓言落实于行动。

“基层法院是审判业务的最前沿，在这里更能感受到基层法官的酸甜苦辣，他们不畏艰辛，跋山涉水，只为农民工能够第一时间拿到本应属于他们的报酬。他们不厌其烦，耐心讲解，只为能够帮助群众第一时间化解矛盾纠纷。他们扎根基层，服务百姓，只为能够维护法律尊严，实现法治梦想。”多次被评为南宁市先进工作者和南宁市法院系统先进个人、办案能手的罗剑兵，他的心得和体会看似朴素和简单，但背后却是付出了很多不为人知的努力和汗水。

在民一庭，大家都亲切地称他为“兵哥”。“漂亮的话不用多说，把事情做漂亮了才是本事”，这是他的口头禅，也是他的工作座右铭，全庭在他的带领下，确实把事情都干漂亮了！

该庭以司法为民为指导理念，推出了要素式、表格式、填充式、令状式等4类简化裁判文书，已适用案件850余件，有效缩短了裁判文书写作时间、提高了审判效率，又易于当事人接受理解、利于服判息诉，有力促进了案件审判质效的提高。为更进一步提升审判质效，近日该院大力推行成立“五大中心”，设立45个新型审判团队的改革。民一庭更是将这项工作全面铺开并进一步深入，有效提升审判数量和质量。2016年7月，以兴宁区人民法院被自治区高级人民法院定为民商事诉讼案件繁简分流审判机制改革试点法院为契机，民一庭承担了主要改革任务，组建专业审判团队，正式出台《民商事案件繁简分流方案》，推行10项措施，实行诉前分流、立案分流、庭审分流、文书分流的4次分流，实现繁简分流全面“提速”。缩短了案件审理周期，取得了良好的成效。

在兴宁区人民法院民一庭，还有很多像罗剑兵一样能独当一面的优秀青年法官。该庭现有人员24人，其中35岁以下青年法官21人，具有本科学历以上人员达91.67%，研究生学历以上达20.8%。

民一庭自创建国家级“青年文明号”以来，取得了多项集体和个人荣誉，集体先后获自治区高级人民法院、自治区政法委授予3次三等功，并被评为全区法院系统先进集体，多名干警个人也多次获国家级、自治区级的多次表彰和嘉奖，号长刘孙丽在2014年荣获广西青年文明号活动20年成就奖，成为广西法院系统获此殊荣的第一人。这个团队的蓬勃和朝气体现在这些荣誉里，更体现在他们每天的一言一行中。

将每一张笑脸视为最好的奖赏

阅卷、开庭、调解、接待当事人、外出调查、写判决……这几乎是黄雅静每天的工作常态，紧张而有序，但她一丝不苟，从不抱怨。

“涉诉案件无小案，群众利益无小事。”民一庭“知心姐姐”的称号非黄雅静莫属，她以一名女法官特有的细心和耐心注重用调解的方式化解矛盾纠纷，春风化雨般地从心理上解开当事人的“疙瘩”，让当事人觉得找到了说理的地方，真正做到案结事了人和。在处理家事纠纷的案件中，其根据家事案件中当事人关系更为亲近、情感性更强的特点，灵活选取多种调解方式，在适当的时机引入律师、社区人员、心理咨询师等帮助调解，形成多元化纠纷解决机制，已摸索出一套家事调解的有效方法。

法院并不是一个只有冰冷纷争的地方，只要用心办案，用爱调解，也能让当事人感受到爱和温暖。在王某与陈某的离婚案件中，男方王某坚决要求离婚，陈某同意离婚并独自抚养刚满一岁的幼女。调解过程中，陈某几次向黄法官哭诉，因王某决心离婚已离家2月有余，其间未支付过生活费、房租等，陈某没有收入来源，现小孩身患疾病无钱医治，又被房东催缴租金，情况十分困难。挂完电话后，同样身为母亲的黄雅静心急如焚，在跟王某沟通未果后，其积极联系市妇联，咨询对经济困难妇女的救助方式。经多方联系，陈某最终得到救助款2000元，陈某事后打来电话感激涕零。钱款虽少，但哪怕能给当事人带来一点帮助，她都会尽全力去争取。

“当我一次次看到闹得不可开交的夫妻经过调解握手和好的时候，一次次看到年迈的老人用颤抖的双手接过赡养费后感动地热泪盈眶的时候，一次次遇到因事故致伤的人拿到赔偿金后不停地说‘谢谢’的时候，我都会觉得一切的辛苦都是值得的。”她就是这样，坚持把对工作的热爱和对社会的责任贯穿到每一起案件中，经她审结的执行裁决案件无一因审理不公或态度不好而被当事人投诉。

让每一声感谢化作更努力前行的动力

“感恩的心，感谢有你，伴我一生，让我有勇气做我自己。”困难老人韦金萍以一首《感恩的心》向民一庭干警表达心中谢意。在老人哽咽的歌声中，干警们潸然泪下。这是民一庭开展“一对一帮扶”活动中的一幕。兴宁辖区内有些体弱多病、收入困难的“空巢”老人，民一庭把他们列为帮扶对象，每逢节假日前后总要前往慰问，除为老人送上油、米等物品外，还自发为老人捐款救急，这种习惯已经延续了好几年。

类似的帮扶活动和组织“送法进社区”的普法活动，张婷已经组织了很多次，每年除了办案以外，她都主动组织民一庭的年轻干警们把时间投入到类似的便民利民活动中，“每次开展‘送法进社区’总有很多居民向我咨询法律问题，所以每次我都有备而来”。在工作实践中，张婷发现不同的群体对普法宣传有不同的需求，而且不同的群体内部也有不同的特点。于是，她和同事反复谈论，“对症下药”，采取了不同的普法举措。

近几年，在保障审判工作有序进行的前提下，民一庭陆续创立了“青少年维权岗”“巾帼文明岗”“妇女儿童维权岗”等多个维权服务平台，为广大弱势群体提供更为全面的法律援助。与辖区社区团组织开展结对共建；邀请企事业单位职工旁听庭审，“以案说法”；派员担任辖区学校的法制副校长、南宁市“12355”青少年服务台志愿者，定期对中小学生进行法制教育。随着系列活动的不断开展，由点到面地为辖区群众提供了优质的法律服务，通过一次次善举收获群众微笑，通过一次次活动更坚定一路坚持前行的信心，群众的一张张笑脸，一声声感谢就是最好的赞誉。

由他们汇聚成的兴宁区法院民一庭的年轻法官们，用兢兢业业的态度守护法治的天平，用别样的青春诠释法院人的风采。法治梦想如花，恪守公正如靥，追逐它或许要付出许多艰辛与汗水，但这正是每一个司法人的青春与梦想！

阳光终将驱散阴霾

——灵山县人民法院温情回访侧记

宁蓝柳*

春雨淅淅沥沥地滋润着南方大地，阿勇站在自家的阳台上目送着那辆渐渐远去的警车，直至车子一点一点地从自己的视线里完全消失，这才恋恋不舍地回到了屋里。这场雨滋润大地的同时，也滋润了阿勇的心田，一颗希望的种子在他心里发了芽，终将长成一棵参天大树……

这仅是灵山法院开展回访帮教的一个缩影，而这种温情在灵山法院法官们的日常工作中时常能看到。

“每个案件背后都有自己的故事，每个当事人的情况都不一样，只有审判与疏导结合，才能达到最佳的法律效果及社会效果。当事人心中的阴霾要驱除，就要靠我们这些法官的真情了。”灵山法院的法官们是这样说的，更是这样做的。

心理疏导，让未成年犯重拾希望

“出了事之后，这孩子有点自卑，虽说腿伤没好不能外出，但有客人到家里，他也不怎么爱说话。”伯父向到家里回访的李大秦副院长说明阿勇的近况。

---

* 灵山县人民法院研究室干部。

2014年夏天的一个下午，14岁的阿勇偷偷驾驶自己家的摩托车搭乘同学去隔壁镇玩，因操作不当，发生了车祸，导致当时在车上的一名女同学脑部受伤，在医院抢救两天后死亡，而自己也断了一条腿。经过多方努力，阿勇取得了受害者家属谅解，2015年9月，灵山县人民法院依法判处阿勇有期徒刑一年，缓刑两年。

闯了祸，自己受了伤，还出了人命，阿勇的人生发生了巨大的变化。处理这起案件，法官担心的并不是案件本身，而是阿勇以后的生活、学习、工作的问题，还有心理这方面的障碍。

"人不可能一辈子不犯错误，重要的是知错能改，你的路还很长很长，不要自暴自弃，你要对自己有信心。"李大秦语重心长地对阿勇说。

"休学了那么久，现在的功课可能落下太多，成绩比较难上去。等阿勇养好腿伤后，不如让他去读技校，趁着年轻学好一门技艺，以后生活也就不用愁了。如果学校不收，告诉我们，我们来协调。"主办法官黄庆华显然更希望阿勇能重返校园，学好本领。

为了让阿勇坦然面对现实，重拾希望，重新出发，灵山县人民法院的法官们多次对阿勇进行回访帮教，而这次，已经是法官们判决后的第三次登门回访了。

现在，阿勇的腿伤在慢慢恢复，甩开心理包袱的他比起事情刚发生的时候开朗了许多。

电话回访，让破镜重圆夫妻阳光生活

"老公现在对我很好，除了赚钱养家，偶尔还会帮我做做家务，也不再酗酒、赌钱了，现在我们的日子过得挺好的。黄法官，真的很感激您，对我的事那么上心。"电话那头传来了陈某幸福的声音。在"三八妇女节"到来之际，黄大红法官对调解和好一年多的一桩离婚案件进行了电话回访。

一年前，女当事人陈某来到法院起诉离婚时，一见到法官就哭个不停。她与丈夫伍某原本过着幸福的生活，先后生育有两个可爱的儿女。然而幸福稳定的生活，却因丈夫染上了酗酒恶习就开始支离破碎了。黄大红了解到，陈某只是对丈夫酗酒、赌博不顾家颇有怨言而已，夫妻感情并没有真正破裂。于是便巧妙地引导双方当事人共同回忆他们过去幸福甜蜜的生活，冷静双方的情绪，让他们认识到完整家庭的可贵，从而能够继续珍惜现有的幸福生活。在黄大红的努力下，陈某愿意给丈夫一次改过的机会，案件得以成功调解。

离婚案件当事人能真正和好，是法院调解结案的初衷。也是为了这个初衷，黄大红在调解结案后，一有空便分别给陈某夫妻打电话。一方面，对伍某进行深刻的思想教育，让伍某认识到作为一个丈夫所应尽的责任，帮助伍某改掉恶习；另一方面，让陈某多体恤丈夫，理解丈夫。

结案一年多了，陈某与丈夫真正实现了破镜重圆，日子过得和和美美，挂上电话的黄大红欣慰地笑了。

司法救助，为残疾申请执行人雪中送炭

“叶法官，快过来坐，为了我儿子的案子，辛苦你们了！”看到执行法官的到来，曹伯便热络地招呼着。

曹伯的儿子曹阳在交通事故中，受了重伤，导致全身瘫痪。判决下来了，但肇事司机及其挂靠的车队并不能一下子支付完所有的经济赔偿，执行法官只能促成双方达成执行和解，让被执行人分期还款。

“曹伯，这是我们为你儿子申请到的司法救助金 8.7 万元，钱虽不多，但也能救一下急，其他的，我们再慢慢想办法。”执行法官向曹伯说明了来意。

办案路过，执行法官会登门看看儿子身体恢复情况；执行到运输车队的义务款，执行法官登门送来；申请到司法救助金，执行法官还会亲自登门送来……接过执行法官送来的执行救助金，曹伯的千言万语到了嘴里只化成了一句“谢谢”。

“曹伯，被执行人后来有如约给你们汇钱吗？”当得知被执行人主动按照执行和解协议给申请人汇款，履行了部分义务款，执行法官便放心了，和曹伯唠起了家常。

一次次没有因为困难而放弃，一次次登门看望自己，一次次给自己加油打气，想到这些，得到了执行法官鼓励的曹阳笑了，并对未来的生活充满了希望。

开展回访帮教拓宽了法官与案件当事人的联系渠道，灵山法院结合被回访对象的生活实际，针对未成年人犯罪、刑事、民事、执行等案件类型特点，采取定点回访与不定点回访相结合的方式，通过调查回访、电话回访、上门回访等形式，立足“情”和“理”，注重以法理说服人、以情感打动人，拉近法官与群众的距离，大力提高司法公信力和群众满意度。

据悉，2016年以来，灵山法院回访各类当事人80余人次，而这一次次温情的回访，也将化作一缕缕穿过云间缝隙的阳光，终将驱散笼罩当事人心中的阴霾。

法院文化

《人民的名义》为什么多次提到这本书?

——简评《万历十五年》

赖正直*

最近,反腐剧《人民的名义》热播。剧中有一个有趣的情节值得注意:政法委书记高育良是一位具有学者气质的领导,而最能体现他的学者气质的,就是他对明史很有研究,并熟读《万历十五年》一书,其情人高小凤一开始也是通过《万历十五年》这本书来吸引他的注意。因此,剧中人物的对白多次提到《万历十五年》,成为该剧的一大花絮。

《人民的名义》的编剧之所以乐此不疲地提及《万历十五年》,是因为《万历十五年》对当下的明史研究具有重要而独特的影响。《万历十五年》一书,原系美国哈佛大学东亚研究所研究员、美籍华裔学者黄仁宇于1976年用英文撰写,1981年由耶鲁大学出版社发行英文版。黄仁宇在完成英文版的撰写后又将英文书稿改写为中文,1982年由中华书局初次出版,1997年又由三联书店出版,2006年再由中华书局出版修订本。一本书在

* 广西壮族自治区高级人民法院研究室编辑部主任。

30年内一版再版，依然洛阳纸贵，受到不同时代的众多读者的喜爱，可见其魅力。

本书的书名就很有意思：万历十五年，即公元1587年，此时距离明朝灭亡尚有57年，这一年明朝没有发生任何足以影响历史进程的重大事件，可谓风平浪静。但黄仁宇认为，正是在这样的平静中，已经蕴含了王朝衰落的原因，因此本书英文版的题目为"1587, A Year of No Significant: The Ming Dynasty in Decline"（1587，无关紧要的一年：衰落中的明朝）。《万历十五年》并不是关于这一年份的编年史，而是将这一年及其前后数年的一段时间作为背景，选取生活在这一时期的六个不同阶层、不同身份的历史人物，通过他们的视角，来揭示明朝国家政治与社会管理中存在的固有缺陷。

一、六个人物的悲剧

（一）万历皇帝朱翊钧

万历皇帝是一国之君，帝国的最高统治者，但他与他的祖先不同，他是在老师张居正的严格教育和管束之下长大的，张居正以近乎苛刻的道德标准对他提出要求，使他的一举一动不逾规矩，几乎成为"紫禁城的囚徒"。

在明朝的皇帝中，万历可以算是性格相当温和的一个，他心甘情愿地接受张居正的约束，像是一个模范君主。但在张居正死后，情况发生了变化。由于反对张居正官员的检举，万历皇帝得以知悉他意想不到的一些关于张居正的事情。这位曾经严格要求他过简朴生活、不近女色，从而得到他发自内心尊敬的"张先生"，实际上私生活相当奢侈，不但聚敛了惊人的巨额财富，蓄养美色，而且飞扬跋扈，到处培植亲信，发展私人势力。万历皇帝由失望而愤怒，对已死的张居正及其活着的家人采取了严厉的惩罚措施，张居正生前的官职头衔被撤销，家产全部被抄，长子张敬修被锦衣卫拷打致死，其余两个儿子则被发配边远地区充军。

张居正一案使万历皇帝对文官集团的可靠性产生严重怀疑。但导致万历皇帝与文官集团彻底决裂的，则是立储问题。万历皇帝最早与王恭妃生长子朱常洛，此后数年，又与其最宠爱的郑贵妃生次子朱常洵。郑贵妃是万历皇帝一生中真爱的女人，他不能立郑贵妃为皇后，唯有以立郑贵妃之子为太子,来作为补偿。但“废长立幼”的做法遭到文官集团的强烈反对。万历皇帝性格软弱,他没有办法制服文官集团,但也不愿妥协,只好消极怠工,拒绝出席朝会、经筵等公共场合,拒绝在文官职务出现空缺时任命新的人选。万历皇帝的怠工并不意味着他完全放弃皇帝的职责,他仍然在百官上奏的文书上作出批示,只是不与群臣见面而已。帝国政府的官僚行政系统仍然依靠惯性继续运转。

尽管如此,万历皇帝与文官集团的立储争议仍造成了两个致命的后果:一是皇帝和文官集团之间不再相互信任;二是文官集团内部的党争和内耗因立储问题而加剧到了不可收拾的地步。“大臣们已经看透了中枢无复具有领导全局的能力,也就不得不以消极敷衍的态度来应付局面。此类态度类似疫气,很快就在文官中流传,使忠于职守者缺乏信心,贪污腐败者更加有机可乘。这种不景气的趋势愈演愈烈,使整个王朝走到了崩溃的边缘。”[1]万历之后,无论是病弱的泰昌皇帝、庸碌的天启皇帝还是试图力挽狂澜的崇祯皇帝,都不再能够对王朝的政治痼疾进行任何改善,就是因为病根其实在万历时期就已经种下。

(二)内阁首辅张居正

万历皇帝即位时年仅10岁,首席内阁大学士张居正不得不同时担负起皇帝家庭教师的职责。好在皇帝天资聪颖,喜爱读书,顺从地接受“张先生”的教导,并真心敬畏“张先生”。因此,张居正在去世之前大权在握,地位不可动摇。

张居正虽然从未在地方任职,但他眼光如炬,早已洞察本朝政治经济生活中的各种弊病,因此一旦他能掌控全局,便有意推行改革,消除积弊。张居正改革的基础是实行“一条鞭法”,也就是将劳役赋税改为货币赋税。徭役制度是中国传统财税制度的重要组成部分,张居正要废除这一制度,难度可想而知。如果没有一支强有力的行政管理队伍来执行改革任务,改革不可能完成。为此,张居正必须整顿文官队伍。明朝文官制度积弊已久,张居正无力从根本上解决问题,他转而从最容易的地方着手,就是改革对各级官

---

〔1〕[美]黄仁宇:《万历十五年》,中华书局2006年版,第68页。

员的考核制度，实行“考成法”，通过重新丈量土地、严格审计地方政府的账目、核实边防部队实有人数、查处贪官庸官等方式，试图以行政手段迫使文官集团改进作风、提高效率。

不用说，张居正的改革措施引发了守旧文官集团的强烈不满。在张居正生前，就有很多人反对他，但此时张居正深得万历皇帝信任，地位无法撼动。在张居正死后，情况就不一样了。

明朝的内阁大学士实质上只是辅助皇帝处理政务的助手，没有主动向皇帝提出意见建议的职权，只有在中央各衙门及地方督抚上奏、需要替皇帝作出批示时，内阁大学士才有表达自己观点的机会。然而，积极推行改革的张居正不能满足于这种被动的工作方式，他的办法是私下授意其所亲信的各级官员，让他们出面上奏皇帝，张居正再以皇帝名义批准自己的建议。为此，各级官员及其使者不免往来络绎于张居正私邸，情况紧急时，深更半夜仍然有人在张府进进出出。在张居正看来，这是他施政的正常手段，但在他的反对者看来，也可以将这种情况解释为张居正是在进行不可告人的秘密活动。更重要的是，张居正虽然常常站在道德制高点指责某些官员贪婪腐败，但他自己也并非道德无瑕。说得直白一点，张居正虽然大力反贪，但他自己也是贪官，现在我们常说反腐倡廉“打铁还需自身硬”，张居正也打铁，但他自身不硬，这就不免贻人口实了。

于是，张居正一死，指控他谋反、僭越、结党、营私、狎妓、纳贿、贪腐等罪名的奏章雪片般飞到万历皇帝面前。在张居正生前，曾经打算在家中的某处加建一处楼阁，万历皇帝知悉后，生怕俭朴的张先生难以承担这一开支，遂从内帑中拿出5000两银子送给张居正作为建房费用，直到张居正死后被众人参劾，万历皇帝才知道张居正这次建楼实际花了1万多两银子。万历皇帝虽然不相信张居正会谋反，但他对张居正的虚伪深感失望和愤慨。这直接导致了张居正死后的悲剧下场。

（三）内阁首辅申时行

张居正死后，接替首辅之位的是张四维。但张四维接任不久就病死了，首辅大任自然落到了排名后一位的大学士申时行身上。与张居正、张四维相比，申时行的资历是比较浅的，但他为人谦和，行事刚柔相济，不像张居正那样因过于强势而令人反感，因而他善于在各方势力之间周旋调处，与文官集团的关系也处理得恰如其分。比如，他一上台就废除了张居正的考成法，在由他主持的第一次大考核“京察”中，没有一个人受到处罚，这种圆滑的作风为他赢得了许多赞赏和支持。

像申时行这样稳重老练的官僚，虽然缺乏进取的锐气，但维持局面不成问题，本来完全可以平安过完他的任期。然而，申时行也有他不能解决的棘手问题，那就是万历皇帝的立储问题。

万历皇帝与文官集团因立储问题而对峙，此时申时行发挥他长袖善舞的特长，一边说服文官集团暂时停止呈上措辞激烈的表章，另一边则建议万历皇帝将册立皇太子的时间延后5年。这样，申时行暂时度过了万历十五年(1587年)的立储危机。但问题并未解决，只是延后了爆发的时间而已。到万历十九年(1591年)十月，万历皇帝宣布将立储时间再度延后。这一决定在文官集团中引起了轩然大波。群臣联名上书，请求皇帝收回成命。在联名上书中，赫然有着申时行的名字，申时行知道后，向皇帝呈上一份秘密的揭帖，声明他并未参与此事，他的名字是被人冒用。这时，次席的内阁大学士许国出卖了申时行，他将申时行的秘密揭帖送交给事中抄发诸司百官，这样一来，文官集团的矛头立即指向了申时行，都御史、给事中、詹事等谏官纷纷上章弹劾申时行，指控他“卖友”“误君”“阳附阴违”。刚开始，申时行对这些指控不以为然，但他很快发现，他已被文官集团孤立。申时行一向是靠八面玲珑来开展工作的，当他突然意识到自己已经处在众叛亲离的境地时，他的自信被击溃了。申时行向皇帝提出辞职，万历皇帝非常理解“申先生”的处境，虽然不舍，但也只能批准他以黯然退场的方式结束仕宦生涯。

(四)清官海瑞

明朝文官制度最大的缺点就是“脱离实际”。他们接受的教育脱离实际，宣扬的道德准则脱离实际，制定的政策脱离实际，包括他们自己领取的俸禄也脱离实际。这迫使他们口是心非，言行不一。但也有一根筋的人，坚持按照书面上的标准来做事，这样一来当然会和现实产生各种龃龉，因而这种人也被视为异类，例如海瑞。

如果海瑞仅是严格要求自己，并不会引起太大的麻烦，甚至还会得到人们的尊敬。但他的乖僻之处在于,他也以自己的标准来要求别人,包括皇帝。早在嘉靖时期,海瑞就曾上书嘉靖皇帝,指责皇帝尸位素餐,连为人夫、为人父的基本伦理责任也没有尽到。空前忤逆的言词令嘉靖皇帝大怒,命锦衣卫将海瑞逮捕下狱,经刑部、都察院联合审讯,决定以"大不敬"之罪判处海瑞绞刑。按例,死刑判决需要皇帝批准,然而嘉靖皇帝尚未来得及批准这一判决就病死了。隆庆皇帝登基后宣布大赦,海瑞被释放出狱,官复原职。出狱的海瑞成为士大夫心目中敢于犯颜直谏的英雄,从此他官运亨通,很快就升任至南直隶巡抚。

海瑞在南直隶施政的重点是清查田产,通过受理诉讼案件强迫富户将借贷抵押取得的田产退还贫户。海瑞的做法遭到了富户以及代表大地主利益的官僚的反对。但他们并不直接批评海瑞的政策是否妥当,而是"以其人之道还治其身",从海瑞的个人道德上寻找突破口来击垮他。给事中戴凤翔上奏弹劾海瑞,理由是海瑞的一妻一妾在同一个晚上一起死去,很可能是因为谋杀。海瑞上书辩解称他的妾确实是八月十四日自缢而死,但他的妻子是八月二十五日病死的,两件事并无关联。但即使如此,人们还是怀疑,是海瑞的暴戾乖僻、不近人情的行事作风,才导致了这样的家庭悲剧。不出所料,海瑞被免去南直隶巡抚之职。

在家闲居一段时间后,海瑞致函张居正,请求复出任职。张居正深知海瑞虽然廉洁奉公,但为众人所不容,让他出任要职,不仅会坏事,而且也是害他。经过斟酌,张居正决定将海瑞委派为南京右佥都御史。这本是一个闲职,但海瑞不甘寂寞,上书万历皇帝要求恢复太祖朱元璋发明的对贪官处死后剥皮填草的严刑峻法,以纠正当时腐败的风气。这一上书引起了文官集团的激愤,就连万历皇帝也以嘲笑的口吻批示这一上书"有乖政体,词多迂戆"。海瑞从此处在一个尴尬的位置,他说的话没人听,但他请求辞职,也得不到批准(因为海瑞已成为一个象征,万历皇帝担心海瑞的辞职会导致人们认为皇帝不能容纳直谏之士),直至万历十五年岁暮,海瑞在一个寒冬之夜里绝望地死去。

(五)名将戚继光

戚继光是明朝三百年间举世无双的名将。他娴熟弓马,精通刀法枪法,在他将近五十岁担任蓟辽总兵时,仍能靠一根悬绳攀上绝壁视察瞭望塔。但他更出色的,还是他善于改革军队管理,严格执行军纪,改进战术并训练士兵掌握新战术。明朝中前期的两大外患“南倭北虏”,即南方的倭寇和北方的蒙古,在戚继光手里都基本得到解决。

按理说,这样一位立下盖世功勋的名将,应当享有各种至高的荣誉才对。但事实并非如此。明朝在制度上有意重文轻武,武官唯一能做的就是在前线亲冒矢石冲锋陷阵,至于如何管理军队、实施何种战略,那都是文官的事,即使是在战场第一线,武官的一举一动仍然要服从文官节制。在这种背景下,身为一介武将的戚继光想要锐意革新,就不能不在文官集团里寻找靠山。首先欣赏戚继光的是福建巡抚谭纶,后来谭纶又将戚继光推荐给张居正。在张居正的支持下,戚继光大展雄才,南平倭、北御虏,练出了一支精悍的“戚家军”。

戚继光深知自己推行军事改革的每一步成功都离不开张居正的首肯和支持,为此,他非常努力地与张居正保持密切的联系。在张居正得到皇帝恩准回湖北江陵老家探亲时,戚继光派出一支火枪队,作为张居正的侍卫仪仗中最拉风的一部分。但是戚继光没有想到,他与张居正的密切关系使他处于一个十分危险的境地。张居正死后,戚继光立即被调任广东总兵,离开了拱卫京畿的要害岗位。继而,戚继光遭到弹劾,被给予严厉的革职处分。

戚继光被革职回家后,生活迅速陷入困难。戚继光历任各省总兵,本来是不缺钱的,但他慷慨豪爽、乐善好施,家中没有多少积蓄。因为他的罪人身份,他的亲友都不敢再和他来往,更不敢接济他。万历十六年(1588 年)正月,一代名将戚继光在春寒料峭中死于贫病交迫。而就在这一年,29 岁的努尔哈赤也开始在白山黑水间崭露头角了。

(六)哲学家李贽

李贽,字宏父,号卓吾,明朝中期的哲学家。李贽的哲学思想接近于王阳明的心学,强调内心的自由畅快,提倡以直觉获取知识,因此讥讽朱熹理学“格物致知”、拘泥经典的理论。李贽的理论在当时虽然属于非主流,但远算不上离经叛道,此时已有很多批评朱熹理学的心学信徒,而官方的态度是允许他们存在的。

同时,李贽的理论并没有什么体系性,他的著作主要是通过对历史和传统小说中的人物进行简短的点评来宣扬他的理论,这种通俗的平民化的写作方式为他赢得了许多粉丝。李贽最初在国子监、礼部当过多年小官,最大做到云南姚安府知府,在拥有众多粉丝后,李贽于万历十五年(1587年)辞官来到湖北麻城,投靠当地名士梅国祯,在梅家的资助下建立“芝佛院”,宣布遁入空门。李贽出家并非真心信佛,而是借此逃避各种俗事,专心从事研究,所以他在出家之后仍然保持官僚学者的生活方式。

李贽的生活中最惹人争议的一点,是他在麻城期间与梅国祯孀居的女儿梅澹然以及其他女眷来往密切,这在当时是十分违背礼制的行为。因此,社会上也有很多看不惯李贽甚至欲除之而后快的人。但崇尚心学的李贽对此全不介意,还写过几首诗对他的反对者反唇相讥。万历二十九年(1601年),李贽的芝佛院被人放火烧掉,他为了避免给梅家带来更多麻烦,北上通州投奔另一粉丝马经纶。这一来,给了他的反对者一个机会。给事中张问达上奏弹劾李贽,指责李贽以邪说惑世,勾引士人妻女,教人淫乱放荡,煽动民众背离儒学而沉溺佛教,更为现实的危险在于,李贽还企图进京宣扬他的歪理邪说,如今已经来到通州了。万历皇帝阅后批示,由锦衣卫捉拿李贽治罪,其著作一律销毁。锦衣卫镇抚司在对李贽进行逮捕审讯之后,认为不必重判,建议押解回籍看管。但万历皇帝尚未批准这一建议,李贽就已承受不了被监禁的生活,他趁狱吏为他剃头时不注意,用剃刀割断了自己的喉咙。

二、大历史视角下传统中国的国家与社会问题

黄仁宇的治史方法,他自己称为“大历史”。这里的“大”,并非一味从宏观着眼,而是善于从历史人物和历史事件中归纳出大势和规律。在《万历十五年》中,六个身份、地位各不相同的人物,尽管都曾有过一些作为和成就,但他们的结局无一例外,全部都是悲剧。“书中所叙,不妨称为一个大失败的总记录。其中叙及的主要人物,有万历皇帝朱翊钧,大学士张居正、申时行,南京都察院御史海瑞,蓟州总兵官戚继光,以知府身份挂冠而去的名士李贽,他们或身败,或名裂,没有一个人功德圆满。即便是侧面提及的人物,

如冯保、高拱、张鲸、郑贵妃、福王朱常洵、俞大猷、卢镗、刘綎，也统统没有好结果。这种情形，断非个人的原因所得以解释，而是当日的制度已至山穷水尽，上自天子，下至庶民，无不成为牺牲品而遭殃受祸。”“笔者认为，中国二千年来，以道德代替法制，至明代而极，这就是一切问题的症结。”〔2〕

黄仁宇在书中不时以英国的发展史与中国对照，指出西方资本主义的发展，在于商业发达使其善于用数目、数字来管理国家，从而使管理精细化，制定出与社会相适应的法律，建立负责任、有效率的政府机构。但在明代的中国，“当一个人口众多的国家，各人行动全凭儒家简单粗浅而又无法固定的原则，而法律又缺乏创造性，则其社会发展的程度，必然受到限制。即便宗旨善良，也不能补助技术之不及。1587 年，是为万历十五年，岁次丁亥，表面上是四海升平，无事可记，实际上我们的大明帝国却已经走到了它发展的尽头”。〔3〕

在《万历十五年》中，黄仁宇指出明朝最大的问题之一在于文官制度以及由文官组成的低效能政府。“在开国之初，政府厘定各种制度，其依据的原则是‘四书’上的教条，认为官员们应当过简单朴素的生活是万古不变的真理。从这种观念出发而组成的文官集团，是一个庞大无比的组织，在中央控制下既没有重点，也没有弹性，更谈不上具有随着形势发展而作调整的能力。各种技术力量，诸如交通通信、分析统计、调查研究、控制金融、发展生产等等则更为缺乏。一个必然的后果，即政府对民间的经济发展或衰退，往往感到隔膜，因之税收和预算不能随之而增加或缩减。”〔4〕其结果，只能是政府无力控制社会，在遇到社会急剧变化时，政府不能作出相应的应对，只能放任问题变得越来越严重。

明朝的政治和社会生活缺乏法治原则，也是问题之一。黄仁宇在书中多次强调了法律和法治的重要性。他甚至颇具想象力地认为，万历皇帝的立储问题，虽然出于私心，但也并非不能找到理论依据和前朝先例，“假如我

---

〔2〕［美］黄仁宇：《万历十五年》，中华书局 2006 年版，自序。

〔3〕［美］黄仁宇：《万历十五年》，中华书局 2006 年版，第 205 页。

〔4〕［美］黄仁宇：《万历十五年》，中华书局 2006 年版，第 77 页。

们的帝国真正能够实行法治，而继承皇位这个问题又由一个具有独立性的法庭来作出判决，那么皇帝委托律师根据成文法和不成文法来作辩护，他是很有胜诉的可能的。"[5]然而，明朝并没有这种用法律来解决问题的观念，因此，万历立储问题也就成为使明朝的命运走向不可预测的一大变数。

三、关于黄仁宇明史观的褒贬

黄仁宇的明史观点，简单归纳起来，是认为明朝集中体现了传统中国的国家与社会管理方式的缺陷，也就是不会也不愿使用数目、数字进行精细管理，造成各种社会资源在台账簿册上的登记与实际情况严重脱节，政府对社会实际运作的干预效率低下，甚至根本无法干预，只能依赖各级社会组织的自治，同时以大而化之的道德评判代替技术细节的操作。这种管理模式在风调雨顺的和平时期尚能维持王朝的政治安全，但缺乏应对危机的能力，一旦遇到严重的自然灾害或大规模的外来入侵，这一套庞大、复杂而低效能的官僚系统不仅无力解决问题，反而会因内耗而加剧危机，将王朝推向崩溃的深渊。

黄仁宇的观点虽然号称"大历史"，但却是从技术、管理等细节着眼，关注社会的微观运作，迥异于国内传统的史学观点，因而《万历十五年》一在国内出版，就引起了极大的震动和反响。"《万历十五年》1982年中文版在中国大陆出版以来，成为风靡一时的经典畅销书籍，其影响力事实上很大程度已经超出了学术领域的范畴。无论是历史学、社会学、政治学，抑或企业管理者、公职人员、教育工作者、都市白领等，都能从中获得诸多的教训和启发。这个意义上，《万历十五年》率先开启了一种史学平民化的写作。只有让历史走出书斋进入大众社会的日常，前人和今人的命运联系在一起，今人才能以史为镜知兴替，以人为镜明得失。"[6]

国内史学界也有对"大历史"不以为然者，尤其是黄仁宇在《万历十五

〔5〕［美］黄仁宇：《万历十五年》，中华书局2006年版，第73页。

〔6〕刘昕：《"大历史"背后的人物命运——读黄仁宇〈万历十五年〉》，载《社会科学论坛》2016年第10期。

年》中声称明朝的历史是“一个大失败的总记录”，被一些明史研究者批评为“过于贬低明代中国的发展成就”。[7] 这种分歧源于思维方式和研究的出发点不同，黄仁宇的出发点是指出明朝国家与社会的管理方式缺陷，并非对有明一代的中国进行全面评价，更不是贬低中国的历史，因而只是没有“辩证”地先肯定成绩、再指出问题而已。

当然，《万历十五年》也不是尽善尽美，其在史料运用上存在不少小瑕疵。例如，该书第五章提到“有一次总督胡宗宪竟然以传播特别消息的口吻告诉别人，说海瑞替母亲做寿，大开宴席，竟然买了两斤猪肉”，[8]但海瑞是回民，是不可能买猪肉来吃的。又如，该书第四章提到“东厂下设镇抚司”，[9]也是错误的。镇抚司是锦衣卫下设的办案机构，虽然在具体工作中，锦衣卫镇抚司要听命于东厂，但它毕竟不是设在东厂之内。不过，瑕不掩瑜，这些小瑕疵并不妨碍我们从《万历十五年》中获取学习、研究明史乃至整部中国历史的崭新视角。

---

〔7〕 陈梧桐：《明史十讲》，中华书局 2016 年版，第 5 页。

〔8〕 [美]黄仁宇：《万历十五年》，三联书店 1997 年版，第 118 页。在中华书局 2006 年修订本中，这一错误得到纠正，“猪肉”被改成了“肉”。

〔9〕 [美]黄仁宇：《万历十五年》，中华书局 2006 年版，第 103 页。

书中日月长

韦兰情*

在我的日子中，所有关于书的，都不属于矫情，因为我是真心喜欢书的。

一直认为，人理应诗意地栖息，而这栖息的最佳实现途径便是与书结缘了，幸而生于有书之年代，心中便也满足了。与书结缘，多数情况下，便是阅读了。在惬意的午后，手到擒来，随遇而安，难得的悠闲之心，那一份享受亦不足为外人道的。有人认为，无序的阅读是阅读活动之较高境界，欲培养真知灼见需作碎片式的阅读。在我看来，那倒也不见得，只要视读书为享受，无论作何方式，都不失为一种精神之享受。

在阅读过程中增添丰富的想象和对色彩的敏感，关于读书的许多意境与雅趣在这时便也悄然而至了，这时便是兴之所心，书香墨气便也散落在心间，散淡而悠远。这时，在平静之中感受身体与心灵的一致。

手捧一本书，有时会读出一汪泉水，内心的感慨不由自主润出，点点滴落，浸湿了四野绿茵，为灵魂守住一片家园，不致在这纷纷扰扰的世界流离失所，困惑中倒也生出几分坦然。此时，内心的欢喜如水般氤氲开来，在日子的极点，感受那一份灵魂深处

* 河池市宜州区人民法院民二庭书记员。

闪亮起的一点春意，以自己的理解去看待人世间风起云涌的内容，思考人生历程中的痛苦和欢愉，亦少了许多流言的中伤，获得理性的沉思。

沉浸于书中，便觉日月也就变得漫长，时光在这种厮守之中渐渐地消磨。一本好的书，能给人心灵以滋养，与书结缘，把那些微笑连同经典一同置于一角，生命与意志的礁岩仿佛也轻松了些。在浮躁之中寻找沉静，在虚无中寻找永恒，感受那一份简简单单的美丽，书所能给予的，是日月中的漫长。有时会思考，这优美且充满智慧的文字，其诞生是艰难还是顺利？这些文字的作者，他们握住笔的手亦是格外地有力。

我想，好书是沉淀岁月冲刷的沙金，极具保存价值的，那些智慧的大脑，在永远逝去之前自立下的思维照片，滋养着我们的神经与心灵。然而，真正的阅读注定是孤独的，因为那是一颗心灵与另一颗心灵的单独锤击。但这也不失为一条认识自己的途径，它的价值在于对外来经验在内心深处进行整合。而渴望阅读的时刻必定是虚怀若谷的，作者把我们柔软的思维纳入到他的模具当中，我们思维的力度在与书中智慧争执之中便也强硬了翅膀。然后合上书，顿觉苍老又觉年轻，而后，心灵渐渐开阔，从那沁人心脾的透析以及月朗星稀的悄悄话中，慢慢回味像朋友般与自己促膝谈心的惬意，直至永远。

我们终日浸透在许多冗长的东西里，于是让自己无法提升，若能日复一日坚持下去，定可感受到那一份潜移默化的力量。甘当读书苦行僧般修炼意志，没有任何的矫情与做作，当得知在很远的一个地方，有一个人和自己有一种共识时，心灵便也模模糊糊但毫不迟疑地暖和起来，全凭在冥冥之中与某一本书的缘分，抵达那些字句所指引的彼岸。

读书，是心智的相连，我们便也心平气和地眷恋上它，我们可以在充满未知的探索中，拾起先人的智慧之珠。在浩若烟海的书中，有着悲剧的泪痕，喜剧的笑靥，可以看得清智者额头的皱纹，连同勇士淋淋的伤口，让我们的灵魂与它们产生共振。

我于任何情况下，都会想到书，书是我心灵的梳子，流淌的文字像黑发挂川而下。选择与书相守，是需要勇气的，与书相守的日子与时刻，都可以寻觅到心灵的安慰，明窗净几，心香缭绕。拥有一份读书的好心情，就不会为外界干扰所动，不为世俗所惑。以此达到明志益智，修身养性，获取新知之目的。

如今，纵然横流的物欲早已动摇了“书中自有颜如玉”的价值取向，但读书于我们还是大有裨益的。有道是，腹有诗书气自华。通过读书，我们可以对自己的思维观念、行为方式乃至言谈举止加以改观，更可领略文字和哲理构建的无限风光，可以驱除烦恼，从而感受寂寞宁静，于纷繁的世界中，尽可能地为自己营造一片爽心至极的精神家园。

清风不来，何不盛开

董　金*

南方的冬天没有雪，却依然有刺骨的寒冷。下午问候了去甘棠下乡办案归来而中午不得休息的同事后，又开始了忙碌的工作。

这只是平凡的一天，年关将至，忙碌写在所有人脸上，也记在我的心上。犹记得庭长说自从知道我们的案件数量超过去年，甚至增长了一倍后，他就没有睡过一个好觉，担心结案率。

同事准妈妈总是说不要管我，我好着呢，可以坐立案大厅，可以下乡送达，可以长期开庭，什么都可以。可是谁又知道她除了认真工作外，在法庭装修的这段时间，默默承受着装修带来的噪声和污染。

同事进哥总是笑眯眯的，即使他有一段时间几乎天天下乡送达，不论寒暑，我都想不到我们辖区里还有没有他没去过的地方。同事大先哥说已经为了系列案连续几个周末加班，同事小谭昨天盖了540份文书的章。记不清多少次因为下乡办案，干警们不得休息，我只知道，手头上的事情一直没有停过。这就是我们武陵法庭的日常，所有人面对烦琐的工作都是那样淡然，一天又一天。

---

* 宾阳县人民法院干部。

我们就是平凡的基层法庭干警。

也许有些人会说这算什么？也许有些人会说这便是你们的工作职责。我无意反驳任何人，也无意用华彩篇章为自己点赞。我只是在感动着，为这一份坚持，为这一份平凡感动。朴树歌中写道："我曾经失落，失望，失掉所有方向，直到看见平凡才是唯一的答案。"我庆幸，我到武陵法庭两年，每天所感受到的正能量。我庆幸，在这一片美好的山水田园中做一个武陵人。虽不似那么逍遥闲散，却怡然自得。

记得我刚来不久时，庭长说他也曾经在无垠旷野里，一个人静静思考。思考过自己的价值，思考过这份职业所带来的困惑，然后慢慢变得豁达，面对浩渺的荒野，一切是荒芜，只有自己，自己是如此渺小，所以把握好自己的当下，才是最好的价值。

其实我内心深处，总是在问自己，如果只有自己知道自己好，那有什么用？我期待过掌声和鲜花。当我的工作受到他人的误解时，我也抱怨过：为何自己的努力别人总是看不到？

而最终在所有人的一言一行中，我慢慢体会着静水深流的魅力，我们的价值体现在每一个案子中，因为那一份份案卷不仅装着文书材料，还有我们的智慧和汗水。我们的价值体现在对公平正义的信仰中，无论遇到什么样的难题，什么样的工作环境，怎样的工作强度，我们挺过来了。我们努力地办案、结案不是为了前方的鲜花掌声，而是为了这平凡之路的终点。在平静的每一天中，我们的世界就像是在平静水面下的另一重空间，那里不知道有多少劲流涌动，有多少狂澜，就像是我们面对的重重压力和阻碍。可是谁能说这水是没有力量的呢？谁能说它不能到达那大海的终点呢？

《幽窗小纪》中写道"宠辱不惊，看庭前花开花落，去留无意，看天外云卷云舒。"我们法官当有如此旷达气度。选择了当一名法官，当知道自己从此与富贵无缘，远离名利，当知道自己坚持的东西是什么，一名法官不仅要有渊博的知识，还要有处事的智慧，不论置身于何地，当自省，当领悟，当最终归于平凡。何须赞美？不如自己体悟，在烦琐、忙碌的工作中，为他人感动，为他人点赞，掌声和鲜花是自己给自己的，或者说，本不需要掌声和鲜花。具有这份职业所有职业精神，才是最高的赞美。平淡生活，从容处事，谦逊做人,无论是面对同行,面对他人,均要知道自己所做的不过只是自己应该做的,对于名利,无须执着,因为荣誉和掌声,最终是自己给自己的。如果自己都不赞美自己,自己都不认可自己,那我们的价值何来?

所以,不妄自菲薄地否定自己,不盲目自满地抬高自己,保持一颗平静的初心,才是能在这平凡之路上坚持下去的信念。虽说你若盛开,清风自来,但是我要说,清风不来,何不盛开?

图书在版编目(CIP)数据

公正司法前沿探索. 2017 年. 第 2 辑 : 总第 4 辑 / 黄克主编. -- 北京 : 法律出版社, 2017

ISBN 978-7-5197-1627-1

Ⅰ. ①公… Ⅱ. ①黄… Ⅲ. ①司法-研究-中国 Ⅳ. ①D926.04

中国版本图书馆 CIP 数据核字(2017)第 279019 号

公正司法前沿探索
(2017 年第 2 辑)(总第 4 辑)
GONGZHENG SIFA QIANYAN TANSUO
(2017 NIAN DI 2 JI)(ZONG DI 4 JI)

黄 克 主编

责任编辑 牛润青
装帧设计 鲍龙卉

编辑统筹 法商出版分社
出版 法律出版社
开本 710 毫米×1000 毫米 1/16
总发行 中国法律图书有限公司
印张 18.75
经销 新华书店
字数 272 千
印刷 三河市兴达印务有限公司
版本 2017 年 6 月第 1 版
责任印制 胡晓雅
印次 2017 年 6 月第 1 次印刷

法律出版社/北京市丰台区莲花池西里 7 号(100073)
网址/www.lawpress.com.cn
投稿邮箱/info@lawpress.com.cn
举报维权邮箱/jbwq@lawpress.com.cn
销售热线/010-63939792/9779
咨询电话/010-63939796

中国法律图书有限公司/北京市丰台区莲花池西里 7 号(100073)
全国各地中法图分、子公司销售电话:
统一销售客服/400-660-6393
第一法律书店/010-63939781/9782
西安分公司/029-85330678
重庆分公司/023-67453036
上海分公司/021-62071010/1636
深圳分公司/0755-83072995

书号:ISBN 978-7-5197-1627-1
定价:48.00 元